Edda und Michael Neumann-Adrian

Reisegast in Indien

सत्यमेव जयते

Edda und Michael Neumann-Adrian

Reisegast in Indien

Herausgeber der Reihe Reisegast:
Buch & Welt GmbH

IWANOWSKI'S REISEBUCHVERLAG

www.iwanowski.de

Hier finden Sie aktuelle
Infos zu allen Titeln,
interessante Links –
und vieles mehr!

2., aktualisierte Auflage 2010

Konzept, Redaktion, Bildredaktion: Buch & Welt GmbH, München

Lektorat: Ute Diergarten-Wandel, München

Satz und Produktion: Carmen Marchwinski, München

Bildnachweis:
Volkmar E. Janicke Seite 9, 10, 13, 16, 22, 24, 26, 27, 29 oben, 30, 37, 38, 39, 44, 45, 48, 52, 55, 57, 61, 63, 67, 69, 72, 75, 78, 84, 86, 88, 100, 102 beide, 103,104,112 unten, 115, 116, 123, 124, 126, 128, 130, 132, 136, 138, 143, 144, 146, 148, 163, 169, 174, 175, 179, 183, 194, 195, 203 und Umschlagseite 3
Hans-Peter Braunger Seite 19, 29 unten, 32-33, 34, 36, 42, 43, 46, 50, 65, 74, 81, 82, 87, 91, 92, 94, 96, 99, 110-111, 112 oben, 114, 117, 118, 121, 135, 140, 151, 153, 166, 170, 173, 180, 181, 185.
»Incredible!India« (Indisches Fremdenverkehrsamt) 21, 58, 70, 101, 150, 158, 160, 164, 186, 189, 190, 191, 193, 204.
Neumann-Adrian Seite 12 und Umschlagseite 4.
Dagmar v. Tschurtschenthaler Seite 107.
Malte Wandel Seite 157.
wikipedia Staatswappen und Sanskritzeichen Seite 2, 23, 25.
Bildagentur Huber Titelmotiv und Seite 3.
Leo Purmann Cartoons Seite 196–202.
Rolf Eder Karte Seite 14–15.

Gesamtherstellung: Offizin Andersen Nexö, Leipzig

ISBN: 978-3-933041-99-9

Die indische Gesellschaft

Indiens Wirtschaft – der lange Weg zur Weltspitze

Indiens Landwirtschaft – Kampf gegen die Armut

Reisen in Indien

Da staunen die Westler: Indisches Allerlei

Assam, Ananas und Anis – Gaumenfreuden

Herz führt Verstand – Kulturelles Leben

Persönliche Kontakte, Handeln und Verhandeln

Fließende Grenzen – von Körperkunst und Heilkunst

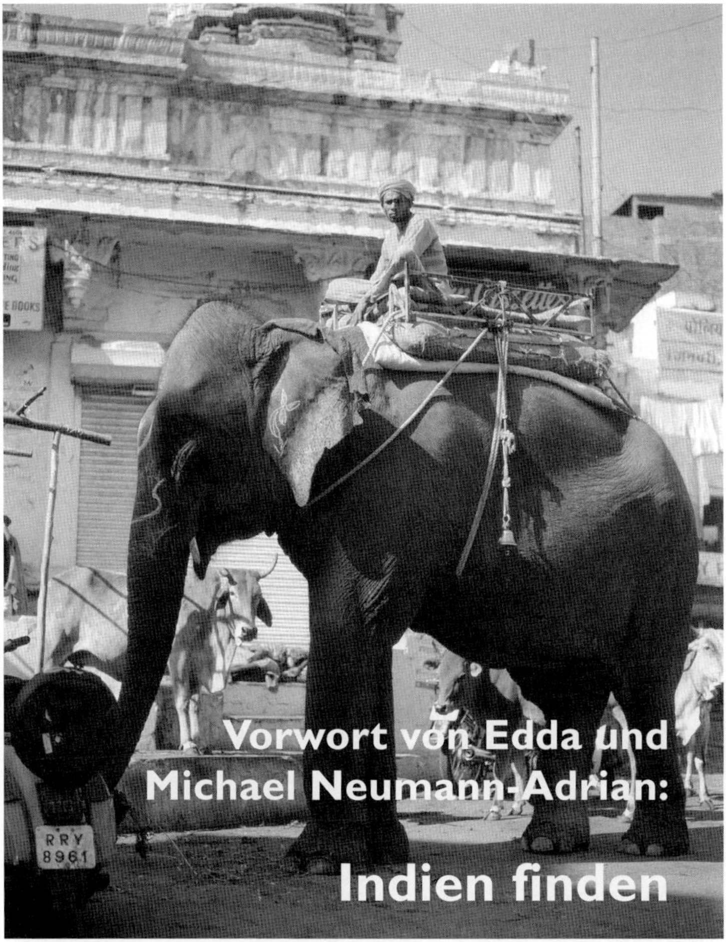

Vorwort von Edda und Michael Neumann-Adrian:
Indien finden

Ritt im Stadtzentrum, Udaipur, Rajasthan

»…möchte mein Haus nicht von allen Seiten ummauert sehen und meine Fenster nicht geschlossen. Vielmehr wünsche ich mir, dass die Kulturen aller Länder so frei wie möglich um mein Haus wehen…«

(Mahatma Ghandi)

Es ist schon viele Jahre her, dass wir uns das erste Mal nach Indien aufmachten. Es war die Erfüllung eines Sehnsuchtswunsches. Wie kann man Sehnsucht haben nach etwas, das man nicht kennt? Es ist wahr, wir kannten nur Bücher über Kunst aus diesem Land, einige Reiseberichte aus zwei Jahrhunderten, Bilder von Tempeln, heiligen Kühen und Elefanten, Geschichten über Wirken und Auftreten von Mahatma Gandhi.

Vorgewarnt ...

Alles schien sich, wenig erklärbar, logischem Einordnen zu entziehen. Und dann geschah Merkwürdiges, noch hier in Deutschland. Viele Leute, die von unserem Vorhaben hörten, schienen Indien unglaublich gut zu kennen. Sie warnten. Sie äußerten Unverständnis, in so ein Land reisen zu wollen. Wo man auf der Stelle noch am Ankunftstag schwer krank werden würde (es gab merkwürdig viele Freunde oder Cousinen, denen eben das passiert war). Wo es überall Berge von Dreck gab. Wo allerorten Witwen verbrannt, Kinder verstümmelt und Reisende unter Felsen verschüttet wurden. Wo man zwangsläufig zum drogensüchtigen Hippie mutieren würde.

Wir wussten es damals schon besser und hatten nun erst recht Grund, das Gegenteil all dieser Horrorgeschichten zu erkunden und zu beweisen. Wir mussten einfach dorthin reisen, denn die deutschen Medien, Zeitungen und Zeitschriften, berichteten über Indien tatsächlich fast nur anlässlich von Katastrophen: von Seuchen, Eisenbahnunglücken, einstürzenden Bauten.

... und dann überwältigt.

Wir waren überwältigt, denn Indien ist ein Erlebnis für alle Sinne. Temperatur und feuchte Luft spürt man sofort auf der Haut. Gerüche unterschiedlichster Art

Staunen über den westlichen Besuch, Dorf in Rajasthan

mischen sich und dringen auf einen ein; es bleibt kaum Zeit zu entscheiden, ob sie angenehm oder abstoßend sind. Geräusche werfen einen fast um, nicht nur der Lautstärke, sondern auch der Schwingungen wegen; Töne von schärfstem Diskant bis zum zarten Klang durchdringen sich. Die Augen gehen über vor farbiger Fülle der Blumen, Kleider, Gegenstände – und müssen sich im nächsten Moment schließen in einer Staub- oder Rauchwolke. Die Zunge schmeckt wohlige Süße des Begrüßungstranks aus fremden Früchten und danach zerreißende Schärfe der ersten Mahlzeit.
Und dann begannen wir zu reisen, begriffen den Raum, die Weite des Landes. Legten Holperstrecken im Ochsenkarrentempo zurück, dann wieder mit toll schmalen Asphaltbändern unter den Rädern in Stakkato-Geschwindigkeit, tagelang. Lange Pausen – das Beste, denn es gab unendliches Leben in diesem Land. Und wir kamen immer und überall mit den Menschen ins Gespräch. Wenn es an Sprache mangelte, waren es Blicke, Lächeln, Gesten. Die Gastfreundschaft der Inder ist grenzenlos. Sie geben, was sie haben, bieten Tee, Süßigkeiten, Gebackenes an; Kinder laufen hinter das Haus und kommen mit einer Blume wieder, die sie dir in die Hand drücken, oder nehmen ein selbst gezeichnetes Bild aus ihrer Schultasche, um es zu verschenken. »Der Gast ist ein Gott« sagen die Inder. Und es stellt sich heraus, dass alles in Denken und Verhalten von der Religion her begriffen und motiviert wird. Das merkt man als Reisender nur langsam. Auch die dunklen Seiten Indiens sind mit der religiösen Deutung von Leben und Schicksal verbunden.

Ost-West-Synthese

Die indische Wirklichkeit hat sich in den letzten 15 Jahren sehr verändert. Die Maßstäbe des Westens haben an Gewicht gewonnen; die Belohnung dafür ist wirtschaftlicher Erfolg und der daraus entstehende Optimismus. Aber es wird immer wieder deutlich, dass westliche Denkweisen »indisiert« werden. Es bilden sich ständig Nischen für indische Lebenstradition; die Uhr diktiert zum Beispiel nicht überall den Ablauf der Dinge. Tourismus ist ein Wirtschaftszweig geworden. Aber sehr oft spürt der Reisende die herzliche Freude, ja, die Hingabe, einem Gast das Leben angenehm zu machen. Mehr als es der Dollartarif erfordert. Wir glauben, dass Indien noch viel Erfolg haben wird, dass gerade seine Eigenheiten, geschickt mit den Rezepten westlicher Herkunft gemischt, zur Stabilität der indischen Existenz unentbehrlich bleiben.

Seligkeit und Elend

Glauben Sie nicht, Sie würden als Reisender nie zu leiden haben, sich nie ekeln oder gruselnd abwenden. Das Klima fordert mit seinen Extremen die Lebenskraft des Menschen heraus, außerdem ist Indien eine große Bühne für menschliche Dramen aller Art. Eine Bühne, auf der mit krassen Effekten nicht gespart wird. Auf der Gegensätze nicht vermieden werden können. Treue und Verrat, Liebe und Hass, Glanz und Schmutz, Seligkeit und Elend – alles wird geboten. Und wenn wir Europäer uns unter dem Eindruck des Dramas nachdenklich hinsetzen, dann kommen wir meist zu dem Schluss, dass es eigentlich dieselben Themen sind wie bei uns. Sie werden nur in härterem Licht besser sichtbar. So mancher ist schon zu der Erkenntnis gekommen: In uns ist mehr Indien, als wir denken.

Die Autoren

Edda und Michael Neumann-Adrian, am Starnberger See in Tutzing zuhause, reisen seit Jahren in Europa, im Nahen Osten und in Indien (erstmals 1966). Edda Neumann-Adrian, in Duisburg geboren, studierte Anglistik und Geschichte und war im Lehrberuf, Michael Neumann-Adrian, in Berlin geboren, studierte Literatur, Geschichte und Philosophie und war Redakteur und Chefredakteur der Kulturzeitschrift »Westermanns Monatshefte«. Gemeinsam publizieren sie seit Anfang der 1980er Jahre; Mitte der 1990er Jahre wurde Indien zum Hauptfeld ihrer Arbeit.

Die Autoren in Rumtek (Sikkim) am Himalaya;
Traditionelles Sikkim-Bier durfte nicht fehlen,
das – warm serviert – durch ein Rohr getrunken wird.

Hintergrund: In Marmor gemeißelt: Blumenrelief am Taj Mahal

Was ist Indien?

Zwei, die der Hitze fröhlich trotzen...

Die geographischen Regionen

Indien reicht nicht bis an den Äquator.

Wo liegt Indien? Am Äquator? Wer nicht von Berufswegen oder als begeisterter Indienfahrer bereits bestens Bescheid weiß, der nehme sich einen Globus und fahre mit dem Finger vom Längengrad 0, der durch Europa läuft, den Äquator entlang in östlicher Richtung. Für viele Entdeckungsreisende ist dies dann die erste Überraschung: Man stößt keineswegs auf indisches Gebiet! Indien reicht nicht bis an den Äquator. Es ist entschieden der nördlichen Erdhälfte zugehörig. Ja richtig, das gewaltige Landdreieck, das sich da vom Himalaya-Gebirge immer weiter süd-südwestlich der asiatischen Landmasse erstreckt, zwischen dem Arabischen Meer und dem Golf von Bengalen, bis hin zur Südspitze von Kanya Kumari am Indischen Ozean, das ist Indien.

Subkontinent südlich des Himalaya

Vom Himalaya bis zur Südspitze misst Indien 3200 Kilometer, seine größte Ost-West-Ausdehnung – im Norden – beträgt über 3000 Kilometer. Ein vergleichender Blick auf den Globus zeigt, dass es dieses Land an Größe durchaus mit unserem Erdteil Europa aufnehmen kann. Viele nennen es auch einen Subkontinent, wegen seiner exponierten Halbinsellage unter anderem und seiner ausgeprägten Eigenständigkeit innerhalb des asiatischen Raumes.

Waffenstillstandslinie zwischen Indien und Pakistan nach dem Abkommen von 1972
Ladakh
Aksai Chin – von China besetzt, von Indien beansprucht
Kashmir
Indus
Jammu
Demchok/Dêmqog – von Indien und China beansprucht
Amritsar
Himalaya
CHINA (Tibet)
Sikkim
PAKISTAN
Punjab
Wüste Thar
NEW DELHI
NEPAL
Rajasthan
Jaisalmer
Jodhpur
Jaipur
Agra
Lucknow
Uttar Pradesh
Ganges
Patna
Kota
Khajuraho
Varanasi (Benares)
Udaipur
Rann of Kachchh
Gujarat
Golf von Kachchh
Ahmedabad
Bhopal
Jabalpur
Ranchi
West Bengal
Madhya Pradesh
Narmada
Orissa
Raipur
Nagpur
Mahanadi
Bhubaneshvar
Puri
Golf von Khambhat
Maharashtra
Mumbai (Bombay)
Pune (Poona)
Dekkan
Godaveri
Visakhapatnam
Golf von Bengale
Hyderabad
Andhra Pradesh
Arabisches Meer
West-Ghats
Krishna
Karnataka
Ost-Ghats
Goa
Panaji (Panjim)
INDISCHE OZEAN
Chennai (Madras)
Mangalore
Bangalore
Mysore
Pondi-cherry
Kerala
Tamil Nadu
Lakshadweep (Lakkadiven)
Kochi (Cochin)
Madurai
Backwaters
Thiruvananthapuram
Kanya Kumari
0

Was immer die Erdoberfläche an Erscheinungsformen zu bieten hat, in Indien sind sie zu finden. Da ist im Norden das höchste aller Gebirge auf unserer Erde, auch eines der jüngsten, erst vor 80 bis 100 Millionen Jahren aufgefaltet, der Himalaya, bis nahe an seine höchsten Höhen indisches Gebiet. Nachbarstaaten dort sind Nepal, Bhutan und China/Tibet, im nördlichsten indischen Staat Kashmir auch Pakistan. Gewaltige Ströme und Stromsysteme fließen von den Schneemassen des Himalaya herab. An zwei dieser Stromsysteme, an das des Indus im Westen (Pakistan) und das des Brahmaputra im Osten (Bangladesh) grenzt Indiens Norden. Ein dritter Strom mit gewaltigen Wassermassen ist, mit seinen Nebenflüssen, die Lebensader von Indiens Norden: der Ganges. Die Gangesebene nimmt, zu Füßen der Himalaya-Vorgebirge, den Hauptteil des indischen Nordens ein. Sie ist von jeher fruchtbar und daher sehr dicht besiedelt. An ihrem nordwestlichen Rand liegt die Hauptstadt Delhi. Quer durch das gigantische Mangroven-Feuchtgebiet des Gangesdeltas am Meer östlich der Gangesebene geht die Grenze zum Nachbarstaat Bangladesh.

»Sieben Schwestern«

Abgelegen sind die sieben Nordoststaaten, nur durch einen schmalen Streifen indischen Hoheitsgebiets im nördlichen West-Bengal topographisch mit Indien verbunden. Man nennt sie auch »die sieben Schwestern«. Sie erstrecken sich an den südöstlichen Hängen des Himalaya östlich von Bangladesh, südlich von Bhutan und Tibet und am Oberlauf des mächtigen Stromes Brahmaputra westlich von Myanmar (Birma).

Wüste Thar

Im Westen wird die Gangesebene begrenzt vom Aravalligebirge im Wüstenstaat Rajasthan, dem Land der königlichen Fürsten. Diese Region ist wenig fruchtbar, aber ihre Bewohner sind unermüdlich, zäh und kämpferisch, wenn es ums Überleben geht. Heute ist man zusehends dabei, durch Kanäle mit Himalaya-Wasser die semiaride (halbtrockene) Wüste Thar fruchtbar zu machen. Im Westen grenzt Rajasthans Wüste Thar an Pakistan, ebenso wie die fruchtbare Ebene des Punjab nördlich von Rajasthan und der Nordwesten Gujarats, dessen Nordosten an Rajasthan anschließt.

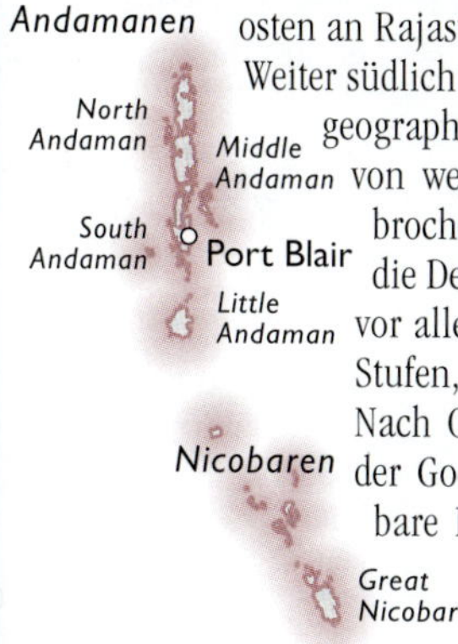

Dekkan-Hochebene

Weiter südlich bildet das Vindya-Gebirge einen Riegel, der Südindien geographisch vom Norden trennt. Eine riesige Hochebene, nur von wenigen starken Flüssen in östlicher Richtung durchbrochen, breitet sich zwischen den Ost- und Westküsten aus: die Dekkan-Hochebene. Sie ist im Innern trocken und bricht vor allem zu den Westküsten hin mit den »Ghats« (wörtlich: Stufen, Treppen) steil ab zum fruchtbaren, ebenen Uferland. Nach Osten hin sind die Ghats weniger hoch, zwei Ströme, der Godaveri und der Krishna, fließen hinunter ins fruchtbare Land an der Ostküste. Im Südwesten wird die Landschaft gebirgig – weithin tropisch bewaldet, mit Erhebungen über 2500 Meter.

7000 Kilometer Küstenlinie

Die Küstenlinie Indiens ist insgesamt rund 7000 Kilometer lang. Natürlich ist bei weitem nicht überall einladender Sandstrand, doch einige Regionen der Westküste, nämlich Goa und Kerala, und im Osten Orissa und Tamil Nadu sind schon durch ihre wunderbaren Strände berühmt geworden, gerade weil sie so weit im warmen Süden liegen, dass fast zu allen Jahreszeiten gebadet werden kann. Kein Wunder, dass es besonders viele Touristen aus kühleren Ländern hierhin zieht.

Korallenatolle

Zu Indien gehören noch einige im Ozean liegende Inselgruppen. Westlich im Arabischen Meer sind die weit ausgebreiteten Korallenatolle der Lakshadweep zwischen 225 und 450 Kilometer von Festland entfernt. In ihrem Namen steckt das Wort für 100 000 (»Lakh«), tatsächlich ist ihre Zahl aber vergleichsweise gering (nur elf sind bewohnt). Die beiden tropischen Inselgruppen der Andamanen und Nicobaren weit draußen im Golf von Bengalen sind vom indischen Mutterland weiter entfernt als von Myanmar oder Indonesien. Zum Schutz ihrer ursprünglichen Bevölkerung ist der Zugang zu den meisten Inseln nicht gestattet.

Indischer Traumstrand, Vagator Beach, Goa

Das Klima – jedes Jahr ein Wetterdrama

Nächtlicher Kälteschock

»Hätte mir denn nicht irgendjemand sagen können, dass es in Indien im Winter so kalt ist?!« Zitternd rieb sich der junge Tourist im alten herrschaftlichen Palastbau in Rajasthan die Hände und fahndete in der Reisetasche nach einem zweiten Paar Socken für die Nacht. Am Ende eines Tages mit europäisch-sommerlichen Temperaturen von über 20° C in der Sonne war es jetzt mit nur wenigen Graden über Null empfindlich kühl geworden.

Ja, gerade weil die meisten Europäer davon ausgehen, dass es in Indien immerfort tropisch heiß ist, muss hier etwas über das Klima gesagt werden. Das ist, bei der großen Ausdehnung des Landes, überhaupt nicht einheitlich. Bleiben wir zum Beispiel beim viel bereisten Rajasthan. Der Staat liegt im Nordwesten Indiens. Hierher – und in den übrigen Norden – strömen in den Wintermonaten eisige Winde von den Höhen des Himalaya-Gebirges und verursachen, trotz wärmender Sonneneinstrahlung tagsüber, kalte Nachttemperaturen. Die Zeitungen melden sogar häufig Fälle von Tod durch Erfrieren unter Obdachlosen, Kranken, Schwachen. Die Bevölkerung hüllt sich in Decken, alle Altersklassen tragen Wollmützen, sogar in einer Großstadt wie Ahmedabad in Gujarat entzündet man Feuerchen auf den Straßen, mit irgendwelchen Abfällen als Brennstoff, um sich zu wärmen. Es gibt ja keine Heizungen in den alten Häusern. Die rauchige Luft verursacht Hustenanfälle.

Feuerchen auf den Straßen

INFO

Wo die Erde nicht stillhält...

Die Geologen sprechen von der »Indischen Scholle« und meinen die Dekkan-Halbinsel. Kaum vorstellbar, dass diese sich im Erdzeitalter Tertiär nach Norden bewegte – und heute noch bewegt! Durch den Aufprall auf die asiatische Landmasse faltete sich das Himalaya-Gebirge auf, eines der jüngsten Gebirge auf der Erde. Die Bewegung hält noch an, ist messbar und setzt enorme Spannungen in der Erdkruste am Rande des Himalaya frei: Erdbeben. Leider gehören der Nordosten und der Nord-Nordwesten des Landes zu den gefährdeten Gebieten, in denen sich, wie 2005 in Kashmir und 2001 im Westen Gujarats, sehr schwere Beben ereigneten. Leichtere Beben werden auch im Dekkan-Hochland und auf den Lakshadweep-Inseln registriert. Auch im Golf von Bengalen ereignen sich Erdbewegungen, so dass Flutwellen (Tsunamis) schon vorgekommen sind, allerdings wesentlich schwächere als der vor Indonesien entstandene Tsunami vom Dezember 2004.

Es gibt nur wenige Verhaltens-Ratschläge: Autofahrten unterbrechen; in Gebäuden sich in eine Ecke an einer tragenden Wand kauern; Feuer aus Gasflaschen sofort löschen; eventuell den Kopf mit einem Gegenstand (Kissen, Ledertasche) vor herabfallenden Objekten schützen; an der Küste auf höheres Gelände flüchten und selbstverständlich Gebäude am Strand sofort verlassen!

Im Norden Schnee

Also: Delhi und die nördlichen Regionen erleben im Dezember und Januar richtig kühles Wetter. Frostig ist es in diesen Monaten zu Füßen der Südhänge des Himalayas und erst recht in den Himalaya-Tälern von Sikkim und in Ladakh, wo der richtige Winter in Höhen von 3500 Metern schon im Oktober mit Eis und Schnee anfängt und bis Ende Mai bleibt.

Im tiefen Süden Indiens sind die Temperaturen von November bis Januar durchschnittlich zwischen 20 und 25°C, die Luft ist feucht, der Himmel um diese Jahreszeit häufig bedeckt, sehr zum Kummer der Landschaftsfotografen.

Monsun heißt Jahreszeit

Heißer Mai

Im Laufe des Februar und März steigern sich mit der Intensivierung des Sonnenscheins und der Abnahme der Windbewegungen die Temperaturen, die im April und Mai schließlich im Norden wie im Süden für Europäer schwer erträgliche Höhen erreichen: über 35°C, sogar über 45°C in Rajasthan, nachts nicht unter 30°C auf dem Höhepunkt der Hitzeperiode. Dabei ist die Luft im Norden extrem trocken, im Süden wird es öfter feuchtheiß. Mensch und Tier leiden, jede Tätigkeit wird zur Anstrengung, man verbringt den Tag im Schatten, in Stadthäusern bei zugezogenen Vorhängen, wo vorhanden, laufen die Klimaanlagen auf Hochtouren, dauerndes Wassertrinken ist zum Überleben notwendig. Ohne künstliche Bewässerung trocknet jede Wiese, jedes Feld aus. Das ganze Land sehnt sich nach dem Ende der heißen Zeit.

Regenzeit

Erleichterung kommt, wenn der mächtige Südwestwind, den man Monsun nennt, Anfang Juni endlich den Regen bringt. »Monsun« leitet sich von dem arabischen Wort *mausim* ab, das »Jahreszeit« bedeutet. Passatwinde saugen sich über dem Arabischen Meer mit Wasser voll, die Wolken erreichen eine Höhe von 4000 bis

INFO

Schönstes Reisewetter gefällig?

Für die meisten westlichen Besucher empfehlen sich die Monate zwischen Oktober und März als beste Jahreszeit für eine Indienreise. Man kann es sich aussuchen: Wer Europas Hochsommerwärme schätzt, fährt Ende Januar bis Anfang März, oder in die Ganges-Ebene schon im September/Oktober/November. Allerdings, wenn es in diesen drei Monaten in den Süden gehen soll, darf man nichts gegen Regengüsse haben, ein Regenmantel sollte auf jeden Fall im Gepäck sein.

Anders ist es, wenn Sie in die Himalaya-Regionen wollen. Dort ist Reisen erst von Ende Mai an möglich, vorher liegt noch tiefer Schnee. Nach Sikkim, Kashmir, Darjeeling, Ladakh und in die höheren Lagen von Himachal Pradesh fährt man sinnvollerweise in »unseren« Sommermonaten, also von Juni bis September. Später gibt es dort oft schon die ersten Schneefälle.

Monsunzeit

5000 Meter und brechen von Südwesten über den südlichen Subkontinent herein. An der Westküste fangen die Regengüsse an. In Mumbai zum Beispiel laufen die Leute auf die Straße, Kinder tanzen und hüpfen, alle lassen sich völlig vom Regen durchweichen, die Zeit der sengenden Hitze ist endlich vorbei. Überall ist die Freude groß. Im Lauf des Juni überquert der Monsun dann die indische Halbinsel, schwenkt über dem Golf von Bengalen nach Norden und Nordosten, schließlich, wenn er an die Gebirgswände des Himalaya stößt, nach Westen über die gesamte Gangesebene. Der Nordosten Indiens bekommt also früheren und stärkeren Regen als der Nordwesten, wo der heißersehnte Monsun, nun schon mit schwächeren Güssen, erst im Juli ankommt.

Die Monsunzeit geht bis zum Oktober, aber das heißt nicht, dass es ununterbrochen regnet. Es gibt tagelange, sogar wochenlange Pausen. Und dann wieder heftigste Unwetter, Stürme, Gewitter, Starkregen. Die Folge sind Überschwemmungen, Erdrutsche, Unterspülungen von Straßen, Beschädigungen von Gebäuden. Schlimm wird es, wenn die Abflüsse in den großen Städten das Wasser nicht mehr fassen, Straßen sich in Flüsse verwandeln, und der Verkehr, auch der Schienen- und Flugverkehr, bedingt durch die Regenmassen Behinderungen erfährt oder ganz zum Erliegen kommt. Die Berglandschaft wird überdies von Erosion bedroht, wenn der Wald den Boden nicht stabilisiert.

Überschwemmungen

Mindestens ebenso schlimm ist das Ausbleiben des Monsuns. Das ist im Nordwesten des Landes in den 1990er Jahren einmal der Fall gewesen. Nur mit Mühe konnte man damals die Bevölkerung durch Tankwagen mit dem nötigsten Trinkwasser versorgen, selbst tiefe Brunnen waren ausgetrocknet, und Tausende von

Wenn er ausbleibt...

Milchkühen starben. Noch lange waren die gruseligen, von den Geiern abgenagten Gerippe am Rand der dürren Felder zu sehen. Die Temperaturen übrigens sind in der Monsunzeit zwar vermindert gegenüber der Hitzeperiode, sie fallen jedoch nicht unter 25°C.

Herbstmonsun

Im Oktober lässt der Regen nach. Im Himalaya schneit es dann schon. Aber an der Südostküste treten bis zum November noch Regentiefs aus dem Golf von Bengalen auf, die manchmal als Zyklon-Unwetter Überschwemmungen im Staat Tamil Nadu verursachen. Man sagt auch »Herbstmonsun« dazu. Der gesamte Süden kann noch daran teilhaben. Vom Oktober bis März erlebt man die »kühle« Jahreszeit. Kühl ist relativ: Es kann, wie bereits geschildert, im Norden richtig kalt werden. Je näher am Himalaya, desto kälter, je weiter im Süden, desto feuchtwärmer ist die Luft. Im Laufe des März steigert sich im ganzen Land langsam und stetig die Hitze, die im Mai und Juni ihren Höhepunkt erreicht.

Kargheit und üppige Vegetation

Im Jahreslauf erleben also die Regionen Indiens ganz unterschiedliche Regenmengen und Temperaturen. Das wirkt sich auf die Pflanzenwelt und die Landwirtschaft aus. Es ist ja klar, dass ein Dschungel im monatelang trockenen Nordwesten anders aussieht , nämlich schütter bewachsen, längst nicht so undurchdringlich, als im tiefen Süden, wo die Überfülle des Wachstums dichtes Grün hervorbringt. Und die kühlen Winternächte des Nordens lassen Palmen meist nur kümmerlich gedeihen, keine reichen Früchte hervorbringen, während im Süden kilometerlanger Kokospalmenwald die überall angebotenen Früchte liefert. Reis wird im Norden in der Gangesebene angebaut (Patna), wo genügend Wasser auf die Felder geleitet werden kann, und im Süden, wo Regenfälle nicht nur in den Monsunmonaten Juni bis September zu erwarten sind. Dort wird mancherorts bis zu viermal im Jahr geerntet. Weizen, der nicht zu feuchtheißes Klima mag, ist die Brotfrucht des Nordens und des mittleren Dekkan-Hochlands. In vielen Gebieten Indiens ist also des Klimas wegen Weizen, nicht Reis das Hauptnahrungsmittel.

INFO

Wild im Urwald – die indischen Nationalparks

Büffel, Antilopen, Affen, Leoparden und sogar Tiger in freier Wildbahn zu sehen, davon träumt so mancher Reisende. Indien besitzt 54 Nationalparks und 370 Naturschutzgebiete. Viele sind aus ehemaligen Jagdgebieten seiner Fürsten hervorgegangen (Jagd ist in Indien nirgendwo gestattet, es sei denn, dass ein Wildtier auf Menschenfresserei besteht und daher als gemeingefährlich abgeschossen wird).

Viele Nationalparks dienen der Idee des *Project Tiger,* das 1973 begonnen wurde. Der Tiger, ein indisches Symbol von Kraft, Natur und Schönheit ist nämlich vom Aussterben bedroht, weil er gewildert wird und, mehr noch, weil die Wälder, in denen er lebt, mehr und mehr zersiedelt werden. Das *Project Tiger* bedeutete auch für den allgemeinen Naturschutz und den Schutz anderer

Wildtiere eine kräftige Initialzündung in Indien. Die Tigerpopulation hält sich heute – unter Mühen – auf einem gerade noch lebensmöglichen Niveau. Wenn die Zahl der Tiere zu gering wird, ist die genetische Überlebenschance fraglich und sehr gefährdet.
Der Besuch der Nationalparks kostet Eintritt – und man muss sich verpflichten, den Regeln zum Schutz der Natur zu gehorchen. Unterkünfte sind an Zahl beschränkt und häufig recht einfach. (Auskunft bei den Tourismus-Vertretungen des jeweiligen Bundesstaates). Wir nennen hier die wichtigsten Nationalparks aus verschiedenen Regionen Indiens:

Bharatpur N.P., Rajasthan. Großes Vogelschutzgebiet;

Corbett N.P., Uttaranchal. Einer der ältesten und bekanntesten Parks mit vielen Wildtieren;

Desert N.P., Rajasthan. Wüstenwelt, Geier, Adler, Fossilienpark;

Kanha N. P., Madhya Pradesh. Im Herzland Indiens gelegen, abseits aller großen Städte. Der Dschungel hier diente Rudyard Kipling zum Vorbild für sein »Jungle Book«, mit entsprechender Tierwelt.

Kaziranga N.P., Assam N.P. Im feuchten Dschungel ist das Reservoir der Nashörner. Artenreich; auch Tiger.

Mudumalai/Bandipur N.P. Im Grenzgebiet Tamil Nadu und Karnataka nahe dem Distrikt Coorg; wilde Elefanten, Antilopen, Affen, reiche Pflanzenwelt.

Nagarhole N.P., Karnataka N.P. Antilopen, Sambals, Panther.

Periyar N.P., Kerala. Wasservögel, Elefanten, Wildhunde, Büffel, auch Tiger (selten zu sehen).

Ranthambore N.P., Rajasthan. Waldgebiet mit einem Fort, vielbesucht wegen des Tigerbestandes.

Silent Valley N.P., Kerala. An der Grenze zu Tamil Nadu an den Nilgiri-Bergen. Ein großes Tal, das vor der Überflutung durch einen Stausee gerettet wurde. Besuchserlaubnis ist schwer zu bekommen.

Sunderbans Tiger Reserve N.P., West Bengal (Gangesdelta). In einzigartigem, Wasser durchfluteten, fast undurchdringbaren Mangrovenwald leben zahlreiche Tiger. Südlich von Kolkata an der Grenze zu Bangladesh.

Von Moguln und Kolonialherren – Our India

Taj Mahal, Agra, Uttar Pradesh

Vorarische Hochkulturen

Die Entdeckung der Induskultur 1922 war eine Sensation: Ausgrabungen im Industal hatten Zeugnisse einer Hochkultur ans Tageslicht gefördert, die zeitgleich mit den alten Kulturen an Euphrat und Nil bestand und ihre Blüte zwischen 2500 und 1700 v. Chr. erlebte. Ihr Kerngebiet lag im Industal und den Historikern ist sie nach ihren Hauptorten als Harappa- und Mohenjo Daro-Kultur geläufig.

Industal

Das Industal ist Indiens Ursprungsland. Allerdings gehört es heutzutage zu Pakistan. Da sich die Hindugläubigen lieber auf die viel später eingewanderten Aryer berufen – sie brachten die Veden, ihre heiligen Schriften mit sich –, und die Induskultur schon so unendlich lange vergangen ist, wird sie häufig etwas zu kurz abgetan, als »wer weiß, vielleicht nicht richtig indisch«?

Felszeichnungen

Natürlich war das übrige Indien zur und vor der Zeit der Induskultur auch nicht menschenleer; Zeugnisse der Steinzeit, zum Beispiel Felszeichnungen sind von Archäologen gefunden worden, die wunderbaren Tierdarstellungen etwa aus der Zeit um 10 000 v. Chr. in den Höhlen von Bhimbetka, 46 Kilometer südöstlich des heutigen Bhopal gelegen.

Vedische Hindukultur

Aryer

Um die Mitte des 2. vorchristlichen Jahrtausends kamen Hirtennomaden von Nordwesten aus dem Hindukusch im heutigen Afghanistan. Sie nannten sich stolz »Aryer«, die Edlen, und gehörten der Sprache nach zu den Völkern, die von der

INFO

Sanskrit lebt

Die Veden wurden Jahrhunderte nach ihrer Entstehung in Sanskrit aufgeschrieben; diese Sprache ist bis in die Neuzeit in Gebrauch, zum Beispiel in den religiösen Riten des Hinduismus in aller Welt. Im 19. Jahrhundert befassten sich europäische Sprachforscher mit Sanskrit, besonders der deutsche, in England (Oxford) lehrende Max Müller. Sein Name ist noch heute in Indien hoch angesehen, die deutschen Kulturinstitute, die in anderen Ländern den Namen Goethes tragen, heißen in Indien »Max-Müller-Bhavan«. (s.S. 168)

Die Übereinstimmungen der meisten Sprachen Europas und einiger vorderasiatischer Sprachen (zum Beispiel persisch) mit dem Sanskrit verblüffte die Sprachforscher. Allerdings lassen sich aus den Übereinstimmungen keine klaren Herkunftslinien der Völker ableiten. Einige Vokabel-Beispiele für Sprachverwandtschaften:

संस्कृत

Sanskrit	Griechisch	Latein	Englisch	Deutsch
matar	maeter	mater	mother	Mutter
pitar	pater	pater	father	Vater
bhratar		frater	brother	Bruder
suasar		soror	sister	Schwester
dhuhitar	thygater		daughter	Tochter
trayas	treis	tres	three	drei
sapta	hepta	septem	seven	sieben

1961 gaben 190 000 Inder Sanskrit als Zweitsprache an. Nationale Kreise bemühen sich (mit nur teilweisem Erfolg), in das Hindi, die Hauptsprache Nordindiens, Sanskritwörter anstelle von Wörtern persischen und arabischen Ursprungs einzuführen. Unter der Bezeichnung *Living Sanskrit* versucht man außerdem, neue Sanskritwörter für moderne Begriffe zu konstruieren (so wie man das in Rom beim Latein auch bewerkstelligt). Es gibt Zeitungen und Radiosendungen in Sanskrit. Viele Schulen lehren Sanskrit als dritte oder vierte »Fremdsprache«. Sanskrit wird an neun Universitäten in allen Landesteilen erforscht und gelehrt. Das älteste Sanskrit-College ist an der Universität Varanasi (Benares) im Staat Uttar Pradesh, es besteht seit 1791.

Wissenschaft als »Indogermanen« bezeichnet werden. Ihre Sprache ist folglich mit den meisten Sprachen Europas, also auch mit der deutschen, verwandt und uns als »Sanskrit« überliefert. Diese Nomadenstämme lebten hauptsächlich von der Rinderzucht, zähmten außerdem Pferde, die sie aus Asien mitbrachten und später vor ihre schnellen Kriegswagen spannten. Sie kannten sich bald auch mit Ackerbau aus, den sie möglicherweise der Bevölkerung abschauten, die sie in der Indus- und Gangesebene antrafen. Mit ihren Fürsten an der Spitze waren sie nach Stämmen organisiert, die sich oft untereinander bekämpften.

Veden

Dass wir ziemlich viel von den Aryern wissen, verdanken wir den »Veden«, den in Sanskrit überlieferten uralten Heldenliedern. Viele Jahrhunderte lang wurden diese mündlich weitergegeben, durch Auswendiglernen von Generation zu Generation. Auf diesen Texten gründet sich die Religion des Hinduismus; aber sie enthalten auch viele Einzelheiten über Philosophie, rituelle und materielle Gebräuche und soziale Gewohnheiten.

Mahabharata-Epos

Um 1000 v. Chr. fand nördlich von Delhi die »Zehn-Königs-Schlacht« zwischen zwei arischen Bündnissen statt. Auf der einen Seite kämpften die Bharatas, panjabische Krieger, von deren Namen der heutige amtliche Hindi-Name Indiens »Bharat« abgeleitet ist. Diese Schlacht wurde in einem großen Heldenlied, dem »Mahabharata« geschildert und besungen, religiös und ethisch bedeutsam überhöht. (s.S. 56)

Kastenwesen

Vor der Mitte des ersten Jahrtausends v. Chr. waren die Aryer die Gangesebene entlang bis ins heutige Bihar vorgedrungen, hatten weite Strecken trockenen Dschun-

Adelige Krieger genossen hohes Ansehen, Wandmalerei in Haveli, Jodphur gels gerodet und Ackerbau in großem Stil begonnen. Gleichzeitig setzte sich auch der Gebrauch des Eisens, das in der Nähe des heutigen Patna gewonnen wurde, als Werkzeug und Waffe durch. Außerdem führten die Aryer ein striktes soziales System ein, das der »Kasten«, das bis heute in Indien wirksam ist. (s.S. 75ff.)

Ganz oben die Brahmanen

Kshatryas (Adelige und Krieger) genossen in der Kastenordnung hohes Ansehen, wurden vom höchsten Rang aber damals von den Brahmanen, den Priestern, verdrängt. Weit unter ihnen standen die Vaishyas (Landbesitzer), ganz unten die Shudras (Menschen, die mit den Händen arbeiteten, Handwerker, Landarbeiter). Außerdem gibt es noch die »Kastenlosen«, ursprünglich Leute, die aus den Wäldern kamen, als das Kastenwesen bereits eingerichtet war.

Religionsgründer und neue Reiche

Mahavir und Buddha

Vor 500 v. Chr. hatten sich einige Stammeskönigtümer als Flächenstaaten eingerichtet, Mahajanapadhas (große Staaten) genannt. Am nördlichen Gangesufer wurden um 500 v. Chr. zwei bedeutende Religionsgründer geboren, die von hier aus ihr Wirken begannen: Mahavir, der am Beginn der Jain-Religion stand, und Buddha. (s.S. 58, 59)

Darius und Alexander

Mit den Eroberungszügen des Perserkönigs Darius (regierte 521–486 v. Chr.) und um 326 v. Chr. des mazedonischen Königs Alexander des Großen betrat Indien die Bühne antiker Weltgeschichte. Obwohl Alexander seine Eroberungen nicht über Himachal Pradesh hinaus ausdehnen konnte, hinterließen Griechen und Mazedonier in seinem Gefolge lang wirkende kulturelle Einflüsse. Griechisch-edler Faltenwurf etwa schmückte Buddhadarstellungen in der Gandhara-Kunst bis ins 5. Jahrhundert n. Chr..

Chandragupta

Alexanders Indus-Eroberungen gingen bald darauf in König Chandragupta Mauryas Herrschaftsbereich auf, welcher in ganz Nordindien die Macht an sich riss. Von seiner Hauptstadt Pataliputra, dem heutigen Patna aus, erzwang eine starke Armee mit Tausenden von Elefanten und kräftiger Kavallerie die Reichseinheit.

Ashoka

Berühmt als der größte imperiale Maurya-Herrscher wurde Ashoka (reg. 274–236 v. Chr.), der bis auf die Südspitze der Halbinsel ganz Indien beherrschte, im Nordwesten zudem weit über den Indus hinausgriff. Was ihn so bedeutsam macht, war sein Wunsch, die Gegensätze in seinem Reich auszugleichen, die zu fortdauernden Kriegen führten. Er fand angesichts der Gräuel einer blutigen Schlacht in Orissa den Weg zum buddhistischen Glauben, der Gewalt verbietet. Er wollte seine Untertanen zu friedlichem und moralischem Leben führen und ließ dazu seine Anweisungen, in Stein auf Säulen oder Felswände gemeißelt, überall im Lande anbringen. Die von vier Löwen gekrönte Säule des Ashoka (ein erhaltenes Exemplar kann man im Museum von Sarnath bewundern) ist heute ein Staatssymbol der indischen Republik. Ashokas Regierungszeit ist eine weite Verbreitung des Buddhismus zu verdanken, auch über die Grenzen seines Staatsgebietes hinaus.

im Hintergrund: Das Kapitell der Ashoka-Säule ist Vorbild für das Staatswappen Indiens

Gupta-Dynastie

Aus der Gupta-Zeit – die nicht rostende eiserne Säule in Dehli

Eine Zeit kultureller Blüte und politischer Sicherheit und Machtentfaltung begann nochmals im 4. Jahrhundert n. Chr. unter der Gupta-Dynastie in Patna. Der Hinduismus erstarkte wieder unter einer durchsetzungsfähigen Brahmanen- (Priester-) kaste und verdrängte den Buddhismus. Astronomie, Medizin und Mathematik blühten, ebenso die Kunst, die in heutigen Museen und wenigen aus der Zeit erhaltenen Tempeln noch in formvollendeten, anmutigen Götterstatuen zu bewundern ist. Zeitgenössische Berichte aus dem Gupta-Reich sind von chinesischen Reisenden erhalten. Und, was nur wenige wissen, in dieser Epoche entstand das indische Zahlensystem, das auch das unsere ist, da es von den Arabern aus Indien nach Europa exportiert wurde.

Südindien

Im tiefen Süden Indiens hatten die politischen Erschütterungen des Nordens zwischen der Maurya- und der Gupta-Epoche geringeren Einfluss. Dort entstanden Königreiche, regional mächtig wegen ihres Reichtums an fruchtbaren Gebieten in Küstennähe. Der Hinduismus, der im Süden nicht beeinträchtigt war von der überwältigenden Ausbreitung des Buddhismus und der missionarischen Kraft des Jainismus, konnte sich von Südindien aus nach Indonesien verbreiten, verbunden mit lebhaftem Handelsverkehr.

Muslime und Moguln

Islamischer Druck

Im 8. Jahrhundert n. Chr. begann mit arabischen Überfällen fortgesetzter Druck islamischer Militärmacht auf das reiche, uneinige Indien. Um 1000 n. Chr. kamen Muslime, die weniger ihren Glauben ausbreiten wollten, sondern es auf die Schätze Nordindiens abgesehen hatten. Allein aus dem berühmten Shiva-Tempel von Somnath in Gujarat plünderte Mahmud von Ghazni, ein Feldherr des Abassiden-Reiches im Nahen Osten, auf Raubzügen von Afghanistan aus was er kriegen konnte: ganze Karawanen voll beladen mit Gold und Edelsteinen.

Sultanat in Dehli

Im 11., 12. und 13. Jahrhundert folgte eine Kette von Eroberungen durch innerasiatische muslimische Herrscher. Einer ihrer Generäle begründete das Sultanat in Delhi (1206). Aus seiner Zeit stammt das berühmte Qutab Minar, ein mächtiger Minarett-Turm, eine der ältesten Sehenswürdigkeiten Delhis. Das Sultanat von Delhi strebte militärische Ausdehnung bis nach Südindien an. Um 1300 gelang es muslimischen Herrschern, bis Madurai im Süden vorzudringen, allerdings nicht für längere Zeit.

INFO

Die berühmtesten Mogulherrscher

- Akbar (1556 bis 1605)
- Jehangir (1605 bis 1627)
- Shah Jahan (1627 bis 1658)
- Aurangzep (1658 bis 1707)

Das Sultanat war ein Staat des »Beutemachens«, nicht aber der geordneten Verwaltung und Regierung; daher war er später den anstürmenden Mongolen nicht gewachsen. Von Timur Lenks Armeen wurde Delhi 1398 geplündert und völlig zerstört. Es dauerte lange, bis wieder politische Entscheidungen von Delhi ausgehen sollten.

im Hintergrund: Rotes Fort, Mogulresidenz Agra

Das Mogulreich

Das Mogulreich (»Mogul« abgeleitet von »Mongolen«) wurde von Babur, einem Nachkommen Timurs begründet, der von Kabul aus im Punjab einmarschierte und mit geschicktem Einsatz von damals neu erfundener moderner Artillerie die Gangesebene eroberte. An Baburs Sohn, den glücklosen Humayun, erinnert bis in unsere Zeit sein Grabmal in Dehli, das erste einer ganzen Reihe prächtiger, persischer Grabmalsbauten in Indien. Die Mogulherrscher dehnten ihren Herrschaftsbereich auf einen Großteil des ganzen indischen Subkontinents aus. Ihre Regierungszeit brachte auch eine Blüte für Architektur, Kunst und Literatur. Sie prägten weithin das Bild von Indien, wie wir es heute noch lebendig vor Augen haben.

Großmogul Akbar

Großmogul Akbars Reich erstreckte sich von Afghanistan bis auf die nördliche Dekkan-Hochebene und nach Bengalen im Osten. Akbars Verdienst ist – noch vor seinem politischen Erfolg – sein Wille und sein Geschick, die beiden großen indischen Religionen und Kulturen seiner Zeit zum Miteinander in gegenseitiger Duldung zu bringen.

Bei aller Gegensätzlichkeit der verschiedenen Bevölkerungsteile gelang es ihm, das Bewusstsein zu verbreiten, dass ein Zusammenleben in einem Staat möglich ist. Damit hat er für Indien viel getan.

Sultan Jehangir

Großmogul Akbar hinterließ seinem Sohn Jehangir ein verhältnismäßig solides Großreich, das nur an der Nord-West-Grenze umkämpft war. So konnte sich Jehangir meist einem kultivierten, kostspieligen Wohlleben widmen, sich mit Kunstwerken – die Miniaturmalerei erreicht in seiner Zeit einen künstlerischen Höhepunkt – mit Musik, Tanz, Architektur und Gartenkultur beschäftigen. Woher kam diese Vorliebe für verfeinerten Lebensstil? Schon unter Humayun und Akbar hatten die bis dahin eher militärisch ambitionierten Moguln enge Verbindungen zum persischen Hof gepflegt. Der hatte im damaligen Vorder- und Südasien einen Ruf wie der französische im Europa des späten 17. und des 18. Jahrhunderts: Er bestimmte die Mode und die feinen Sitten. Wer etwas galt, sprach Persisch – am Mogulhof. Persische Prinzessinnen und ihre Damen gaben am Hof und im Harem den Ton an.

Sha Jahan

Jehangirs Sohn Shah Jahan verlegte seine Hauptstadt von Agra nach dem altehrwürdigen Delhi, das heißt, er gründete auf dem Gelände des heutigen Delhi eine neue Stadt: Shahjahanabad. Diese Gründung nennt man heute »Old Delhi«.

Wie in Agra entstand nun auch in Delhi ein mächtiges Fort, das des roten Sandsteins wegen ebenfalls »Rotes Fort« genannt wird. Beide Forts sind wichtige Punkte des Besuchsprogramms heutiger Touristen. Auch das berühmteste und über alle Vorstellbarkeit harmonische und strahlend prächtige Bauwerk stammt aus der Regierungszeit von Shah Jahan. Es ist das Grabmal »Taj Mahal«, das er zum Andenken an seine geliebte Frau Mumtaz Mahal (ihr Name, ein Ehrentitel, bedeutet »Perle des Palastes«) in über zwanzigjähriger Bauzeit errichten ließ.

Taj Mahal

Aufwändige Hofhaltung und Bautätigkeit verbrauchten immense Geldsummen. Rigoros trieben seine Beamten Steuern ein, besonders von den Bauern. Europäische Reiseberichte der Zeit beschreiben Zwang, Verelendung und Fluchtbewegungen vieler Menschen aus dem Reich, auch die Grausamkeit der Bestrafungen. Das ist die andere Seite der glanzvollen Regierung Shah Jahans.

Widerstand formiert sich

Im Hochland des Dekkan, in der Gegend von Pune (Poona), formierte sich Widerstand der Hindu-Bevölkerung gegen die Fremdherrschaft der Moguln. Nachfolger Aurangzeps strenges Regiment, sein Kampf gegen die »Ungläubigen«, also gegen die Mehrheit seiner Untertanen, schwächte das Mogul-Regime. Akbars Traum von einem toleranten muslimischen Staat ging mit ihm unter.

Indien wird Kolonie

Die Portugiesen

Seit Anfang des 16. Jahrhunderts lagen europäische Seemächte im Wettstreit um die Vormacht an den Küsten Indiens. Die Portugiesen fühlten sich berechtigt und berufen, die Arabische See und den Indischen Ozean zu beherrschen, seit 1494 eine päpstliche Bulle die Teilung der Erde in ein portugiesisches und ein spanisches Einflussgebiet erklärt hatte. Seit ihr Seeheld Vasco da Gama 1498 an der Malabar-Küste Südindiens in Calicut (Kozikhode) gelandet war, eroberten die Portugiesen Stützpunkte, besonders auch in Goa. Sie unterdrückten die indische Bevölkerung, nahmen, was sie kriegen konnten, und missionierten, mitunter auch gewaltsam, zum Christentum. Portugal hielt seine Kolonien Goa, Diu und Daman bis ins 20. Jahrhundert, auch als sie schon längst politisch und wirtschaftlich an Bedeutung verloren hatten. Bis heute ist vor allem in Kerala und in Goa das Christentum lebendig; erhaltene barocke Kirchen, christliche Bräuche und mediterrane Speisen an diesen Orten zeugen von Jahrhunderte langer Kontinuität.

Gewürzhandel

Gegen Ende des 16. Jahrhunderts bemühten sich auch Holländer, Dänen, dann Franzosen um Niederlassungen an den Küsten. Relativ spät, als Reaktion auf die Preiswillkür holländischer Gewürzhändler, begannen die Engländer Interesse an Indien zu zeigen. Eine Vereinigung englischer Kaufleute, die Aktiengesellschaft *East India Company,* erhielt im Jahre 1600 von der englischen Königin Elisabeth I. das Privileg auf das Monopol zum Indienhandel.

Es entstanden neue Häfen: Fort St. George, das spätere Madras (heute Chennai), Kalighata, einst ein Dorf mit einem Kali-Tempel nahe dem Hooghli, einem Mündungsarm des Ganges (später Calcutta, heute Kolkata), und Bombay (Mumbai).

Lokale indische Fürsten wollten am Handelsprofit teilhaben, die Briten manövrierten sie aus. Sie rekrutierten indische Söldner und sicherten sich, wo immer es ging, die Oberhoheit über ganze indische Fürstentümer.
Auch die Franzosen hatten koloniale Absichten. Sie suchten es den Briten und ihrer *East India Company* gleich zu tun und erweiterten mit Militärmacht ihre indischen Interessensgebiete. Ihr Hauptstützpunkt war Pondicherry, die Küstenstadt am Indischen Ozean, in der sich bis heute viel französisches Flair erhalten hat. Auf die Dauer zogen die Franzosen jedoch den Kürzeren, da sie von ihrer heimatlichen Regierung abhängig waren, die je nach eigenem Bedarf finanzielle Zusagen und Mittel aus Indien abzog. Die britische *East India Company* hingegen wirtschaftete auf eigene Rechnung.

Kopra für Kokosöl, auch das begehrten die Europäer

The White Man's Burden

Schlacht von Plassey

General Robert Clives Sieg über die Truppen des Nawab von Bengalen 1757 beim Dörfchen Plassey am Ganges markierte den Beginn der britischen Kolonialherrschaft über den indischen Subkontinent. Wo sich die Inder zur Wehr setzten, voran Tipu Sultan in Südindien, setzten sie zu viele Hoffnungen in ihre französischen Verbündeten und unterschätzten die militärische Schlagkraft der indischen Söldnertruppen unter britischem Kommando. Die waren gut ausgebildet und besser bewaffnet als die Verteidiger, die sich der Fremdherrschaft nicht unterwerfen wollten.
»Ein Reich, das viel mehr Menschen zählte als das römische Imperium auf dem Gipfel seiner Macht« gewann so die *East India Company* für Großbritannien. Die indischen Potentaten, die Maharajas von Lucknow

Einbildung, wenn man bei diesem Anblick an einen Europäer denkt? Fassadendetail Nataraya-Tempel

(Oudh), Gwalior, Indore und Baroda, die Marathen-Konföderation im Westen und selbst die tapferen Sikhs im Punjab fügten sich nach blutigen Kämpfen der britischen Oberherrschaft.

Britische Interessen

Rigoros wurden Inder aus den verantwortlichen Positionen gedrängt, in denen sie den Usurpatoren anfänglich unentbehrlich gewesen waren. Gut ausgebildete, gut bezahlte britische Beamte nahmen ihre Plätze ein. Wie konsequent die Kolonialherren ihren Staatsapparat etablierten, zeigt das Beispiel der offiziellen Verwaltungssprache: Statt des traditionellen Persisch wurde seit 1835 die englische Sprache benutzt. Die Steuerschraube drückte die Landbevölkerung, deren Existenz immer von den Monsunregen abhing: Blieben sie aus oder zu schwach, konnten die Bauern nicht zahlen. Britisches Recht löste indisches ab. Ein moralisches Alibi sicherten sich die Briten, indem sie die Witwenverbrennung *(sati)* und auch die Sklaverei verboten (1829). In zumindest Sklaverei-ähnlichen Arbeitsverhältnissen befanden sich jedoch weiterhin Millionen, die bei ihren Arbeitgebern verschuldet waren. Abertausende von indischen Webern verloren ihre Arbeitsplätze, seit die Rohbaumwolle zu den Maschinenwebstühlen in England verschifft wurde.

Bombays Big Ben, 1869 nach dem Londoner Vorbild erbaut

Auch die bislang bestgestellten Familien, die Maharajas und Nawabs, blieben nicht verschont: Mit der *Doctrine of Lapse* fielen indische Staaten bei Fehlen eines natürlichen Erbfolgers an die britische Regierung. Andere traten ihre Besitztümer »freiwillig« ab.

Aufstand

1857 kam es zum Aufstand gegen die Briten, zumindest einige Monate war ihre Herrschaft ernsthaft gefährdet.

Misstrauen, Verachtung und Arroganz bestimmten nach dem Schock von 1857 auf lange Zeit das Verhalten der Kolonialherren zu den indischen Völkern. Untertanen der britischen

INFO

First War of Independence

Im nordindischen Lucknow sind die Geschosseinschläge der Aufständischen noch zu sehen. *Mutiny* (Meuterei) nannten es die Briten, heute hießen die Kämpfer vielleicht »Terroristen«, in Indien spricht man vom »First War of Independence«. Kein anderer Schauplatz des Aufstands ist so authentisch erhalten (wenn auch gärtnerisch geschönt) wie Lucknows *Residency*. Angeblich mit Tierfett geschmierte Patronen hatten sowohl die Hindus als auch die Muslime unter den Sepoys, die indischen Truppen der Briten, in ihren religiösen Reinheitsgeboten verletzt und den letzten Anstoß zum Widerstand gegeben. Verwaltungsstab und Militärs samt 550 Frauen und Kindern mussten in Lucknows bald ruinösen *Residency*-Gebäuden fast fünf Monate aushalten, krank, hungrig und immer wieder unter Artilleriebeschuss der Aufständischen. Tuberkulose, Sonnenstich, Fieber, Windpocken nennen die halbversunkenen Grabsteine auf dem alten Friedhof als Todesursache. Am Ende unterlagen die Aufrührer. Die Vergeltung der Briten kostete ungezählte Nicht-Kombattanten, besonders auch in Delhi, das Leben. Der letzte Mogul wurde deportiert und starb in Gefangenschaft.

Staatsmaschinerie waren die Inder nun tatsächlich. Die *East India Company* war aufgelöst worden. In London hatte das »Indienministerium« und in Calcutta der als Vizekönig titulierte Generalgouverneur und ein gesetzgebender Rat das Sagen. 1876 nahm Königin Viktoria den Titel »Kaiserin von Indien« an. Indien galt bald als »Jewel in the Crown«. Die Herren der britischen »Verwaltungskolonie« Indien lebten indessen gemächlich mit ihren Familien und billigem indischem Personal, seufzten unter der beständigen Hitze und dem für sie nur schwer erträglichen Monsunklima. Angenehm kühle *Hill Stations* waren allsommerlich der Wunschaufenthalt. Als sich der Schrecken über die *Mutiny* gelegt hatte, wagte der Vizekönig erstmals 1864 samt riesigem Tross die Reise von Calcutta nach Shimla, am Himalaya-Rand, immerhin eine 2000 Kilometer-Tour, und damals noch ohne Eisenbahn. Shimla, über 1000 Meter hoch gelegen, wurde bald als »Queen der Hill Stations« gefeiert. Um der Hitze zu entrinnen, brachen die Herrschaften fortan in den Sommermonaten dorthin auf.

Jewel in the Crown

Hill Stations

Rudyard Kipling, als Sohn britischer Eltern in Bombay geboren, einer der erfolgreichsten Autoren und Publizisten seiner Zeit, prägte 1899 als Mittdreißiger in einem Gedicht das Wort von der »Bürde des weißen Mannes« *(The White Man's Burden)*. Ein scheinheiliger Euphemismus der Kolonialherren über ihre Kolonien, die ihr imperialistisches Machtstreben mit der angeblichen Unfähigkeit ihrer dortigen Untertanen zu rechtfertigen suchten. In der Realität ließen die Briten eine indische Industrie gar nicht erst aufkommen; die Inder durften Rohbaumwolle, Jute, Reis und Weizen, auch Opium nur zu Billigstpreisen exportieren. England musste, so die arrogante Überzeugung, Indien beherrschen, weil eine indische Regierung nicht für Recht und Ordnung sorgen könne. Als um

The White Man's Burden

1900 und in den 1920er Jahren Hungersnöte und Epidemien ausbrachen, sahen sich die Kolonialherren außerstande, das millionenfache Sterben zu verhindern.

Gewaltloser Widerstand

Kein zweites Mal versuchte Indien den gewaltsamen Aufstand gegen die Fremdherrschaft. Aber die Kommunikationsmittel des 19.Jahrhunderts, so altbacken sie im Zeitalter des Internet erscheinen, beschleunigten auch in Indien die Verbreitung neuer Ideen. Auf den frisch aus England angelieferten Eisenbahnschienen reisten Briefe in Tagen, statt wie zuvor in Wochen und Monaten. Menschen versammelten sich, suchten gemeinsam nach neuen Wegen: Mehr Selbstverwaltung, mehr Schulen, mehr Aufstiegsmöglichkeiten für Inder – das waren die

Grundforderungen des »Indian National Congress«, 1985 mit Billigung der Engländer gegründet. Jedoch noch kein Wort von Unabhängigkeit!

Indian National Congress

Am Ersten Weltkrieg mussten sich große Einheiten der indischen Armee beteiligen. Viele Inder schöpften daraus Hoffnungen auf deutlich mehr Selbstbestimmung nach Kriegsende, doch erfüllten sich nur wenige. Phantastisch mutet es heute an, wie selbstgewiss die britischen Regierungen der 20er Jahre des vorigen Jahrhunderts sich als Kolonialmacht gaben.

Empire-Architektur: Victoria Terminus Railway Station, Bombay

INFO

Der große Unbequeme: Mahatma Gandhi

Der erste indische Nobelpreisträger, der Dichter Rabindranath Tagore, gab Gandhi (geb. 1869 in Porbandar (Gujarat) den Namen »Mahatma« (Große Seele). Das war 1915. Mohandas Karamchand Gandhi war im Jahr zuvor gerade erst nach Indien zurückgekehrt, nach einem Jurastudium in London und elfjährigem

Aufenthalt in Südafrika, wo er Syndikus einer indischen Firma war. Sein soziales Format hatte er bereits als politischer Führer der Inder in Südafrika bewiesen, hatte dort britischen Rassismus und Gefängnisse kennen gelernt. Seine Ideen waren von George Bernard Shaw, der Bhagavad Gita (s.S. 56), der Bergpredigt und Tolstoi vertieft worden, und Gandhi hatte sich entschieden, seine Überzeugungen kompromisslos zu leben. »Satyagraha« (Ergreifen der Wahrheit) war seine moralische Losung und gewaltloser Widerstand sein Weg zu ihrer Verwirklichung.

Gandhis Charisma ließ ihn in Indien schnell zu hohem Ansehen kommen und in politische Schlüsselpositionen aufsteigen. Als er 1919 zum

Churchill contra Gandhi

Winston Churchill hielt sich zwar für einen aufrechten Demokraten, verweigerte Indien aber kategorisch die Unabhängigkeit. Mahatma Gandhi war der bessere Demokrat, und er bereitete mit seiner Idee des »gewaltlosen Widerstands« den Briten erhebliche Schwierigkeiten.

Auch im Zweiten Weltkrieg musste die indische Armee wieder unter britischem Befehl für Großbritannien kämpfen. Der britische Vizekönig Lord Linlithgow hatte es nicht einmal für nötig befunden, sich mit den Führern der beiden großen indischen Parteien, *National Congress* und Muslim-Liga abzustimmen, bevor er Indien zum Krieg führenden Land erklärte. Die dem National-Kongress zugehörigen Minister traten unter Protest zurück. Die der Muslim-Liga jedoch

Generalstreik aufrief und Gewalttätigkeiten bekannt wurden, brach er den Streik ab. Auf »Ahimsa« (Gewaltlosigkeit) – seit je von der in Gujarat verbreiteten Jain-Religion eingefordert – bestand Gandhi absolut. Mit Fasten und unbefristeten Hungerstreiks versuchte er bis ins hohe Alter immer wieder, Menschen von Gewaltaktionen abzubringen. 1920 wurde er zum Präsidenten des Indischen *National Congress* gewählt.
Mit persönlicher Bedürfnislosigkeit, handwerklicher Arbeit am Spinnrad und Kampagnen für die Gleichberechtigung der »Unberührbaren« und aller Kastenlosen demonstrierte Gandhi der indischen Nation seine Vorstellung von wünschenswerter Zukunft. Schon darin folgte ihm sein zwanzig Jahre jüngerer Freund Jawaharlal Nehru nicht, als Indien die Unabhängigkeit endlich erreicht hatte. Auch im heutigen Indien zählt materieller Wohlstand höher als freiwillige Armut, industrielle Potenz mehr als mühsame Handarbeit, privates und öffentliches Ansehen mehr als Gleichheit.
Fotos von Gandhi, Gandhi-Denkmäler und Gandhi-Museen sind fast allgegenwärtig. Indien vergisst nicht, dass Gandhis *Civil Disobedience,* sein bürgerlicher Ungehorsam, eine gewaltlose Waffe war, der das mächtige Großbritannien nichts entgegenzusetzen hatte. Gegner wie ein Stalin oder Hitler, die Roten Khmer oder neue Gewaltapostel aus dem militärisch-industriellen Komplex hätten nicht nachgegeben, hätten hunderttausendfaches Sterben als »Kollateralschäden« kleingeredet. Unter Churchills Kriegskabinett kam der über siebzigjährige Gandhi wieder und wieder in Haft (in der Haft starb 1942 seine Frau Kasturba). Doch die Labour-Nachkriegsregierung unter Clement Attlee fand sich im eigenen Land mit einer Flut sozialer und wirtschaftlicher Notstände konfrontiert und betrieb den Rückzug aus der Verantwortung für Indien.
So starb der Mahatma am 30. Januar 1948 in einem unabhängigen, aber geteilten Indien. Vergeblich hatte Gandhi alles versucht, die Spaltung zu verhindern. Sein Mörder, der ihn in einer Menschenmenge erschoss, ein fanatischer junger Hindu, sah in Gandhis Eintreten für die Gemeinsamkeit mit den Muslimen Verrat und unverzeihlichen Verstoß gegen die Religion.

---

nicht, und die Spaltung wurde schnell noch tiefer, als die Muslim-Liga die Forderung eines islamischen Staates Pakistan auf ihr offizielles Programm setzte. Auch während des Krieges agitiert der *National Congress* für Indiens Unabhängigkeit, und startet die *Quit India* – Bewegung: Die Briten sollen Indien verlassen. Im August 1942 brennen britische Verwaltungsgebäude, daraufhin werden die wichtigsten *National Congress*-Mitglieder verhaftet.

Quit India!

Das letzte Kapitel britischer Herrschaft in Indien verläuft hastig, ruhmlos und blutig. 1945 und 1946 versuchen der Vizekönig Lord Wavell und die neue Londoner Labour-Regierung, zwischen Mohammad Al Jinnah, dem Führer der Muslim-Liga, und dem *National Congress* zu vermitteln. Diplomatische Un-

Das letzte Kapitel

geschicklichkeiten, verhärtete Fronten verhindern eine Verständigung; schon im August 1946 kommt es in Calcutta und in Bihar zu wildem Morden. Gandhis Aufrufe und Hungerstreiks bewirken noch eine Beruhigung. Im Februar 1947 erklärt der britische Premierminister Clement Attlee, Indien werde spätestens im Juni 1948 die Unabhängigkeit erhalten. Der Termin wird alsbald vorgezogen, Vizekönig Lord Wavell abgelöst und Louis Lord Mountbatten zum neuen Vizekönig ernannt, mit dem Auftrag schnellstmöglicher Machtübergabe.

Lord Mountbatten, im Zweiten Weltkrieg britischer Oberbefehlshaber in Südostasien, kann unter den gegebenen Umständen wenig bewirken; er akzeptiert die Teilung Indiens und legt einen Plan vor, dem Muslim-Liga und *National Congress* in der ersten Junihälfte zustimmen. Am 14.August 1947 verkündet Lord Mountbatten Pakistans Unabhängigkeit in Karachi, am 15.August die indische in New Delhi. Beide Staaten werden zu *Self Governing Dominions* des Britischen Commonwealth erklärt.

Unabhängig aber geteilt

Gateway of India, als Symbol der Kolonialherrschaft 1911 beim Besuch des Königs errichtet, wurde am 28. Februar 1948 zum Symbol des Endes britischer Herrschaft, als sich dort die letzten britischen Kolonialtruppen einschifften.

Endlich unabhängig – plötzlich ein Staat

Nachrichtenlage offenbar kritisch!

Pakistan und Indien auf getrennten Wegen

Massaker und Flüchtlingsströme

Am 15. August 1947 war Indien unabhängig: ein unruhiges, bluttriefendes Land. Nicht im Frieden von seiner ehemaligen Kolonialmacht in die Selbstständigkeit entlassen, sondern in erhitztem Streit zwischen den aufgestachelten gegensätzlichen Religionsgruppen. Von den geschwächten und ermüdeten britischen Machthabern fallengelassen wie eine zu heiße Kartoffel, die sofort zerplatzte. Die Teile hießen Pakistan, das entstand, weil M.A. Jinnah, der Führer der Muslim-Liga, einen eigenen Staat für die indischen Muslims durchsetzte, und Indien, das bereit war, ein Land für beide Religionen zu werden. Flüchtlingsströme ungekannten Ausmaßes zogen in beide Richtungen, Hindus massakrierten fliehende Muslime, Muslime ermordeten abziehende Hindus. Die Zahl der Toten wird auf eine Million geschätzt. Besonders im Punjab dauerte die Gewalt Monate an. In Bengalen, wo sich der östliche muslimische Teil von West Bengal trennte, verhinderte Mahatma Gandhi ein ähnliches Ausmaß der Tragödie und wäre dabei beinahe umgebracht worden.

Miltär-parade, India Gate, New Dehli

Die Trennung nach Religionsgruppen konnte natürlich nicht vollständig vollzogen werden. Muslimische Minderheiten blieben in vielen Teilen Indiens, in ihrer Heimat. 2005 lebten (geschätzt) rund 140 Millionen Muslime in der Indischen Republik (Gesamtbevölkerung ca. 1,1 Milliarde) Ihr Anteil sank nie unter zehn Prozent der Bevölkerung. Zum Vergleich: In Pakistan leben gut 150 Millionen Muslime.

Politische und religiöse Erzfeinde

Während für Pakistan nach dem Tod des Führers der Muslim-Liga Mohammed Ali Jinnah 1948 die Entwicklung politischer Unsicherheit zur Militärdiktatur führte, ist Indien seit 1949 eine verfassungsmäßige Demokratie, mit Parteien und gewähltem Parlament, die sich in den zahlreichen innen- und außenpolitischen Schwierigkeiten erstaunlich stabil erwiesen hat.

Indien war, wie der britische Premier Winston Churchill ebenso hämisch wie nur teilweise richtig bemerkt hatte, kein Land, sondern nur ein »geographischer Begriff«. Bis es, in die Unabhängigkeit »geworfen«, ein Staat werden musste. Damit das bisherige Gebilde aus Provinzen und Fürstenstaaten nicht auseinanderbrach, sah die Verfassung eine starke Zentralregierung vor. Schon vor dem Tag der Unabhängigkeit hatten fast alle Fürstentümer ihren Beitritt zur Indischen Union erklärt. Die Zentralregierung bildete die Bundesstaaten.

Indische Union

Zunächst wurden aber in den ersten Jahren Fürstenstaaten, die nicht freiwillig der Indischen Union beigetreten waren, annektiert. Das gelang mit Junagadh (in Gujarat) problemlos, im südlichen Hyderabad nur mit militärischer Gewalt, die bis heute dort noch nicht vergessen ist.

Was wurde aus den Maharajas?

Sagenhafter Reichtum

Ihr Reichtum war sagenhaft, die Pracht ihrer Paläste schien direkt aus dem Märchen gekommen. 600 große bis sehr kleine Fürstentümer gab es während der britischen Kolonialzeit. Die Kolonialmacht schloss Verträge mit den Hoheiten, die

ihnen den reichen, orientalischen Lebensstil ermöglichten. Und jeder Fürst hatte seinen britischen Residenten, der aufpasste, dass die politische Selbstständigkeit in London nicht unangenehm auffiel. Nicht alle waren so ungeheuer reich wie der (muslimische) Nizam von Hyderabad, von dem man erzählt, er habe sich, wegen irgendwelcher diffusen politischen Ängste, in den1920er Jahren eine Art Fluchtgepäck von drei schweren Lastwagen bereitgestellt, jeder mit Juwelen kostbarster Art angefüllt. Sie standen im Gebüsch unweit des Palastes. Die politische Lage erwies sich – damals noch – als völlig stabil, kein Grund, an Flucht zu denken. Die Lastwagen wurden vergessen, mitsamt der ganzen Ladung, rotteten vor sich hin auf längst zusammengesunkenen Gummireifen. Irgendwann nach dem Zweiten Weltkrieg sollen sie verschwunden sein.
1947, als Indien unabhängig wurde, behielten die Maharajas ihre privaten Besitztümer, also die Paläste und andere Liegenschaften der Familien, natürlich auch Besitz im Ausland. Nur ihre Regierungsmacht wurden sie los. Schon damals waren viele von ihnen westlich erzogen, auf englischen Eliteschulen. Meist schafften sie den Übergang zum modernen Leben, verwalteten ihre landwirtschaftlichen Güter oder ergriffen Berufe in der modernen Wirtschaft – oder gingen in die Politik, als gewählte Abgeordnete, Diplomaten oder gar Minister. Sie sahen schnell ein, dass Tigerjagden nicht mehr zeitgemäß waren; einige arbeiteten nun auch für den Naturschutz. Ihre Paläste waren teuer im Unterhalt; daher entschlossen sich mit der Zeit viele, die noblen Häuser in Hotels umzubauen, sie von professionellen Gesellschaften betreiben zu lassen. Das wurde nach 1971 auch dringend nötig, als Indira Gandhi den Fürsten ihre Privilegien nahm und staatliche Zuwendungen strich.

Sie passten sich der Neuzeit an.

Es war einmal: Royal Duck-shooting im Jal Mahal, Jaipur

Zu Gast bei Maharajas

Heute ist es zweifellos schwierig, die wertvollen Kunstschätze der alten Paläste zu erhalten. Mancher Maharaja setzt sich persönlich dafür ein, empfängt Geld bringende Touristen durchaus auch selbst im Palast. Andere, reichere sind ausgewandert, leben in Europa oder den USA, und kommen nur an hohen Feiertagen in die Heimat zurück, wo sie in der Tempelprozession auf kostbar geschmücktem Elefanten durch die jubelnde Menge reiten. Einer ihrer Ranghöchsten, der Maharana von Udaipur, ist ein anerkannter Wissenschaftler, Historiker, Philosoph und aktiver Verwalter seiner Hotelpaläste.

Ungelöste Probleme: Kashmir, Bangladesh, Tibet

28 Bundesstaaten heute

Bei der Festlegung der heutigen 28 Bundesstaaten hielt sich die Regierung meist an Sprachgrenzen, teilte die britischen Provinzen auf und legte Fürstentümer zu Bundesstaaten zusammen.

Reste des portugiesischen Kolonialreichs in Goa, Diu und Daman wurden erst 1961 militärisch, aber ohne blutige Auseinandersetzungen, erobert. Die Verwaltung einiger ehemaliger »Kleinkolonien« behielt sich die indische Zentralregierung vor: Diu und Daman, das ehemals französische Pondicherry mit Yanam, Karaikal und Mahé. Goa wurde erst 1987 eigener Bundesstaat.

Wiederholt hat die Regierung, von praktischen Notwendigkeiten geleitet, die Einteilung in Bundesstaaten später »nachgebessert«, sehr große bundesstaatliche Einheiten verkleinert: Zum Beispiel wurden die Gebirgsgegenden von Uttar Pradesh im Jahr 2000 in einem neuen Staat »Uttaranchal« zusammengefasst, das südliche Bihar 2001 zum Bundesstaat Jharkhand, aus dem westlichen Madhya Pradesh löste sich Chattisgarh.

Kashmir-Konflikt

Dagegen war und ist Kashmir bis heute ein »Pfahl im Fleisch« der indischen Politik. Der Maharaja von Kashmir, selbst ein Hindu, herrschte über eine mehrheitlich muslimische Bevölkerung. Er erklärte nach einigem Zögern 1947 den Beitritt seines Landes zur Indischen Union, bat um militärische Hilfe, nachdem muslimische Freischärler bis nach Srinagar vorgedrungen waren. Pakistan entsandte daraufhin Truppen, mit der Begründung, die muslimische Bevölkerung schützen zu wollen. Das bedeutete: Grenzkrieg.

Die indische Regierung verweigerte Anfang 1948 Pakistan die Auszahlung des ihm zustehenden Anteils an der Staatskasse. Um der Lösung des Problems willen fastete Mahatma Gandhi, bis die Regierung nachgab. Gandhi wollte so Versöhnung zwischen Hindus und Muslims möglich machen. Doch radikale Hindus hielten ihn deswegen für einen Verräter und beschlossen, ihn zu ermorden. Am 30.Januar 1948 starb Gandhi in Delhi unter den Schüssen eines fanatischen Brahmanen.

Der UN-Sicherheitsrat versuchte das Kashmir-Problem 1948 durch eine Volksabstimmung unter den Kashmiri zu lösen. Obwohl von Nehru versprochen, fand diese jedoch nie statt.

Eine vorläufige Demarkationslinie wurde 1949 festgelegt, seitdem gelten Jammu, das Tal von Kashmir und Ladakh als indisches Gebiet. Zwei weitere indischpakistanische Kriege brachen 1965 und 1971 aus, doch auch nach dieser Zeit war das Gebiet von Unruhen, Grenzverletzungen, Anschlägen und Überfällen heimgesucht. Besonders beeinträchtigt wurde ein Hauptwirtschaftsfaktor Kashmirs, der Tourismus. Wegen des milden Klimas und der wundervollen Landschaft des Kashmir-Tales war das Land früher viel besucht. Auf Grund zunehmender Gewalttaten und kriegerischer Auseinandersetzungen ging der Tourismus jedoch seit den 1980er Jahren zurück. Heute gilt es international als gefährlich für Touristen; nur indische Besucher kommen in großer Zahl. Ausländer dagegen versuchen, das Land zu meiden, und viele ehemalige Bewohner Kashmirs sind nach Indien ausgewandert. Infolgedessen wird jeder Reisende allüberall in Indien die Läden mit den beliebten Artikeln aus Kashmir vorfinden, mit Teppichen, Schmuck, Schals und anderen schönen Dingen.

Grenzkriege stoppten Tourismus

Die Spannungen zwischen Indien und Pakistan halten über die Jahrzehnte hinweg an. Absurdes und grausames Beispiel ist die ständige Konfrontation am Siachen-Gletscher nördlich von Ladakh, wo in über 5000 Meter Höhe und in eisiger Kälte sich tausende von Soldaten beider Seiten feindlich gegenüberstehen, mit hohen und völlig sinnlosen Verlusten, weil angeblich die Grenze auf dieser unwirtlichen Eisfläche strittig ist. Aus Prestigegründen will keine Seite den Wahnsinn beenden.

Wettrüsten und Atombombenversuche

Ein anderes irrsinniges Ergebnis der indisch-pakistanischen Konfrontation ist das Wettrüsten, das sowohl zu indischen als auch pakistanischen Atombombenversuchen 1998 führte. Verschiedentlich hat US-amerikanischer Druck den Ausbruch von schlimmeren Feindseligkeiten verhütet. Sehr schüchterne Annäherungsversuche auf diplomatischer Ebene ohne durchgreifende Entspannung der Lage fanden 2002 statt.

Bangladesh

Östlich von West-Bengal wurde 1971 aus dem damaligen Ostteil von Pakistan ein eigener Staat, Bangladesh (»das östliche Bengalen«). Mit militärischer Hilfe In-

INFO

Reisetipp – Für Touristen gefährliche Regionen

▶ **Meiden Sie abgelegene Landstriche!** Es gibt auch andere abgelegene Landesteile, die politisch unsicher sind, etwa solche im ländlichen Bihar, wo räuberische Banden die Macht auf den Landstraßen beanspruchen. Abenteuerreisende gehen besser nicht auf sich allein gestellt in solche Gebiete. Erkundigen Sie sich und nehmen Sie Warnungen indischer Berater ernst.

▶ **Drängen Sie nicht zu Nachtfahrten!** Wenn auch in den meisten Bundesstaaten die Straßen sicher sind, so lehnen doch in manchen Gebieten Fahrer ab, nach Einbruch der Dunkelheit über Land zu fahren. Sie wissen, warum. Drängen Sie als Fahrgast den Fahrer nicht zu unangenehmen Nachtfahrten gegen seinen Willen. Wählen Sie die Fahrstrecken so aus, dass Sie vor der Dunkelheit im Quartier ankommen.

diens nahm es die Gelegenheit war, sich von Pakistan zu trennen. Dennoch stehen die Beziehungen zwischen Bangladesh und Indien nicht zum Besten. Da Bangladesh sehr arm und regelmäßig von Überschwemmungskatastrophen heimgesucht ist, wandern jährlich Hunderttausende von dort nach Indien ein, besonders in den ohnehin dicht besiedelten Staat West-Bengal. Das Elend in West-Bengals Hauptstadt Kolkata (Calcutta) rührt zum großen Teil daher.

Indiens Verhältnis zu China kann man als wachsamen Wettbewerb bezeichnen.

Tibet

Als China 1950 Tibet besetzte, war der junge indische Staat nicht in der Lage, etwas dagegen zu tun. Seither ist China ein sehr mächtiger und naher Nachbar. Ministerpräsident Nehru glaubte an die Politik der Blockfreiheit und des brüderlichen Verständnisses zwischen den Staaten der Dritten Welt. China jedoch setzte bei den ersten Meinungsverschiedenheiten an den nördlichen Grenzen 1962 seinen Willen mit militärischem Eingreifen durch. Die Niederlage der indischen Truppen versetzte dem Ansehen der Politik Nehrus einen merklichen Stoß. Mit steigendem wirtschaftlichem Erfolg – auch auf internationaler Ebene – gewann Indien inzwischen soviel Selbstbewusstsein, dass es China nicht mehr als bedrückende Übermacht empfindet. Auch die Einwohnerzahl Indiens wird wohl in wenigen Jahrzehnten die Chinas übersteigen.

Heute setzt die Außenpolitik Indiens hauptsächlich auf Selbstbehauptung durch wirtschaftliche Entwicklung, auf Anerkennung in der Welt, ohne militärische Macht zu vernachlässigen.

Menschengedränge, Sayaji Road, Mysore, Karnataka

Wie funktioniert Indiens Demokratie?

Indische Innen-politik ...

Funktioniert sie überhaupt? fragte uns ein indischer Freund. Na ja, lassen wir es beim »wie sie funktionieren soll«. Schon das zu beschreiben, ist ein schwieriger Versuch. Der soll immerhin gemacht werden. Freilich ist das Interesse der meisten Reisenden an der indischen Politik nicht sehr groß, es sei denn, gewisse Vorgänge erregen erhöhte Aufmerksamkeit.

Beispiel: haushohe Plakate an Stellwänden längs der Straße. Die Bilder zeigen stattliche Politiker, Politikerinnen mit Filmstarlächeln, Siegesposen. Es ist Wahlkampf, hört man auf Befragen. Manche Plakate tragen auch die Kürzel ihrer Parteien. Wahl? Indien ist eine Demokratie. In Wahlkämpfen geht es den Parteien, wie bei uns, um Stimmengewinn zum Parlament – das heißt in Indien Lok Sabha –, um Regierungswechsel, um (angeblich) neue politische Ziele.

Aber die Plakate wechseln erheblich, wenn man von einem indischen Bundesland in das andere kommt. Ja, Indien ist wie Deutschland ein Bundesstaat (nur dass einige Bundesländer hier so groß sind wie das ganze Deutschland). Und in jedem Bundesland Indiens gibt es Regionalparteien, und regionale Variationen jener Parteien, die indienweit agieren.

... ist nicht gerade übersicht-lich.

Schon hier ahnen Sie, dass die indische Innenpolitik nicht gerade übersichtlich ist. Immerhin gibt es eine Partei, deren Rolle international bekannt ist und die überall in Indien um Stimmen wirbt.

Kunst auf schwankendem Gerüst – Schildermaler in Kerala

»Congress« – Hintergrund für eine Politiker-Dynastie?

Die Kongress-Partei führte schon zur Zeit der Kolonialherrschaft den Kampf für die Unabhängigkeit, die dann 1947 Wirklichkeit wurde. Sie zehrte von diesem Ruhm, erhielt in den ersten beiden Jahrzehnten immer wieder die Mehrheit der Stimmen, was ihr nach dem Mehrheitswahlrecht als stärkster Partei die Regierung verschaffte. Damals war diese Partei der Hintergrund für das Wirken des Staatsmanns und Unabhängigkeitskämpfers Jawaharlal Nehru, der mit dem hoch verehrten Mahatma Gandhi zusammengearbeitet hatte.

Jawaharlal Nehru

Ideologisch und praktisch war die Kongress-Partei am Sozialismus orientiert, mit Planwirtschaft (kein freies Spiel der Kräfte in Industrie und Handel) und der dazugehörigen, ausufernden Bürokratie.

Bürokratie

Die Bürokratie hat sich in der Verwaltung zum Teil bis heute erhalten, mit ihren umständlichen, lange dauernden Vorgängen und vielfach kopierten Papieren. Erleben Sie dieses Stück indischer Wirklichkeit, indem Sie etwa versuchen, bei der »State Bank of India« einen Scheck einzulösen. Aber Zeit mitbringen, viel Zeit! (Keine Sorge, mit baren Euros oder Dollars geht es schneller.)

Blockfreier Staat?

Zurück zur Kongress-Partei! Nehru und seine Partei setzten auf die »Dritte Kraft« der blockfreien Staaten außerhalb der Großmächte des »Kalten Krieges« USA und Sowjetunion. Sie wollten es auf keinen Fall mit der Sowjetunion verderben und von den USA nicht wirtschaftlich abhängig sein.

Diese Politik setzte sich nicht durch, die Wirtschaft gedieh nicht wie gewünscht. Zudem bekam Nehru Schwierigkeiten mit einem militärischen Angriff Chinas auf den Nordosten Indiens. Nach einem kurzen Intervall übernahm Nehrus Tochter Indira Gandhi (der Name bedeutet keine Verwandtschaft mit Mahatma Gandhi) Ende der 1960er Jahre nach dem Tod ihres Vaters die Regierung.

Indira Gandhi

Friedfertige Tempelwächter, Sikhs in Amritsar, Punjab

Die Kongress-Partei kam von ihrer sozialistischen Politik ab. Indira Gandhi setzte auf Machtpolitik und hatte dabei auch die Unterstützung der Kongress-Partei. Unter ihrer Regierung nahm die Inflation zu, die Unzufriedenheit der Massen war durch machtpolitisches Auftreten nicht zu dämpfen, nicht durch militärisches Eingreifen indischer Truppen in den Unabhängigkeitskampf zwischen Pakistan und Bangladesh 1971, nicht durch die erfolgreiche Explosion einer indischen Versuchs-Atombombe 1974.

Parteipropaganda indischer Kommunisten, Kerala

Nach aufruhrartigen Demonstrationen wurde das Parlament durch Ausrufung des Notstandes und die Alleinherrschaft von Indira Gandhi entmachtet, diese »Emergency« (Notstandsregierung) unterbrach die demokratische Periode der Republik, mit willkürlichen Verhaftungen und Einschränkung der Pressefreiheit. Eine Wahl 1977 brachte die Kraft der Opposition zutage, die sich in einer »Janata Party« (Volkspartei) aus mehreren politischen Gruppen gesammelt hatte. Die Koalition der Gegenkräfte gegen Indira Gandhi und den *Congress* fiel allerdings auseinander, weil sie keine gemeinsame positive Perspektive in wirtschaftlicher Beziehung vorwies. 1980 waren Indira Gandhi und ihre Partei wieder an der Macht, diesmal wieder als Wahlsieger.

Emergency

Doch immer noch ließ diese Regierung die wirtschaftlichen Missstände unverändert, zeigte hingegen die starke Hand, wenn es um Ordnungspolitik ging – unverhältnismäßig im Falle des Punjab, wo es im Zuge des Kampfes gegen separatistische Aktionen zur Erstürmung des den Sikhs heiligen Goldenen Tempels kam. Das brachte auch gemäßigte Sikhs gegen Indira Gandhi auf. Sie erlag 1984 einem Attentat ihrer Sikh-Leibwächter. An verschiedenen Orten hatte das den grausamen Ausbruch des Volkszornes mit Massakern an vielen unschuldigen Sikhs zur Folge.

Sikh-Opposition

Indiras Sohn Rajiv Gandhi kam nach ihr an die Regierung, obwohl er nicht darauf vorbereitet war. Sie hätte gerne ihren jüngeren Sohn als Nachfolger

Rajiv Gandhi

gesehen, doch der war durch einen Unfall ums Leben gekommen. Er hatte ohnehin beim Volk nicht mehr viele Freunde gehabt, da er das Problem der Überbevölkerung durch Zwangssterilisierung – die männliche Bevölkerung ganzer Dörfer wurde zu dem Zweck zusammengetrieben – lösen wollte.

Rajiv Gandhi konnte die Congress-Regierung fortsetzen. Er versuchte, der Partei und dem Land einen moderneren Kurs zu geben, lockerte die Importeinschränkungen und den Protektionismus, wollte den privaten Sektor der Industrie in Abkehr vom bisherigen Kurs der Staatsindustrie stärken, die Mittelklasse fördern. Doch Korruptionsvorwürfe gegen die Regierungspartei, die auch die höchsten Ränge betrafen, vertieften die Unzufriedenheit im Volk, dem es immer noch nicht wesentlich besser ging. Rajiv Gandhis Regierung unterstützte den Kampf, der im benachbarten Sri Lanka (früher Ceylon) gegen die Aufstände der dort lebenden Tamilen ausgebrochen war. Vor den Wahlen 1989 wurde Rajiv Gandhi daher von terroristischen Mitgliedern der Widerstandsgruppe *Tamil Tigers* ermordet.

Tamilenaufstand

Unter diesem Eindruck gewann die Kongress-Partei noch einmal die Wahlen; doch ihre Politik musste sich nun zwangsläufig wegen der Weltlage ändern. Da die Sowjetunion auseinander fiel, war wirtschaftliche Umorientierung nach Wegfall dieses wichtigen Handelspartners fällig. Der Finanzminister Manmohan Singh liberalisierte 1991 das Wirtschaftssystem. Die Rupie wurde teilweise konvertierbar, staatliche Betriebe wurden zum Teil privatisiert, Zölle gesenkt, Inportrestriktionen aufgehoben. In den fünf Jahren dieser Wahlperiode setzte die Kongress-Partei ein wirtschaftliches Reformprogramm durch, mit Abkehr von vielen Resten sozialistischer Planwirtschaft.

Wirtschaftsreformen im Jahr 1991

Slumviertel in Pune, Maharashtra

Neue Rolle, neues Gesicht

Wenn man in Indien Geschäftsleute fragt, so datieren sie von diesen Reformen an den unaufhaltsamen Aufstieg des Landes von einem Dritte-Welt-Land zum Schwellenland auf dem Weg zu einer führenden Industrienation. Die wunderbare Fähigkeit der Inder, in schwierigen Situationen praktische Lösungen zu finden, Kräfte zu mobilisieren, kam ungestört zum Durchbruch. Durch die Reformen entstand ein neuer, selbstbewusster Mittelstand, der sich zwar wirtschaftlich, jedoch nicht so sehr ethisch-moralisch an den USA ausrichtet. Der Mittelstand nimmt noch an Zahl zu. Innovation in Produktion und Bildung sind die Folge, dynamisches Wirtschaftswachstum lässt die Welt aufhorchen. Allerdings geht es den Armen nicht schnell genug mit dem Aufstieg. Es entstand damals Unzufriedenheit mit der materiellen und auch mit der religiösen Situation, da der neue Liberalismus die säkulare, nicht allzu traditionsgebundene Gesellschaft fördert. Von daher rührt der Stimmenrückgang, den die Kongress-Partei erlitt.

Vom Dritte-Welt-Land zum Schwellenland

Regional und ideologisch orientierte Parteien gewannen Zulauf, Linksparteien wie die *Communist Party of India-M (Marxist)* und deren radikale Splittergruppe *CPI-ML (Marxist-Leninist)*. Linke Parteien regieren traditionell in Westbengalen und mit Unterbrechungen auch in Kerala (Südindien). Aber der indische Kommunismus ist nicht so engstirnig wie der europäische. Er hat dort, wo er die Regierung beeinflusste, sehr Nützliches geleistet, etwa für die Gleichberechtigung der Frau und für die Alphabethisierung durch allgemeine kostenlose Schulbildung. Man darf ihn nicht verwechseln mit den gewalttätigen terroristischen Untergrundgruppen der »Naxaliten«, die sich in einigen Brennpunkten sozialer Benachteiligung bemerkbar machen, besonders in Bihar und in abgelegenen Teilen des Staates Orissa.

Linksparteien

Auf dem rechten Flügel hingegen erstarkten in den 1990er Jahren zahlreiche kleine, zum Teil regionale Gruppen, die für politische Dominanz der Hindu-Mehrheit eintreten, einige mit starker Tendenz zu politischer Gewalt. Über Indiens Grenzen hinaus wurde die agressive »Shiv Sena« bekannt. Es ist durchaus beängstigend, wenn man zu Wahlkampfzeiten Kolonnen von offenen Lastwagen sieht, vollbesetzt mit schreienden Männern unter einem Wald von hochgehaltenen orangefarbenen Fahnen, die für ihre rechte Ideologie Macht fordern. Diese ausgesprochen militanten, oft gewalttätigen Gruppen politisch aktiver Hinduanhänger stehen hinter der »Bharatya-Janata-Party« BJP. Sie entstand als Zusammenfassung verschiedener rechter und traditioneller politischer Gruppierungen. Gewalttätige, politisierte, radikale Hindus zerstörten Anfang der 1990er Jahre die 500 Jahre alte Moschee in Ayodya und verlangten die Wiedererrichtung eines frühen Rama-Tempels an derselben Stelle. Diese Gruppen wollen Hinduismus nicht nur als Religion, sondern als Staatskultur (Hindutva) ansehen und haben für Minderheiten wenig Verständnis.

Die radikalrechte: BJP ...

Die BJP gewann 1999 die Wahlen und die Mehrheit im Parlament, der »Lok Sabha«, mit Hilfe von 23 kleinen Parteien. Die Kongress-Partei war abgelöst. Der

... gewinnt 1999 die Wahlen.

Ministerpräsident der BJP, Atal Bihari Vajpayee, mäßigte die radikalen Kräfte seiner Partei möglichst. Er bemühte sich auch mit Erfolg, den Weg der reformierten Wirtschaftspolitik nicht zu hemmen.

India Shining?

»India Shining« stand 2004 am Ende dieser Wahlperiode an allen Straßen auf großen Plakaten, mit einem Porträt des siegessicheren Vajpayee. Doch die Wahl kostete die BJP die Regierungsgewalt. Denn »shining« (=glänzend) überzeugte die benachteiligten Massen der Bevölkerung, kleine Bauern, untere Kasten, nicht, angesichts oft miserabler Infrastruktur (Trinkwasser, Schulen, schlechte Landstraßen). Ihrer Macht als Wähler bewusst, stimmten sie gegen die BJP-Regierung. Die alte Kongress-Partei kam wieder zum Zug, auch dank des politischen Einsatzes Sonia Gandhis, der Witwe Rajiv Gandhis. Ihre europäische (italienische) Abstammung hatte die BJP ohne Erfolg zu chauvinistischer Wahlpropaganda ausgenutzt. Allerdings wurde Frau Gandhi nicht Ministerpräsidentin, sie blieb starke

Sonia Gandhi

Führerin der Kongress-Partei und verhalf Manmohan Singh zum Ministerpräsidentenamt, dem bewährten Reformer und Wirtschaftsminister von Anfang der 1990er Jahre. Die Kongress-Partei führt eine Koalition aus mehreren kleineren Parteien an. Dem indischen Wähler gefällt offenbar der Familienzusammenhalt der Gandhis: Sonia Gandhis Sohn Rahul, ein auffällig gut aussehender tüchtiger junger Mann, half 2006 seiner Mutter bei Nachwahlen wieder gute Ergebnisse zu erzielen. Auch Sonias Tochter Priyanka ist politisch aktiv, betont aber, als Mutter

Wie im Mittelalter, Khuri, Rajasthan.

kleiner Kinder, nicht sogleich ein Amt anzustreben. Auch das gefällt dem indischen Wählern. Die Dynastie Gandhi bleibt auf Erfolgskurs.

Wie wird es weiter-gehen?

Aber wie wird Indiens Weg weitergehen? Die Welt-Finanzkrise wirkt sich auch auf Indiens Wirtschaft aus, die Gruppe der bisher so unglaublich gut Verdienenden musste große Einbußen erleiden - es sieht im Vergleich zu anderen asiatischen Staaten und zu den USA aus, als könnte Indien die Finanz-Balance besser halten, wohl wegen der geringeren Auslandsschulden. Die sozialen Aufgaben wurden unter Manmohan Singh endlich ernsthaft angepackt: gegen wachsende Armut, gegen Krankheiten, für Chancengleichheit der Frauen, der benachteiligten Gruppen (Tribals, Adivasis, untere Kasten), dabei den Widerstand der höheren Kasten und der profitorientierten Wirtschaft berücksichtigend. Nur wenn Wege aus der Armut geschaffen werden, wird die indische Gesellschaft stabil und leistungsfähig sein. Diese Wege gelingen, wie man überall auf der Welt jetzt sieht, durch Regierungsmaßnahmen, nicht durch das freie Spiel der Kräfte.

Politisch ist der Schock des drohenden Terrorismus zu verkraften, der seit den Mumbai-Attentaten am 26.11. 2007 ernst genommen wird. Schon vorher ist es an verschiedenen Orten zu Bombenanschlägen gekommen. Fazit allerdings: der Terror kommt von außen. Auch die besonders von der BJP-Partei aus wahltaktischen Gründen verdächtigten indischen Muslime haben sich nicht an den Überfällen beteiligt, betrachten sich ebenfalls als Opfer des Terrors, der nicht nur in Luxushotels und im jüdischen Zentrum, sondern auch auf einem zentralen Bahnhof zuschlug. Es ist bedauerlich, dass Teile der westlichen Presse sofort in die falschen Beschuldigungen der BJP einstimmten. Die pakistanische Regierung allerdings ist zu schwach, um terroristische Fundamentalisten ihres Landes wirkungsvoll zu bekämpfen. Im Übrigen sieht es so aus, dass nationalistische Scharfmacher beim indischen Volk kein Gehör finden. Die Ergebnisse der Wahlen werden zeigen, ob die BJP mit ihren militanten, mörderischen Unterorganisationen in einer neuen Regierung das Übergewicht erlangt – dann würde den gewaltfreien Idealen Mahatma Gandhis gänzlich abgeschworen, es wäre aus mit dem indischen demokratischen Rechtsstaat.

Adivasis

Wer ist Shiva und wo ist Buddha? – Religionen in Indien

Hinduismus

Tempel, Gurudwaras, Kirchen, Moscheen – auf Schritt und Tritt sieht man sie in Indien, prächtig und geheimnisvoll, sehr alt oder neu ausgestattet, lebendig voll gläubiger Menschen. Ist das Land ganz und gar von Religion durchdrungen? Seiner Verfassung gemäß, ist Indien ein säkularer Staat, der sich nicht mit den inneren Angelegenheiten der religiösen Gemeinschaften befasst und für den Zugehörigkeiten und Konfessionen keine Rolle spielen sollen. Dessen ungeachtet wird die indische Gesellschaft von Jahrtausende alten Inhalten und Regeln einer Religionsgemeinschaft zusammengehalten und bestimmt, nämlich der der Hindu-Gläubigen.

Die meisten sind Hindu

Deutlich über 80 Prozent aller Inder sind Hindu. Schon das Wort bedeutet nichts anderes als »Inder«. Die Zugehörigkeit zu dieser Glaubensgemeinschaft wird in der indischen Gesellschaft als selbstverständlich angenommen, wobei zu bedenken ist, dass schon in der Verfassung alle in Indien entstandenen Religionsgemeinschaften als »hindu« betrachtet werden, also auch die Jains, die Buddhisten und die Sikhs, selbst wenn deren Angehörige sich durchaus nicht als Hindus bezeichnen würden.

Strenge Hierarchie

Als Hindu muss man geboren werden, »Bekehrung« oder »Beitritt« zu dieser Religion ist nicht möglich. Und geboren wird der Inder in ein streng hierarchisches System, auf einen Platz, den er im Leben als Aufgabe auszufüllen hat mit einem ganzen Kanon von Lebenspflichten, dem »dharma« (Gesetz). Das *dharma* ist als Gesetz in den alten heiligen Texten, den Veden, überliefert. Die Veden sind das Erbe der arischen Einwanderer, die um 1500 v. Chr. aus Zentralasien nach Indien kamen. (s. S. 24) Von der Erfüllung des Gesetzes hängt die Wiedergeburt nach dem Tod ab (»samsara«), an die Hindus glauben, weil sie ihnen offensichtlich scheint.

Wiedergeburt

Je nach guten oder bösen Handlungen und Gesinnungen wird der Mensch in einer höheren oder in einer niederen, mühseligen Daseinsform wiedergeboren. Das bedeutet für den Hindu: Er kann nach der Wiedergeburt je nach eigenem Verdienst in der Gesellschaft auf- oder absteigen (»karma«), also in einer höheren oder niedrigeren Kaste wiedergeboren werden. (s. S. 76). Manche Hindus glauben sogar, dass der Mensch nach einem moralisch schlechten Leben als Tier, etwa als Hund oder Wurm wiedergeboren wird.

Viele Verhaltensweisen erklären sich aus diesem Glauben. Strenggläubige vermeiden es, Tiere zu töten, um nicht etwa einem Verwandten oder Freund, der als Tier wiedergeboren wurde, ein Leid zu tun. Manche, in dem Bewusstsein, dass sie fehlerhaft leben, sind risikobereit (zum Beispiel beim Autofahren), begreifen die Erwartung der Wiedergeburt hoffnungsvoll als Chance zu einem besseren Leben. Manche versuchen durch Askese das *dharma* besonders gut zu erfüllen und dadurch sogar dem Kreis der Wiedergeburten mit seinem Leid und seinen Verfehlungen zu entkommen und Erlösung (»moksha«) zu erlangen, durch die die Seele des Einzelnen (»atman«) in die Weltseele (»brahman«) eingeht.

Den Freuden der Liebe zugetan, Khajuraho Tempel, Madhya Pradesh

Leidensbereitschaft …

Die Geduld, mit der Elend, Schmerzen und Ungerechtigkeit ertragen werden, wird bei einer Wiedergeburt belohnt. Das Elend selbst, in dem man ohne Verschulden lebt, ist wahrscheinlich durch Verfehlungen in früherer Existenz verursacht, nicht durch Einwirkungen in der Gegenwart. Gewaltsame Veränderung noch so übler politischer oder ökonomischer Gegebenheiten wird vermieden, da durch diese Gewalt möglicherweise ein traditionelles *dharma* verletzt, die vorgeschriebene Weltordnung gestört würde. Nach westlichen aufgeklärten Einschätzungen ist solches Denken unbeweglich, also negativ. Es kann unflexibles Verhalten, Vermeiden notwendiger Neuerungen zur Folge haben. Der Hindu hält die Geduld und Leidensbereitschaft für gute Religionsausübung. Frömmigkeit schließt aber, anders als im noch immer christlich geprägten Abendland, nicht unbedingt

INFO

Gurus und Saddhus

Das Wort »guru« kommt aus dem Sanskrit und bedeutet wörtlich »Vertreiber der Dunkelheit«. Unter Dunkelheit wird fehlende Erkenntnis, Unwissen verstanden. Der Guru ist vornehmlich ein geistiger und geistlicher Lehrer, seine Autorität bezieht er aus seinem Ruf als »Heiliger Mann«. Das bedeutet nicht, dass er unerklärbare Wundertaten vollbringt, wie sie in Heiligenlegenden vorkommen. Aber er führt ein untadeliges, vorbildliches Leben, ist ein Mann des Wissens – kennt also alte religiöse Texte – oder besitzt doch wenigstens Weisheit durch Lebenserfahrung. Er gibt seine Anschauung von der Welt an seine Schüler

weiter, hilft ihnen mit Rat und zeigt ihnen die richtige Art der Meditation. Gurus haben meist einen festen Platz, von dem aus sie ihre Lehre verbreiten, wohin ihre Anhänger reisen, um sich unterweisen zu lassen. Der Ort des Guru wird meist »ashram« genannt, moderne Gurus richten auch Zentren für Seminare und Meditation ein. Es gibt berühmte Gurus, die daraus ein ganzes Wirtschaftszentrum, meist für wohltätige Zwecke machen, das von den Spenden der Anhänger lebt.
Ganz andere Typen sind die »Saddhus«. Auch sie stehen im Ruf der Heiligkeit – bis zum Beweis des Gegenteils – die sie aber nicht unbedingt durch Weisheit erwerben. Sie sind Asketen. Sie haben die Gesellschaft verlassen und leben weder von eigenem Besitz noch von Arbeit, sondern von der Wohltätigkeit der gewöhnlichen Leute. Das heißt, sie betteln. Sie erfüllen eine Regel der Hindu-Religion, die ihren Gläubigen im letzten Lebensabschnitt erlaubt, alles weltliche, Beruf, Familie, Vermögen aufzugeben und nur die Erleuchtung anzustreben. Sie sollten freilich vorher alle Verpflichtungen, die ihnen das Schicksal auferlegt hat, erfüllt haben – nicht alle haben das, es gibt auch erstaunlich junge Saddhus.
Sie dürfen nur das Notwendigste mit sich führen, eine Schale für erbetteltes Essen, einen Stab, eine Gebetskette. Viele Saddhus verzichten sogar auf Kleidung, gehen nur mit Lendentuch oder ganz nackt, mit feuchter Asche bemalt. Saddhus sind natürlich an Hindu-Pilgerorten häufig anzutreffen (zum Beispiel in Varanasi, der heiligen Stadt). Sie sind ständig auf Wanderschaft oder leben zurückgezogen als Einsiedler. Ab und zu haben sie vorübergehend einen Schüler als Gehilfen. Manche beeindrucken die Menschen durch die Strenge ihrer Askese, zum Beispiel durch körperliche Selbstquälerei, indem sie monatelang mit erhobenem Arm gehen, auf einem Bein stehen, sich lange Nadeln durch Zunge, Brusthaut oder Penis stecken. Nicht alle Hindus bewundern die Saddhus, manche halten sie für Scharlatane.

… aber kein Mitleid

Mitleid mit den Armen, den Leidenden ein. Ungerührt fährt der Reiche in seiner Luxuslimousine durch die Gruppe bettelnder Alter und Behinderter, die sich an einer roten Ampel versammelt hat.
Andererseits sind die meisten Hindus in Glaubensdingen für andere Meinungen offen, da Glaubensinhalte nicht eindeutig und unverrückbar festgelegt sind, darum auch diskutiert werden dürfen. Es gibt auch keine oberste Instanz der Glaubensgemeinschaft.

Gurus geben Lebenshilfe

Wahrheitssuchende holen sich Rat bei einem aus einer Unzahl von Gurus, das sind geistige Lehrer. Sie legen die klassischen Schriften des Hinduismus aus, geben Lebenshilfe auf dem Weg zur Erkenntnis der höheren Gesetze und leiten den Gläubigen zur »bhakti«, der Frömmigkeit, die liebende Hingabe zum Göttlichen sein soll.

Ramakrishna Der berühmte Lehrer Ramakrishna (1834-86) und sein Schüler Swami Vivekananda (1862-1902) lehrten diesen hingebungsvollen Glauben und erklärten die Existenz einer einzigen göttlichen Kraft, der Weltseele, folgerten also, dass der Hinduismus eigentlich ein Monotheismus sei. Schon mehr als tausend Jahre früher, im 6. Jahrhundert, hatte ein wohl aus Kerala stammender Guru und Philosoph namens Shakandra diese Lehre vertreten. Heute trifft man viele Hindus, die der Meinung sind, der Hinduismus sei eigentlich ein Glaube an einen einzigen Gott, obwohl von den Hindus Götter, angeblich viele Millionen an der Zahl, verehrt werden.

Götter und ihre Bilder

Hindu-Ikonographie Allerorten, im Alltag und beim Besuch berühmter Tempel, trifft der Indien-Reisende auf Götterbilder, die ihm rätselhaft, manchmal furchterregend scheinen, wenn er sich nicht mit der Hindu-Ikonographie beschäftigt hat. Hier soll zur Hilfe einiges aus der fremden Götterwelt erklärt werden.

Hauptgottheiten sind Shiva und Vishnu. Sie werden abertausendfach abgebildet. Oft sind die Tempel einem von ihnen geweiht, manchmal auch beiden zugleich. Unter den Hindu-Gläubigen sind Vishnu- und Shiva-Anhänger, die sich aber nicht feindlich gegenüberstehen. Als Pilger oder wenn sie von einer Tempelfeier kommen, tragen sie als »Vaishnavit« ein u-förmiges Zeichen auf der Stirn zwischen Nasenwurzel und Haaransatz, als »Shivait« malen sie sich drei waagerechte breite Striche auf die Stirn.

Vishnu **Vishnu ist der Erhalter.** Vierarmig hält er die Symbole Diskus (Rad der Wiederkehr), Muschelhorn (bringt als Ton die Vibration des Universums hervor), Keule (Zeichen des Sieges über den alten Gott Indra) und Lotusblüte (Reinheit, die aus dem Schlamm aufsteigt, Entfaltung des Universums). Oft ist er ruhend auf der Weltenschlange dargestellt. Die Welt wird als ein Teil Vishnus begriffen. Sogar der Gott Brahma, der Welterschaffer, erscheint als ein Teil Vishnus, auf einer Lotusblüte sitzend, die aus dem Nabel Vishnus wächst. Vishnu wird in Erscheinungsformen (»avatars«) verehrt: als Fisch, Schildkröte, wilder Eber, Pferd, Löwenmann, Zwerg, schließlich als Rama, der königliche Held, als Krishna, der Hirtengott und Königsratgeber, und als Buddha (die zehnte Inkarnation steht noch bevor). Vishnus »Fahrzeug« ist Garuda, ein menschenköpfiger Vogel.

Lakshmi und Saraswati **Die Gattin Vishnus ist Lakshmi,** die Göttin des Reichtums. Ihr Bild auf einer Lotusblüte zwischen zwei Elefanten hängt in vielen Läden und Wohnungen. Wenn man aber ein Bild mit einer Göttin sieht, die ein Musikinstrument, Bücher und einen Schwan neben sich hat, so ist man wahrscheinlich in einem Haus, das der Wissenschaft und den Schönen Künsten offen ist: die Göttin ist Saraswati, Gattin Brahmas. Jedes Jahr gehen Schüler in Indien an ihrem Festtag in den Tempel und lassen Hefte und Bücher ihr zu Ehren weihen.

Shiva **Shiva ist der Zerstörer,** doch das ist nur ein Teilaspekt. Er ist der große Veränderer, Gott des Wandels – Altes vergeht, um Neuem Platz zu machen. Er rettet

Vierarmige Vishnu-Gottheit, Kudal Alagar Tempel, Tamil Nadu

die Welt, indem er das Gift der dämonischen Kräfte austrinkt und in seinem Hals bewahrt – der auf Gemälden grün oder dunkel ist. Shiva hat vier Arme und hält in seinen Händen den Dreizack, die Trommel und das heilige Feuer. Die vierte Hand ist segnend erhoben. Das dritte Auge auf seiner Stirn ist das Zeichen der Weltsicht. Manchmal zertritt er eine gekrümmte Gestalt unter seinen Füßen: die Unwissenheit. Sehr oft ist Shiva »nataraj«, der Tanzende im Flammenkreis, der im Rhythmus des Schaffens und Zerstörens die Welt gestaltet. Shiva-Bilder gibt es in großer Vielfalt, als »ardhanarishvara«, eine halb-Mann-halb-Frau-Gestalt, als liebender Gatte mit seiner Frau Parvati, der Tochter des Himalaya. Dort, auf dem Berg Kailash, hat Shiva seine Wohnung. Shivas »Fahrzeug« ist der Stier Nandi, der vor den Shiva-Tempeln auf ihn wartet. Oft wird Shiva nicht als menschliche Figur, sondern als Symbol der Fruchtbarkeit und Erneuerung, als »lingam« (männliches Glied) verehrt, dem man in den Tempeln Öl, Blumen und Räucherwerk opfert.

Parvati

Parvati, die liebende Ehefrau Shivas, hat eine dunkle Seite, da ist sie die Göttin Kali, die grausame Vernichterin mit dem Kranz aus Totenköpfen um den Hals und der heraushängenden Zunge, einer Schamgeste wegen ihres Zornes. Kali wird in Kolkata verehrt, sie schreit nach Blut, darum schlachtet man Lämmer in ihrem Tempel. Manche Gläubige fürchten sich sehr vor ihr und nehmen an, sie wolle Menschenblut. Aber das sind sehr seltene Ausnahmen. Viele Gläubige verehren Kali oder Durga, wie sie auch genannt wird, als die weibliche Kraft, »shakti«, die Menschen beschützt und manchmal sogar für stärker als Shiva gehalten wird. Kali (oder Durga) reitet auf einem Tiger und hat meist ein schwarzes Gesicht, wenn sie auf Bildern dargestellt wird.

Ganesha

Ganesha, der Göttersohn. Es gibt eine Vielzahl von Legenden aus dem Eheleben von Shiva und Parvati; eine handelt von beider Sohn Ganesha. Sein elefantenköpfiges Bild muss in allen Tempeln aufgestellt sein; er ist in den meisten Wohnungen vertreten, sitzt in vielen PKWs über dem Armaturenbrett. Er ist nämlich der, der Hindernisse forträumt, außerdem der Erfinder der Schrift und ein Gott mit liebenswerten Schwächen: Er isst gerne Süßigkeiten. Darum steht eine Schüssel mit »gulab jamun« (s.S. 152) immer zu seinen Füßen.

Seinen Elefantenkopf musste ihm Shiva auf Befehl Parvatis aufsetzen. Shiva hatte ihm den richtigen, den Menschenkopf abgeschlagen, als Ganesha im Übereifer Shiva nicht in Parvatis Bad hereinlassen wollte. Nach Parvatis entrüsteten Vorhaltungen, den Schaden wieder gut zu machen, war als Ersatz gerade ein Elefantenkopf zur Hand. Möglicherweise aber stammt die Vorstellung eines elefantenköpfigen Gottes schon aus uralten vorvedischen Zeiten. Viele regionale Göttergestalten, die mit anderen Namen aus einer indischen ursprünglichen Religion stammen, sind in die Hindu-Mythologie eingegliedert worden. Ganeshas Fahrzeug ist die Ratte, vielleicht weil sie ebenso schlau und genäschig ist wie er.

Rama und Krishna

Die Stars unter den Göttern. Bedeutsam in der Hindu-Mythologie sind die Geschichten um die Götter Rama und Krishna, häufig in Tempeln, aber auch in Palästen und Stadthäusern dargestellt, als Bühnenaufführungen bei Tempelfesten und in der erzählenden Literatur. Von Rama wird berichtet, wie er seine Ehefrau Sita dem schrecklichen räuberischen Dämon Ravana abjagt, mit Hilfe von Hanuman, dem General der Affenarmee. Gedenksteine mit Hanumans Bildnis stehen oft an Wegkreuzungen, mit orangeroter Farbe bemalt.

INFO

Das große Hindu-Epos Mahabharata

Das große Hindu-Epos, das zwischen 1000 und 500 v. Chr. entstand, übertrifft an Länge die berühmten griechischen Epen Ilias und Odyssee um das achtfache. Es erzählt von dem Konflikt zwischen zwei sagenhaften Stämmen der Vorzeit, den heroischen Pandavas und ihren Verwandten, den Kauravas. Der Streit wird aber auch als Kampf zwischen Göttern und dämonischen Kräften ausgelegt. Der Gott Krishna (eine Inkarnation Vishnus) tritt in menschlicher Gestalt, als Wagenführer des Königs der Pandavas, Arjuna, auf. Vor der entscheidenden Schlacht gibt Krishna seinem König Ratschläge, zerstreut die Zweifel an der Entscheidung, zur Vernichtungsschlacht anzutreten, ruft auf zur Standhaftigkeit und Pflichterfüllung. Dieser Teil des Epos wird Bhagavad Gita – oder kurz: »Gita« genannt. Es dient vielfach als moralischer Leitfaden der Hindu-Gesellschaft.

Götter-legenden

Krishna, der als Mensch geborene Gott (eine Vishnu-Erscheinungsform) verübt in Legenden als Kind und junger Hirt lustige Streiche und Wundertaten. Er nascht aus dem Butterkrug seiner Ziehmutter, er spielt betörend die Flöte, verabredet sich mit zahlreichen Hirtinnen zugleich, um mit ihnen tanzen zu gehen. Er tritt als Beschützer der einfachen Landleute auf, indem er sie vor hernieder stürzenden Regenfluten dadurch schützt, dass er den Berg Govardhana als Schirm über sie hält. Er tötet die Schlange Kaliya, das Sinnbild von Stolz und Selbstsucht, und tanzt auf ihrem Kopf. All diese Ereignisse sind in Kunstwerken aller Epochen erzählt worden, und sie begleiten den Reisenden in Indien, wo immer er sich Sehenswürdigkeiten anschaut.

Moralischer Leitfaden

Zu hoher Bedeutung kommt Krishna als moralische Instanz in seiner Rolle als Ratgeber des Königs Arjuna in der »Bhagavad Gita«. Das große Epos des Mahabharata, das in die vedische Helden- und Götterwelt führt, hat in den 1990er Jahren als Fernsehfilm bei den Zuschauern aller Schichten großen Erfolg gehabt, war ein sonntäglicher »Straßenfeger« und ist auch in Comic-Heften verbreitet.

Wer sich noch genauer über die Hindu-Ikonographie informieren will, dem stehen verschiedene Publikationen zur Verfügung (s.S. 204). Dort kann man auch über Götter lesen, die kaum mehr verehrt und nur noch in sehr alten Tempeln dargestellt werden, etwa über die »Yonis«, seltsame Abbildungen von weiblichen Entsprechungen der Hauptgötter, die man in Südindien antrifft, und über all die mädchenhaften überirdischen Wesen, die an den Tempelwänden weibliche Schönheit und Grazie als Teil einer idealen Welt vorführen.

Vedische Zeichen

Eine Flut Glück verheißender vedischer Zeichen und Symbole ergießt sich bei Festlichkeiten über das ganze Land. In bunten Farben oder Blüten auf den Boden gelegt beispielsweise werden Sie in Indien in tausendfachen Variationen dem Om-Zeichen begegnen. Und:

Befremdung und Erstaunen bei Besuchern aus dem Westen: Was bedeuten die häufigen Hakenkreuze an vielen Orten und Gegenständen aus dem Alltag (etwa an Tempeln, Haustüren, Wasserkrügen)?

Das Symbol, im Sanskrit Swastika genannt, ist ein altes vedisches Zeichen, und hat hier nichts mit politischem Rechtsradikalismus zu tun, es gilt als eine Art

Umaid Bhawan Palast, Jodhpur

Talisman. Sein Ursprung geht in die Zeit der Veden zurück, die zur Kultur der »Aryer«, der Einwanderer aus Vorder- und Zentralasien gehörten. Es gilt als ein Sonnen- und Glückssymbol, ihm wird magische Kraft zugetraut. Keinesfalls hat es irgendetwas mit Politik zu tun.

Buddhismus

Weg zur Erlösung

Diese Religion, die noch heute Suchende in aller Welt in ihren Bann zieht, hatte ihren Ursprung in Indien. Buddha (der Erleuchtete) wurde um 560 v. Chr. im heutigen indisch-nepalesischen Grenzgebiet als Prinz Siddharta Gautama geboren. Er lebte 30 Jahre in der Wohlstandsisolation des Hofes und erfuhr schockartig von Tod und Krankheit, Leiden und Vergänglichkeit des Seins. Er wollte als Asket den Weg der Erlösung von der Last des Leidens erfahren, erkannte dann aber, dass nicht Askese, sondern nur Einsicht zur Erlösung führen konnte.

Unter einem Bodhi-Baum

In Bodhgaya im heutigen Staat Bihar kam ihm unter einem Bodhi-Baum diese Erkenntnis, der Platz ist bis heute Ziel vieler Pilger aus aller Welt. In Sarnath westlich von Varanasi begann er zu lehren, nämlich die vier »Edlen Wahrheiten« und den »Achtfachen Pfad«. Buddha ging es um die Überwindung des Leidens, das durch törichtes Begehren verursacht wird. Die Überwindung erfordert höchste moralische Aufmerksamkeit des Menschen in Gedanken, Wort und Taten. Durch erleuchtete Weisheit soll der Mensch mittels der Lehre (»dharma«) Befreiung (»moksha«) vom Leid der Wiedergeburt erlangen und glücklich ins »Nirvana« (Erlöschen), eingehen.

Kolossalstatue des Jain-Heiligen Gomateswara

Der ursprüngliche Buddhismus hat keine Gottesvorstellung, er ist Philosophie und Moral. Buddha war gegen das Kastenwesen des Hinduismus und nahm alle Suchenden auf, vertrat Güte und Duldsamkeit und Respekt vor dem Leben. Nach dem Tode Buddhas kamen Meinungsverschiedenheiten seiner Jünger auf. In Indien und Sri Lanka bewahrte man annähernd die ursprüngliche Lehre Buddhas, das »Kleine Fahrzeug« (Hinayana), eine stark individualisierte religiöse Hingabe.

500 Jahre später verbreitete sich über Zentral- und Ostasien der Buddhismus des »Großen Fahrzeugs« (Mahayana), der das Nirvana als Paradies begreift, nicht als glückliche Auflösung, und der heilige Anwärter auf

die Buddhaschaft als mitleidende Helfer der Menschen kennt (»boddhisatvas«). In Indien wurde der Buddhismus durch Kaiser Ashoka, der sich zu ihm bekehrte, überallhin verbreitet. Buddhistische Reliquien wurden in »stupas« aufbewahrt, halbkugelförmigen künstlichen Hügeln. Einige davon sind noch zu sehen, zum Beispiel in Sanchi östlich von Bhopal, wo herrliche Steinmetzarbeiten an den Umfriedungen der Stupa bis heute überdauert haben.

Vishnu schluckt Buddha

Im 8. und 9. Jahrhundert erstarkte der Hinduismus wieder und verdrängte den Buddhismus, der darum heute in Indien nur wenig verbreitet ist. Die Hindu-Götterwelt vereinnahmte Buddha einfach als Inkarnation Vishnus. Im unabhängigen Indien des 20. Jahrhundert gab es eine Bewegung unter den Kastenlosen, sich zum Buddhismus zu bekennen, um den Benachteiligungen in der Hindu-Gesellschaft zu entgehen.

Am Rande des Himalaya, in Sikkim und in Ladakh, wohnen Gläubige des Mahayana-Buddhismus und haben dort ihre wundervoll bemalten »gompas« (Klöster) mit Gebetsmühlen und farbigen Gebetsfahnen. Durch den Buddhismus ist die indische Gedankenwelt weit über Asien und darüber hinaus verbreitet worden.

Jainismus

Gewaltlosigkeit ...

Gewaltlosigkeit als Lebensprinzip, Ahimsa, wird von den Jains vertreten. Ihre Gemeinschaft ist hauptsächlich im Norden und Westen Indiens beheimatet. Der in Gujarat aufgewachsene Mahatma Gandhi übernahm Ahimsa in seine Anschauungen, daher ist der Begriff weltbekannt geworden. (s.S. 34f.)

... als Lebensprinzip

Die Jains bauen helle Tempel voll reicher Steinmetzarbeit, die vor allem in den Tempelstädten auf dem Berg Shetrunja bei Palitana in Gujarat, auf dem Mount Abu und in Ranakpur (Rajasthan) zur Bewunderung hinreißen. Der Respekt vor dem Leben geht bei den Jains so weit, dass sie nicht nur vegetarisch essen, sondern auch keine Lebensmittel gebrauchen, die unter der Erde wachsen – da könnte doch ein Wurm bei der Ernte verletzt werden. Aus dem gleichen Grunde sind sie keine Landwirte. Sie tragen auch keine Lederwaren von getöteten Tieren und verbieten den Besuchern ihrer Tempel, Ledergürtel und -taschen mitzubringen. Da man als Kunstfreund sicher Jain-Tempel betrachten will, stellt man sich besser schon vor der Indienreise darauf ein.

Gründer Mahavira

Entstanden ist die Religionsgemeinschaft der Jains im 6.Jahrhundert v.Chr., also ungefähr zeitgleich mit dem Buddhismus. Außer dem Gründer Mahavira verehren die Jains noch dessen 23 legendäre Vorgänger, die »tirthankaras«, die »Bereiter einer Furt (durch das Meer von Geburt, Leid und Tod) zum Ende des Kreislaufs der Wiedergeburten (»samsara«)«.

Verzicht und Askese

Weil ihre Lehre einräumt, dass »Wirklichkeit« von verschiedenen Standpunkten aus unterschiedlich beurteilt werden kann, sind die Jains tolerant gegenüber fremden Meinungen. Doch die strenge Lehre fordert den Anhängern viel Verzicht und Askese ab. Man sieht immer wieder Jain-Pilger am Rande der Autostraßen einhergehen, ganz weiß gekleidet, mit verhülltem Mund (damit sie nicht unversehens ein Insekt einatmen) und einem Besen, mit dem sie vor sich her kehren, um kleine Tiere aus dem Weg zu scheuchen.

Viel Einfluss

Zwei Richtungen gibt es unter den strenggläubigen Jains: die Weißgekleideten (Shwetambaras) und die Lichtgekleideten (Digambaras). Letztere gehen ohne jede Bekleidung, was nur westliche Touristen befremdet. Für die nicht so strengen Jain-Anhänger gelten dennoch außer »ahimsa« noch die Prinzipien »asteya« (das Nicht-Stehlen), »brahmacharya« (die Keuschheit) und »aparigraha« (innere Unabhängigkeit von weltlichen Gütern).

Die Jains sind mit ihren 3,5 Millionen eine kleine religiöse Minderheit, aber sie haben viel Einfluss, weil sie – nicht zuletzt auf Grund ihrer Wertvorstellungen – sehr gute, vertrauenswürdige Kaufleute sind.

Sikhismus

Turban oder Haarknoten

Bekennende Sikhs erkennt man auf den ersten Blick. Nicht nur an ihren sehr sorgfältig symmetrisch gefalteten Turbanen oder – bei jungen Männern – an einem eisbeutelförmig gebundenem Tuch mit krönendem Knoten auf dem Kopf. (s. Abb. S. 44) Sie halten ihre Umgebung, sei es ein Taxi oder ein kleines Restaurant oder ein anderer Arbeitsplatz sehr sauber und aufgeräumt. Sie sind fast überall in Indien zu finden; außerhalb ihrer Heimat Punjab vor allem in Städten und mehr im Norden als im Süden, am häufigsten aber im Punjab, wo ihre Religion am Anfang des 16. Jahrhunderts von Guru Nanak gegründet wurde. Die Sikhs, ungefähr 14 Millionen, glauben an einen Gott und verehren statt der Götterbilder ein heiliges Buch, das »Grant Sahib«, das eine Sammlung von Liedern und Zeugnissen der zehn historischen Gurus enthält, die Führer ihrer Gemeinschaft im 16. und 17. Jahrhundert n. Chr.

Synthese von Hinduismus und Islam

Guru Nanak war erfüllt von mystischen Glaubensvorstellungen sowohl aus dem Hinduismus als auch aus dem Islam (Sufismus). Er wollte eine Synthese von Hinduismus und Islam erreichen, um den Frieden zu fördern. Da während der Mogulherrschaft die Sikhs blutig und erbarmungslos verfolgt wurden, bildete sich ihre Gemeinschaft zu einer militärisch organisierten Verteidigungsgesellschaft um, in der seit dem letzten Guru Gobindh Singh Verpflichtung zur völligen Opferbereitschaft gefordert wird.

Alle Männer heißen Singh

Bekannt geworden sind die fünf K als äußere Zeichen der Wehrhaftigkeit: »kesha« – ungeschnittenes Haupt- und Barthaar, »kiangha« – ein Kamm, der immer mitgeführt wird, »kara« – das stählerne Armband, »kachi« – die Kniehosen unter dem Gewand, »kirpan« – ein dolchartiges Schwert. Im Zusatz zum Namen heißen die Männer alle »Singh« (= Löwe).

Keine Kasten

Die Sikhs kennen keine Kasten, und für Frauen gilt geistige Gleichberechtigung, was auch der Fremde in den Sikh-Familien beobachten kann. Sikh wird man durch Bekenntnis, nicht, wie Hindu, durch Geburt. Darum gibt es geistige Sikh-Anhänger in allen Erdteilen. Voraussetzung für das Eins-Sein mit Gott und für

Goldener Tempel, Amritsar

INFO

Im Goldenen Tempel von Amritsar

Der Goldene Tempel steht in einem großen rechteckigen Tempelteich, der von breiten, mit Steinplatten ausgelegten Wegen und einer Galerie marmorner Arkaden umgeben ist. Hinter diesen befinden sich andere Gebäude: der Akal Takhat, Sitz der geistlichen Führung der Sikhs, ein Museum, eine Herberge für Pilger, die Pilgerküche. Jedermann ist willkommen, und nach dem Brauch der Sikhs kann jeder für wenig Geld übernachten, und Fladenbrot und Linsen oder andere Gerichte werden täglich an bis zu 30000 oder noch mehr Pilger ausgegeben.

Diese Gastfreundschaft ist bei jedem Sikh-Tempel üblich. Bevor man das heilige Tempelgelände betritt (die Tempel werden »gurudwara« genannt), muss man die Schuhe ausziehen und die Füße waschen. Wenn möglich, wird dazu fließendes Wasser bereitgehalten. In Amritsar fließt ein schneller Bach in einer langen Marmor-Rinne. (Taschen und Schuhe der Besucher werden aufbewahrt, Kopfbedeckungen stehen zur Verfügung, alles ist bestens organisiert.) Den Goldenen Tempel erreicht man über einen langen, mit Laternen geschmückten Steg.
Der Tempel ist überaus prächtig aus Marmor, mit Stein-Einlegearbeiten verziert. Die Vergoldungen sind aus echtem Blattgold; viele hundert Kilo Gold sind dafür verwendet worden. Götterbilder gibt es nicht. Ruhige Musik ertönt in den luftigen Gängen des Tempels, psalmodierende Stimmen sind zu hören. Im Zentrum sitzen Priester; sie wechseln sich ab bei fortwährender feierlicher Rezitation aus dem Grant Sahib, dem Heiligen Buch, das seidenumhüllt vor ihnen liegt. Am späteren Abend wird das Heilige Buch in einer Prozession zum Akal Takhat hinüber- und früh am Morgen wieder zurückgetragen.

Erlösung ist ihnen moralisches und gerechtes Handeln, uneigennütziges Dienen, Selbstbeherrschung, Mäßigung, Geduld. Das geistliche Zentrum der Sikhs ist der Goldene Tempel in Amritsar, im nordindischen Punjab.

Autonomieforderungen

Die stolzen Sikhs empfanden den Zentralismus der indischen Regierung als ungerecht, viele forderten Autonomie. Leider bildeten sich fanatische Gruppen, die ihre eigenen Landsleute terrorisierten. In den 1980er Jahren ließ Indira Gandhi (s.S. 44, 45) mit Militärmacht militante Sikhs bekämpfen, die sich im Goldenen Tempel verschanzt hatten. Nicht der Tempel selbst, aber andere Gebäude des Tempelbezirks, das Archiv und die historische Bibliothek, wurden stark beschädigt, ihre Bestände teils vernichtet, ebenso Wohnhäuser der nahen Umgebung.

Religiöser Fanatismus

Fanatische Reaktion darauf war später die Ermordung Indira Gandhis durch Sikh-Leibwächter. Dieser Mord hatte wiederum grausame Pogrome an unschuldigen Sikh-Familien in Delhi und anderen Städten zur Folge. Ein schlimmes Aufflammen des religiösen Fanatismus, das zuweilen in der sonst so friedlichen Bevölkerung abrupt geschieht.

Islam

Zweitgrößte Religion in Indien

Die Muslime sind die zweitgrößte religiöse Gruppe in Indien, ihre Zahl auf heutigem indischen Staatsgebiet war vor der Teilung und Unabhängigkeit noch doppelt so hoch. Sie sind als Gruppe einflussreich, aber als einzelne oft unterprivilegiert. Der Islam stammt aus Arabien; er kam durch persische, türkische und vor allem mongolische Eroberer ins Land. Die meisten indischen Muslime stammen von konvertierten Hindus ab, denn Muslime hatten unter den Moguln rechtliche und finanzielle Vorteile. Es ist folglich nachvollziehbar, dass manche Hindus zum Islam konvertierten, um der Diskriminierung wegen ihrer niederen Kaste zu entgehen. Sie erhofften sich mehr Gleichheit. Es wird jedoch beobachtet, dass sich auch in den muslimischen Gemeinschaften kastenähnliche Hierarchien gebildet haben.

Zumeist Schiiten

In Südindien gibt es an der Malabarküste Muslime, deren Vorfahren nicht durch Eroberung ins Land kamen, sondern die Nachkommen von arabischen Händlern sind. Die meisten der nordindischen Muslime sind Schiiten; sie verehren den Propheten-Enkel Hussein als Märtyrer. An dessen Tod wird bei dem Fest Murharram durch Prozessionen gedacht.

Muslimisches Begräbnis

Koran

Die Muslime kennen nur einen Gott und lehnen Abbildungen von Göttern und Menschen ab; für sie sind die Hindus Heiden. Verzierungen ihrer Moscheen und Grabmäler bestehen aus Ornamenten; häufig sind Motive arabischer Kalligraphie (Kunstschrift) oder Pflanzenbilder. Wie überall auf der Welt lesen und lernen die indischen Muslime den *Koran*, ihre Heilige Schrift, nur in arabischer Schrift und Sprache. Ihre indische Sprache ist das Urdu, das mit vielen persischen und arabischen Fremdwörtern durchsetzt ist. (s.S. 71)

Moscheen

Die Moscheen, die Orte des Gebets der Muslime, sind auch in Indien oft von hohem künstlerischen Wert und sehr eindrucksvoll. Sie sehen ganz anders aus als die Moscheen in der Türkei. Das liegt an der geographischen und klimatischen Situation. Statt einer geschlossenen Halle betritt man einen offenen Hof, der als Gebetsraum dient. Meist liegen hier keine Teppiche, wie in türkischen Moscheen, doch viele Betende bringen ein Tuch oder eine Matte mit. Die westliche Seite dieses Gebetshofes wird von einer offenen Halle eingenommen, meist mit hohen Bögen zum Hof hin. An der Wand dieser Halle, also in westlicher Richtung, befindet sich die Gebetsnische, der »mihrab«. Mekka, die heilige Stadt des Islam, liegt, von Nordindien aus gesehen, im Westen, in diese Richtung muss also der Betende sich wenden. Der Besucher muss schon vor dem Betreten des Hofes die Schuhe ablegen.

Christentum

Kleine Minderheit

Eine kleine Minderheit sind die Christen. In Goa und in Kerala haben sie noch zweistellige Prozentsätze. Anzutreffen sind sie auch in einigen der östlichen »Sieben Schwestern«-Staaten nämlich in Meghalaya, Mizoram und Nagaland.

Katholiken und Protestanten

Die christliche Tradition geht in Goa auf die portugiesische Kolonialzeit mit ihren Missionierungen zurück. Aber christliche Gemeinschaften in Kerala berufen sich auf noch frühere Mission durch den Apostel Thomas, der im 1. Jahrhundert n. Chr. an der Malabarküste gelandet sein soll, und auf eine Einwanderung syrischer Christen im 4. Jahrhundert. In Südindien gibt es also katholische Gemeinschaften unterschiedlicher Herkunft, außer ihnen aber auch Protestanten.

Kirchen

Kirchen findet man im Süden Keralas fast in jedem Dorf, überraschend hört man Glockengeläut und erlebt Feste an christlichen Feiertagen – Feste, an denen häufig auch die Hindu- und Muslimnachbarn teilnehmen. In vielen Dörfern hat man im Zentrum gläserne Türme aufgestellt, in denen auf zwei Stockwerken lebensgroße Heiligenstatuen hinter Glas stehen. Die Kirchen sind in ganz Indien hauptsächlich in traditionellen europäischen Stilen gehalten, ob sie nun aus der Zeit der Mission oder aus dem 19./20. Jahrhundert sind. Man sieht neogotische Fenster und Türme, Basiliken, Kuppeln, oft alles gewagt kombiniert. In Goa findet man kostbare, original barocke Kirchenbauten, die bei den klimatischen Verhältnissen nur schwer in ihrer Schönheit erhalten werden können.

Britischer Einfluss

Die Christen in Nordindien sind meist protestantisch. Sie stammen von Gemeinden ab, die von britischen Priestern missioniert wurden. Die britische Kolonialverwaltung erlaubte erst Ende des 19. Jahrhunderts Missionaren, in Indien tätig zu werden. Zu Zeiten der *East India Company* war das Missionieren verboten. Schulen, die früher von christlichen Einrichtungen geführt wurden, haben einen guten Ruf, selbst wenn ihre Leitung heute in anderen Händen liegt (*Convent Schools*). Soziale Aktivitäten christlicher Einrichtungen haben sich immer wieder allgemeine Anerkennung erworben (Mutter Teresa).

Christliche Schulen

Christliche Pilgerin in Old Goa

Parsismus

Licht und Finsternis

Auch die Religion der kleinen Gruppe der Parsi, die in Mumbai und an einigen anderen Orten der Westküste lebt, stammt nicht aus Indien. Die Parsen sind im 9. Jahrhundert vor den arabischen Eroberern aus Persien an die indische Küste geflohen. Ihre Religion ist dualistisch, das heißt, sie kennt zwei gleichstarke, einander entgegengesetzte religiöse Grundprinzipien, nämlich Licht und Finsternis, gut und böse. Parsi werden auch »Feueranbeter« genannt und nennen selber ihre Tempel »Feuertempel«. Heilig sind den Parsi Erde, Luft, Wasser und Feuer. Um keines davon durch Leichen zu verunreinigen, setzen die Parsi ihre Toten in »Türmen des Schweigens« aus, dort werden sie von Geiern bis auf das Skelett gefressen. Die Türme sind für alle Menschen tabu, außer für Parsi-Priester.

Zoroaster

Ihr Religionsbegründer ist Zoroaster, latinisiert Zarathustra. Er verkündete den Gott des Lichtes, Ahura Mazda, dem die negative Macht des Bösen (»ahriman«) entgegenwirkt. Der Gläubige soll der Kraft des Guten dienen. Die Parsen sind

INFO

Mutter Teresa

Mutter Teresa kam als Mitglied des Ordens von Loreto nach Indien und wurde Lehrerin in Klosterschulen. Nach einigen Jahren in Kolkata fühlte sie die Berufung, den Menschen zu helfen, die in unvorstellbarem Elend auf den Straßen lebten und starben. 1950 gründete sie den Orden der *Missionaries of Charity*. Mutter Teresa und ihre Ordensschwestern begannen mit der Fürsorge für die Sterbenden, die buchstäblich in der Gosse und auf Müllhaufen ihr Leben beendeten. Ihnen sollte der Orden wenigstens in ihren letzten Stunden zum Frieden und zur menschlichen Würde verhelfen. Bald erweiterte Mutter Teresa ihre Tätigkeit zu Gunsten der Leprakranken und der ausgesetzten Kinder; später wurde auch Hilfe für Aids-Kranke geleistet. Viele internationale Freiwillige leisten in ihren Urlaubswochen Hilfe in den Einrichtungen. (Kontakt www. Missionaries of Charity). Im Lauf der Jahrzehnte weitete sich die Aktivität des Ordens auf viele Länder der Erde aus, oft allerdings im Dienst einer rigiden konservativen Denkweise. 1979 erhielt Mutter Teresa den Friedensnobelpreis.
Mutter Teresa wurde zu ihren Lebzeiten durchaus kritisiert. Man verdächtigte sie religiöser Propaganda, medizinischer Unzulänglichkeit, politischer Unkorrektheit, weil sie, wenn es Not tat, auch mit korrupten Autoritäten um materielle Unterstützung kämpfte. Doch die indische Öffentlichkeit sah die einzigartige Nächstenliebe ihres Handelns. Als sie 87jährig starb, kamen viele Tausende Einwohner Kolkatas, um von ihr Abschied zu nehmen. Sie war in der *St. Thomas-Church* aufgebahrt, mit der indischen Flagge bedeckt, und erhielt ein Staatsbegräbnis. Vom Vatikan wurde Mutter Teresa 2003 selig gesprochen. Viele Anhänger warten auf ihre Heiligsprechung. Auf ihrem Grabstein steht als Mahnung: »Liebt einander so wie ich euch geliebt habe.«

weltoffen, sozial sehr aktiv und gebefreudig. Sie sind kulturell weit über ihre Anzahl hinaus bedeutsam; auch wichtige Industrielle gingen aus ihren Reihen hervor, unter ihnen die bekannte Familie Tata, die mehrere mächtige Konzerne in Indien besitzt. Die Zahl der Parsi geht sehr zurück, da nur Nachkommen aus reinen Parsi-Ehen zur Religionsgemeinschaft gehören können.

Stammesreligionen

Stammesreligionen sind in Gefahr, im Hinduismus aufzugehen, weil manche ihrer religiösen Gebräuche im Hinduismus bestehen bleiben können, wie die Verehrung bestimmter Steine oder bestimmter Tiere. Andererseits rühren sicher manche Züge des Hinduismus von vorvedischen naturverbundenen Religionen her. In Adivasi-Dörfern sieht man schlichte Altäre mit Steinbildern, auf denen Schlangen dargestellt sind und geheimnisvolle Göttergesichter. Auf dem Tempelfest in Ranakpur finden sich junge Adivasi ein, die dort ihre eigene Kultur der Werbung und Eheanbahnung pflegen, bei der gemeinsame Flucht in den Wald eine wichtige Rolle spielt, entgegen allen Hindu-Gebräuchen.

Adivasi

INFO

Moderne Tempelarchitektur: Baha'i House of Worship

Eine architektonische und spirituelle Besonderheit ist »The Baha'i House of Worship« in Bahapur/Delhi. Die Baha'i sind eine ursprünglich aus dem Iran stammende Religion, die Toleranz und Offenheit gegenüber anderen Glaubensrichtungen vertritt. Über neun Wasserbecken erhebt sich eine Tempelhalle in Form einer aufgehenden Lotusblüte mit 24 marmorverkleideten blattartigen Flügeln. Symbolisiert werden sollen Reinheit, aber auch Licht (in schimmerndem Marmor) und Natur. Nach der Lehre des persischen Gründers der Baha'i, Baha'u'llah (1817–1892) sind Menschen jeder Herkunft und Religion hier zum Gebet willkommen. Es gibt keine Götterbilder und keinen Altar, der schlichte Raum bietet durch Musik und ruhige Gestaltung eine Atmosphäre des Friedens und der Meditation, der Andacht und Stille.

INFO

Warum Hindus zum Buddhismus konvertieren

In ganz Indien gab es 1950 nur 181 000 Buddhisten. 1956 entschloss sich der erste Kastenlose, der zu hohen staatlichen Würden aufgestiegen war, Dr. BR Ambedkar, zum Buddhismus zu konvertieren – und 200 000 Kastenlose taten es ihm nach. Warum? Dr. Ambedkar war Schöpfer der indischen Verfassung. In dieser Verfassung ist die Gleichberechtigung aller Bürger festgeschrieben. Kasten sollten keine Bedeutung im öffentlichen Leben mehr haben. Aber die Wirklichkeit sah anders aus. Um zu zeigen, dass man dem Diktat der Kastenzugehörigkeit entgehen könnte, konvertierte Dr. Ambedkar zum Buddhismus, der keine Kasten kennt. Viele folgten ihm nach; es gibt jetzt ungefähr sieben Millionen Buddhisten in Indien.

INFO

Tu und Tabu: Zu Gast bei den Göttern und Heiligen

Indische Tempel gehören zu den schönsten und interessantesten Sehenswürdigkeiten des Landes. Tempel und Moscheen und andere religiöse Orte sind natürlich Orte des Gebets, der Andacht für die Gläubigen. Der Anstand des Gastes gebietet, dass man sich nicht störend verhält und gewisse Regeln einhält. Es ist aber gestattet und meist sogar willkommen, wenn der Gast sich über die Dinge informieren will, die er sieht und die für ihn ungewöhnlich sind.

► **Die Schuhe ablegen!** Vor dem Betreten von Moscheen und Tempeln gleich welcher religiöser Richtung müssen Besucher die Schuhe ablegen. Schuhe gelten als extrem unrein. (Ähnliches gilt übrigens auch für den Besuch in vielen indischen Privathäusern.) Viel besuchte Tempel haben meist eine Schuhaufbewahrung, oft gegen Garderobenmarke, bei anderen lässt man die Schuhe einfach auf der Treppe stehen. Es gibt immer Leute, die dort sitzen und gegen ein ganz geringes Trinkgeld aufpassen, wenn man darauf Wert legt.

► **Den Kopf bedecken!** In Sikh-Gurudwaras (Tempeln) sollen Männer und Frauen ihr Haupt bedecken. Wer keinen Hut hat, kann kleine Tücher billig erwerben. Ein Kopftuch ist für Besucherinnen von Moscheen erforderlich, als Gast muss man sich diesen Bräuchen anpassen.

► **Leder unerwünscht!** In Jain-Tempeln ist alles aus Leder unerwünscht, also außer Schuhen auch Taschen, Gürtel, Lederarmbänder. Leder stammt meist von getöteten Tieren! Am besten man nimmt auf eine Indienreise gleich nur Stoff- oder Plastiktaschen und entsprechende Gürtel mit.

► **Die richtige Richtung einschlagen!** Der Zentralbau der Tempel wird auf der Außenplattform im Uhrzeigersinn umgangen, nicht in der falschen Richtung laufen. Betrachtendes Verweilen ist erlaubt.

► **Kein Zutritt:** Das Allerheiligste von Tempeln soll nicht betreten werden.

Vor einem Tempel in Tamil Nadu

▶ **Fotografieren:** Fotografieren ist bei Tempeln von außen erlaubt (wenn keine speziellen Verbote bestehen), nicht aber im Inneren, wenn man Götterbilder oder Menschen beim Gebet aufnimmt. Videokameras sind meist nicht gestattet.

▶ **Tempelgabe:** Wenn Ihnen ein Priester »prasad«, eine Tempelgabe, meist etwas süßer Reis oder Ähnliches, in die Hand drückt, müssen Sie es nicht sofort essen. Sie sollten die Gabe aber auch nicht wegwerfen. Man kann *prasad* später vor dem Tempel an Kinder verschenken oder einer heiligen Kuh zum Fressen geben. Auch das Glückszeichen, dass Ihnen der Priester vielleicht auf die Stirne gedrückt hat, nicht gleich weg wischen!

▶ **Geldspende:** Es ist durchaus erlaubt, als Opfergabe – Spende – Geldscheine vor den Eingang des Allerheiligsten in die Schale zu legen, zwischen all die Blumen, die meist schon dort abgelegt wurden.

▶ **Opferhandlung:** Anerbieten von Priestern vor dem Tempel, gegen Geld »puja« – eine Opferhandlung – auszuüben, kann höflich abgelehnt werden, ohne dass es beleidigend ist. Man verwahre sich ruhig, wenn das Anerbieten in Bettelei ausartet (leider gibt es vielbesuchte Tempelorte, wo so etwas vorkommt).

▶ **English speaking!** In manchen Tempeln gibt es Priester, die in verständlichem Englisch Götterbilder erklären können, auch auf Fragen gerne antworten, zum Beispiel im Jain-Tempel von Ranakpur, wo die Erklärungen bis hin zu theologischen Erörterungen reichten.

Die indische Gesellschaft

Wie aus Tausendundeiner Nacht...

Sprechen Sie Indisch? – Ein Land mit 18 Amtssprachen

Sprachenvielfalt

Nein, das ist kein Schreibfehler, es sind wirklich so viele amtlich anerkannte Sprachen, in denen juristisch Relevantes gesagt und geschrieben werden kann, in denen an staatlichen Schulen und Hochschulen unterrichtet werden darf. Selbst wenn man bedenkt, dass von den 18 drei, nämlich Sindhi, Nepali und Urdu ihre Hauptverbreitungsgebiete jenseits der indischen Grenzen haben, bleiben immer noch genug für ein einziges Land. Zumal man das Englische als Amtssprache ja auch noch dazuzählen muss. Die Sprachenvielfalt führt jedem klar vor Augen, dass wir es bei dem »Land« Indien mit einem Kontinent zu tun haben, vergleichbar mit Europa, wo wir ja auch die verschiedenen Sprachen der Einzelländer für selbstverständlich halten.

Damit aber nicht genug. Es gibt außer diesen amtlich lizenzierten Hunderte anderer Sprachen (ihre genaue Erfassung ist wegen der komplizierten Abgrenzungen schwierig), die zum Teil nur von kleinen Gruppen oder Stämmen gesprochen werden. Und innerhalb der Hauptsprachen haben wir es außerdem noch mit einer Anzahl von höchst lebendigen Dialekten zu tun.

Englisch geht immer.

Wie geht man in Indien mit dieser Sprachenvielfalt um? Die Antwort ist: pragmatisch, immer je nach Ort und Zeitpunkt das Beste daraus machend. Die Grenzziehungen der einzelnen Bundesstaaten wurden, grob geschätzt, nach Sprachgebieten eingerichtet. In den Grenzgebieten zwischen zwei Sprachen sprechen viele Einwohner beide, ohne Unterricht erlernt, einfach im Alltagsleben geschult. Der Fremde von weiter her, ob er nun Inder oder Ausländer ist, kann sich von polyglotten Menschen helfen lassen, wenn solche im richtigen Moment zur Stelle sind. Oder er kann es mit Englisch versuchen. Das wird in Indien an allen Schulen gelehrt – wir werden darauf noch zu sprechen kommen.

Drei Sprachfamilien

Indische Sprachen kommen aus drei Sprachfamilien. Eine heißt »indoeuropäisch«, weil ihre Sprachen, in Jahrtausenden aus dem Sanskrit (s.S. 23) erwachsen, mit europäischen Sprachen verwandt sind. Die zweite ist die drawidische Sprachfamilie. Das Drawidische war in Indien schon sehr lange vor der Einwanderung der arischen Stämme aus Innerasien in Gebrauch, später verdrängten Sanskrit und die von ihm abgeleiteten, indoeuropäischen Sprachen das Drawidische in den Süden des indischen Subkontinents. Die dritte ist die Familie der sinotibetischen Sprachen, Völkergruppen im Himalayagebiet und in den Staaten des äußersten Osten Indiens sprechen sie.

Die indoeuropäische Sprachfamilie

Hindi ist am weitesten verbreitet.

Hindi: Unter den indoeuropäischen Sprachen nimmt das Hindi eine Sonderstellung ein. Seine Verbreitung ist die größte, in den 1990er Jahren sprachen es an die 480 Millionen Inder, Muttersprache ist es in der Ganges- und Yamuna-Ebene. Es hat viele Dialekte entwickelt. Nach der Unabhängigkeit wollten viele Politiker das Hindi zur obligatorischen Staatssprache machen. Dazu ausersehen war die »khari boli« genannte Hindivariante von Delhi und Umgebung. Premierminister Nehru hielt das für nötig, um die Einheit der Nation zu fördern. Doch dieses Vorhaben scheiterte an dem Widerstand der südlichen Bundesstaaten, die sich von Nordindien bevormundet fühlten.

Hindi ist jedoch als Fremd- und Verständigungssprache wenigstens in Nordindien gebräuchlich. Im Westen Indiens zählt man das Rajasthani dazu, das ein Oberbegriff für die in Rajasthan gesprochenen Dialekte ist, im Osten das Bihari, Oberbegriff für dort übliche Dialekte.

Urdu sprechen die Muslime

Urdu ist dem Hindi eng verwandt und Hindi-Sprechern verständlich, es wird nicht in einem geschlossenen Gebiet gesprochen: Urdu ist die Sprache der Muslime (auch die Amtssprache Pakistans), es wird in arabischer Schrift geschrieben und enthält viele persische und arabische Fremdwörter, die das Hindi inzwischen großenteils durch Sanskritwörter ersetzt hat. Urdu ist eine Sprache höfischen Ursprungs, stammt aus der Zeit der Moguln und gilt als gepflegte Literatursprache. Bis zur Unabhängigkeit bildete es mit dem Hindi eine Sprache, Hindustani genannt. Mahatma Gandhi befürwortete vor der Abtrennung Pakistans ihren Gebrauch, um die Einheit zu erhalten. Außer im Norden wird Urdu auch im muslimischen Hyderabad und seiner Umgebung gesprochen.

Kashmiri machte eine Sonderentwicklung durch. Es ist dem Hindi-Sprechenden nicht ohne weiteres verständlich.

Punjabi pflegen die Sikhs.

Punjabi wird von den Sikhs als ihre eigene Sprache hochgehalten. Es ist aber dem Hindi ähnlich. Das Gujarati wurde populär, als Mahatma Gandhis Lebenserinnerungen zuerst in dieser, seiner Muttersprache veröffentlicht wurden. Das

»No see Dolphin you no money pay!« Touristen-Englisch in Kochi, Kerala

Marathi ist die Sprache des großen Bundeslandes Maharashtra und der wichtigen Hafenstadt Mumbai; es ist auch Literatursprache mit Tradition vom Mittelalter an. Dem Marathi verwandt ist das in Goa gesprochene Konkani, die einzige indische Sprache, die manchmal, von den goanischen Christen, in lateinischen Buchstaben geschrieben wird. Hoch angesehen als Sprache der Dichtung und Wissenschaft ist das **Bengali** der Menschen in West Bengal und Kolkata. Indiens großer Dichter, Philosoph und erster Nobelpreisträger Rabindranath Tagore (1861–1941) schrieb in dieser Sprache. Dem Bengali nahe ist das Orya Orissas. Zu den indoeuropäischen Sprachen gehört schließlich noch das Assamya im Tal des Brahmaputra in Assam.

Die drawidischen Sprachen

Zu den drawidischen Sprachen gehört Tamil, das in Tamil Nadu gesprochen wird. Es ist eine Sprache mit literarischer Tradition, die über 2000 Jahre zurückreicht. Der Unterschied zwischen Schrift- und Umgangssprache ist im Tamil sehr groß.
Drawidisch ist auch Malayalam, die Sprache des Staates Kerala, in dem fast alle Leute lesen und schreiben können. Malayalam hat mit dem Tamil manche Gemeinsamkeiten. Es hat jedoch ungewöhnlich viele sanskritische Lehnwörter. Kannada wird in Karnataka gesprochen. Andrah Pradesh's Sprache ist Telugu, das man seines vokalen Wohlklangs wegen schon das »Italienisch Indiens« genannt hat. Es überschneidet sich mit dem südlichen Verbreitungsgebiet des Orya.

Sinotibetisch

Die sinotibetischen Sprachen werden in den Himalayagebieten, in Ladakh im Westen, in den Nordoststaaten (»Sieben Schwestern«) und zum Teil in Sikkim (zwischen Nepal und Bhutan gelegen) gesprochen, außerdem als Santali auf einer Sprachinsel in Orissa.

Sprach- und Schriftengewirr

Man sollte nicht außer Acht lassen, dass die »amtlichen« Sprachen jeweils von Millionen Menschen gesprochen werden, wobei nächst dem Hindi das Bengali, Marathi und das Tamil die meisten Muttersprachler haben.
Zu den Schriften ist zu bemerken: Hindi und Sanskrit werden mit der Devanagari-Schrift geschrieben (der Name bedeutet: »Schrift der Götterstadt«). Urdu benutzt arabische Schriftzeichen. Panjabi, Bengali, Orya und Gujarati haben jeweils unterschiedliche eigene Schriften. Ebenso entwickelten die drawidischen Sprachen Tamil, Telugu, Malayalam und Kannada eigene Schriftzeichen.
Da es in einigen Regionen immer mehr üblich wird, Wegweiser in der landesüblichen Schrift zu halten, sind Fahrer aus dem Nachbarbundesstaat oft am Ende mit ihrer Wissenschaft, wenn sie den Weg finden sollen. Sie sind heilfroh, wenn ein »englisches«, mit lateinischen Buchstaben bedrucktes Straßenschild auftaucht.

Die Rolle des Englischen

Englisch hält die Inder zusammen.

Hier kommen wir zu dem wichtigen Kapitel: Englisch als indische Sprache. Man hat in der Regierung und in nationalen Kreisen das Englische so oft »loswerden« wollen, besonders in der Euphorie der Unabhängigkeit. Doch es hat sich bisher als unentbehrlich erwiesen. Zum einen, weil es die Verständigung zwischen Indern verschiedener Landesteile erst möglich macht, solange die Nicht-Hindi-Sprechenden das eigentlich als Brücke vorgesehene Hindi nicht erlernen. Mit der wachsenden Mobilität kommen jetzt weit mehr Menschen aus entlegenen Landesteilen zusammen als in früheren Zeiten, und das ist ja wegen des Zusammengehörigkeitsgefühls auch politisch erwünscht.
Der andere Grund für immer weitere Verbreitung des Englischen ist die Globalisierung. Englisch ist Wissenschaftssprache, Sprache der Technik und Informatik. Universitätsstudium ohne Englisch ist nicht denkbar. Also wird es oft schon vom Grundschulalter an gelernt.

Wissenschaftssprache

Noch ein Grund für die Beliebtheit des Englischen: Viele Inder verbringen aus beruflichen Gründen Jahre im Ausland. Wenn sie, oft nur besuchsweise, zu ihren Familien zurückkehren, bringen sie ihren Nachwuchs mit, der in Kanada oder USA groß wurde und fast nur Englisch spricht. Plötzlich ist Englisch die Sprache des unerlässlichen Familienzusammenhalts.

INFO

Nicht jeder ist ein Sprachgenie

▶ Nur nicht verzweifeln, wenn Sie sich einmal gar nicht verständlich machen können. Bei Sprachschwierigkeiten hilft nur eins: Geduld haben. Wenn nicht gleich jemand zur Stelle sein sollte, der Englisch versteht, wird sicher schnell ein Englischkundiger herbeigeholt.

Selbst Französisch kann die Rettung sein: Koloniales Überbleibsel in Pondicherry

▶ Auch wenn es Ihr Reisegepäck belastet, es ist sinnvoll, ein kleines englisches Taschenlexikon mitzunehmen, das Sie immer in Griffweite haben sollten, wenn Sie unterwegs sind.

▶ Und auch das kann nicht schaden: Wer sich im »Goldenen Dreieck« Delhi – Jaipur – Agra bewegen will, für den lohnt es sich allemal, einige Worte Hindi zu lernen. (s. S. 194f.)

»Indisch gefärbt«

Englisch ist folglich auch die erste Fremdsprache in weiterführenden Schulen. Es wird großenteils von Lehrern unterrichtet, die nie in einem englischsprachigen Land waren und die sich nur aus Büchern weiterbilden. Resultat: Aussprache und Betonung ist indisch gefärbt. Der Wortschatz aber ist häufig ein besonders gewählter, gehobener. Man bemüht sich um elegante, oft auch um steife Formulierungen. Manchmal freilich fließen indische Wortbilder und Ausdrücke ein. Es ist so ein typisch indisches Englisch entstanden, das sich mehr und mehr seinen Platz als gepflegte Literatursprache mit anspruchsvollen Romanen erobert, die auch über die Grenzen hinaus, in Europa, Ostasien und Amerika Beachtung finden.

Tank I full, sir!

Nebenbei benutzt natürlich auch der kleine Straßenhändler, der nie auch nur eine Stunde Englischunterricht hatte, sein manchmal drolliges Alltagsenglisch, das er mit den Jahren mehr und mehr vervollständigt. So vermeldetet unser Fahrer nach dem Tanken stolz: »Tank I full, sir!«

Unrein: Wäscherinnen in Udaipur, Rajasthan

Kastendenken – Ein Blick in die indische Seele

Klare Kastenzugehörigkeiten

Vor dem Gesetz sind alle Inder gleich, das steht in der Verfassung. Aber die Kasten, eine mehrere tausend Jahre alte religiös begründete Überlieferung, ließen sich nicht einfach abschaffen. Fast ausnahmslos ist sich jeder Inder seiner Kastenzugehörigkeit bewusst. Kleine Grundschüler fragten uns, die Besucher aus dem Westen, gleich, außer nach dem Namen: »Zu welcher Kaste gehört ihr?«

Die ursprünglich in den Veden der arischen Einwanderer überlieferte Kasteneinteilung (s.S.25) ist im heutigen Kastensystem vielfach verfeinert und komplizierter geworden. Die vedische Kaste hieß »varna« – Farbe, und gemeint war wohl tatsächlich die Hautfarbe, die den Unterschied ausmachte zwischen den »Eroberern« und »Eroberten«. Manche Wissenschaftler sagen aber, der Ausdruck beziehe sich auf die Farbe ritueller Gewänder. Ursprünglich gab es vier Kasten. Später ordnete man die Angehörigen der Urbevölkerung als »Kastenlose« ohne irgendwelche Rechte ein.

Die Angehörigen der obersten drei »varna« werden auch als »Zweimalgeborene« bezeichnet, da sie als junge Männer zur Aufnahme in die Kaste eine »Heilige Schnur« umlegen; das wird ebenso wichtig genommen wie die Geburt.

INFO

Kasten kurz gefasst

1. Brahmanen: Sie waren der Stand der Priester und Weisen, waren geistliche Geheimnisträger! Sie beherrschten die Opferriten und überlieferten die alten geschichtlichen Traditionen und die Wahrsagekunst.
2. Kshatryas: Sie waren Krieger, verantwortlich für die Verteidigung ihres Landbesitzes, auch des gesamten Landes.
3. Vaishyas: Bauern mit unterschiedlich großem Besitz, Händler.
4. Shudras: Das waren alle anderen, Handlanger, Knechte, Landarbeiter ohne oder nur mit geringem Besitz.
5. Kastenlose: Angehörige der Urbevölkerung ohne irgendwelche Rechte.

Schon früh verwischten sich manche Kasten-Abgrenzungen, vermutlich wenn politische oder wirtschaftliche Macht der Kasteneinteilung entgegenwirkte. Von Kaiser Ashoka wird berichtet, dass er eigentlich der Shudra-Kaste angehörte und trotzdem zum Herrscher wurde.

Abgrenzung und Ausgrenzung – auch heute

Das Kastensystem von heute beruht auf der Einteilung in »Jati«. Das sind Berufs- und Familiengruppen, in die ein Hindu hineingeboren wird, und denen er zumindest theoretisch nicht entkommen kann und es in der Regel auch nicht tut.

Reinheit und Unreinheit

Im Umgang der verschiedenen Jati (es sollen über 3000 sein) untereinander spielt »Reinheit« oder »Unreinheit« eine große Rolle. Im täglichen Leben wird darauf geachtet, dass das Zusammenkommen keine Unreinheit verursacht. Unrein sind manche Jatis zum Beispiel wegen ihrer Tätigkeiten. Ein Wäscher zum Beispiel, der unvermeidlich schmutzige Wäsche anfasst, ist unrein. Die Berührung mit ihm, sogar gemeinsames Essen mit ihm oder seiner Familie macht unrein. Erst recht natürlich der Umgang mit Kastenlosen, die etwa Müll oder gar tote Tiere beseitigen oder mit Material aus toten Tieren (Leder!) zu tun haben.
Brahmanen dürfen kein Essen zu sich nehmen, das von einem für sie unreinen Nicht-Brahmanen gekocht wurde. Darum sind noch heute viele Restaurantköche Brahmanen – deren Essen kann jeder ohne Bedenken zu sich nehmen.

Gegenseitige Respektierung

Respektloses Verhalten von Niedrigkastigen gegenüber Höherkastigen ist auch Verunreinigung und also für den Niedriggestellten Verletzung des »dharma«, und das hat schlechte Auswirkungen auf eine Wiedergeburt (s. S. 51) und mindestens ebenso schlechte Folgen für seine Existenz in der Gesellschaft.

Heiraten nur untereinander

Ganz besonders wichtig ist die Jati bei der Heirat. Nur Angehörige der gleichrangigen Jati heiraten einander. Dabei hängt die Gleichrangigkeit aber durchaus von lokalen und anderen, für uns logisch nicht verständlichen Umständen ab. So kann ein Brahmane nicht eine Frau irgendeiner anderen Brahmanenfamilie heiraten. Es gibt Unterschiede, die von der Jati, aber auch vom Besitz und lokalem Ansehen abhängen.

Tabu der körperlichen Berührung

Das moderne Leben in den Städten hat natürlich Auswirkungen auf das Verhalten der Menschen, ungeachtet ihrer Kastenzugehörigkeit. In überfüllten städtischen Verkehrsmitteln ist das Tabu der körperlichen Berührung – es dehnte sich in früherer Zeit sogar auf die Berührung des Schattens aus – nicht mehr zu beachten, auch am Arbeitsplatz selbst fragt in einem modernen Betrieb niemand nach Jati-Regeln. Kastenstrukturen verschmelzen in den Städten immer mehr mit Klassenstrukturen.

Das Kastendenken hält sich.

Ganz anders ist es aber bei Familiengründungen. Da nimmt man Kastenregeln noch genau. Da wird, wenn man die Heiratsvermittlungsanzeigen einer führenden indischen Zeitung liest, wohl in den meisten Fällen noch nach der Kaste gefragt. Wenn ein Mann von der Kaste der Braut absehen will (was nicht oft vorkommt), so steht es schon in der Heiratsanzeige. Männer heiraten öfter Mädchen aus einer niedrigeren Kaste, während das umgekehrt immer noch sehr verurteilt wird. Auch kann man aus vielen Anzeigen entnehmen, dass Familien sich um eine indische Braut für einen nach Amerika ausgewanderten Sohn bemühen, um zu verhindern, dass er im Ausland außerhalb des Kulturkreises heiratet.

Scheduled Castes

Harijans, Dalits, Adivasi

Die unterhalb des Kastensystems eingestuften Menschen (immerhin über 150 Millionen in ganz Indien) nannte Mahatma Gandhi in seinen Schriften »Harijans«, das heißt »Kinder Gottes«, um diskriminierende Bezeichnungen abzuschaffen. Kämpferisch-politische Bezeichnung ist »Dalit«, der »Unterdrückte«. Auch in den Reihen der Kastenlosen gibt es Hierarchien, stehen bestimmte Gruppen noch unter anderen. So ist Solidarität der Unterprivilegierten selten zu beobachten. Die »Adivasi« (wörtlich: die zuerst Angekommenen) sind Angehörige der Stämme, die zu den Ureinwohnern gehören, also schon vor allen anderen Indern im Land waren. Sie sind besonders schlecht dran, wenn sie ihre traditionellen (Rückzugs-)Gebiete verlassen oder aufgeben müssen. Zum Beispiel, weil die Regierung einen Staudamm dort baut. Sie verlieren damit ihre Lebensgrundlage und gehören nirgends mehr hin.

Scheduled Castes

Der Ausdruck »Scheduled Castes« (Registrierte Kasten) umfasst die drei genannten Bezeichnungen von Kastenlosen und dazu einige der am wenigsten geachteten »Shudras«. Er ist aus der Zeit der britischen Verwaltung übernommen. Die indische Regierung benutzt ihn, wenn sie zum Ausgleich der Benachteiligung bestimmte Posten und Arbeitsplätze, auch Studienplätze diesen Gruppen durch Quotierung vorbehält. Natürlich greifen solche Absichten nicht lückenlos, aber die Zahl der besser ausgebildeten Benachteiligten nimmt zu. Sie haben von der staatlichen Förderung profitiert. Höhere Kasten protestieren gegen diese Politik, weil sie sich ihrerseits von Studienplätzen verdrängt fühlen.

Eleganz in traditioneller Kleidung, Inderinnen einer höheren Kaste

Frauen in Indien – Endet das Patriarchat?

Indiras Vorbild

Inderinnen gewinnen an Einfluss. Schon Mitte der 1990er Jahre bestand die indische Volksvertretung zu zehn Prozent aus Frauen. Sogar zum Militär gehören Frauen. Und seit es eine autoritäre Ministerpräsidentin, nämlich Indira Gandhi, gegeben hat, könnte man denken, die Frauen hätten die Schwelle zur Gleichberechtigung längst überschritten.

Ob Gleichberechtigung auf dem Papier steht, und sei es dem der Verfassung, oder im Alltag selbstverständlich geübt wird, ist eine Sache von unterschiedlichem Gewicht. Wenn man in der indischen urbanen Mittelklasse nachsieht, erkennt man, dass Frauen auch in Indien unabhängig sein können. Vielleicht sind die Verhältnisse sogar manchmal erfreulicher als in Europa. Warum? Die gut ausgebildete Frau kann ihr eigenes Geld in einer gut bezahlten Position verdienen, während sie Haushalt und Kinder mit nicht allzu großem finanziellem Aufwand vom Hauspersonal versorgen lassen kann. Keine Sorge um Krippenplätze und ähnliches! Die berufstätige Frau des Mittelstands prägt einen entscheidenden Teil der indischen Gesellschaft. Da sie meist eine verzweigte Großfamilie im »Rücken« hat, ist sie in ihrer beruflichen Position nicht so bedrängt und gefährdet von männlichen Konkurrenten wie viele Frauen im Westen. Die Frauen der Mittelklassefamilien bestimmen die Zahl ihrer Kinder durch moderne medizinische Verhütung.

Die Emanzipation geht jedoch auch in den gutgestellten Familien nicht so weit, dass es für die Frauen eine Option ist, unverheiratet zu bleiben. Die Existenz als Single ist für die Inderin noch weitgehend unvorstellbar. Auch Scheidungen sind sehr selten, werden hauptsächlich in krassen Fällen von kriminellen Vergehen vollzogen.

Patriarchalische Strukturen

Die ursprüngliche indische Gesellschaft ist ganz und gar patriarchalisch, das heißt, es gilt Vater- und also Männerrecht. Es hat in der Vorzeit auch mutterrechtliche Strukturen gegeben, das ist noch an Erb- und Familienbräuchen in Südindien, zum Beispiel in Kerala, zu bemerken, wo der Mann in die Familie der Frau einheiratete und diese das Land besaß und vererbte. Doch diese matriarchalischen Züge sind auch in Südindien mit der Zeit immer mehr verdrängt worden.

Auf dem Papier ist die juristische Gleichstellung von Mann und Frau zwar durchaus vorgesehen (zum Beispiel im Erb- und Vermögensrecht), in der Praxis muss sich die indische Gesellschaft allerdings erst noch daraufhin entwickeln.

Die Verehrung des Ehegatten

Unter männlicher Vormundschaft

In einem Teil der unteren Klassen und auf dem Land steht die Frau auch heute noch ganz unter männlicher Vormundschaft: Als Tochter ist sie der Bestimmung des Vaters unterworfen; wenn dieser stirbt, der Bestimmung des ältesten Bruders. Nach der Verheiratung ist sie der Vollmacht des Ehemannes und dessen Familie ausgeliefert, selbst noch nach dem Tod des Ehemannes. Sie wird als Witwe häufig als unnütze Esserin angesehen. Eine Erleichterung besteht nur, wenn sie einen liebevollen Sohn hat, der sie dankbar umsorgt. Keine Sekunde ihres Daseins kann die Frau nach alter Denkweise selbstbestimmt handeln!

Zum Gehorsam verpflichtet

Nach Hindu-Tradition gilt für eine Ehefrau das »pativrata«, die Verehrung des Ehegatten. Sie ist ihm nach dem religiösen Gesetz zum Gehorsam verpflichtet, und das bedeutet im Einzelnen: Sie muss das Essen vor- und zubereiten (vom Dreschen des Getreides und Malen der Körner bis zum Formen und Backen der Fladenbrote). Sie muss Kinder empfangen, gebären und aufziehen. Sie muss beitragen zum Einkommen, etwa durch Bestellen des Ackers, Hüten des Viehs oder auch durch Lohnarbeit. Daher sieht man viele Frauen beim Straßenbau, wo sie für wenig Lohn Erde tragen oder Steine klopfen. Die Ehefrau hat den Gatten in der Öffentlichkeit nie beim Vornamen zu nennen; sie redet mit ihm in der dritten Person.

Auch auf dem Land lockern sich diese strengen Regeln allmählich; ihr Fortleben hängt vom Selbstbewusstsein der Frauen ab. Darum gibt es in der Hindugesellschaft mehr und mehr kleine Abstriche von dieser rigorosen Unterwerfungspraxis, wenn die Frauen wenigstens einige Jahre Schulbildung haben. Viele wissen, dass sie ein gesetzliches Recht auf Bildung haben und bestehen wenigstens für ihre Töchter auf Schulbesuch.

Im modernen Geschäftsleben behaupten sich Landfrauen oft besser als ihre Männer. Seit verschiedene Hilfsorganisationen Kleinkredite geben, um neue Verdienstmöglichkeiten handwerklicher oder landwirtschaftlicher Art zu fördern, ist das allgemeine Ansehen der Frauen gestiegen. Sie zahlen nämlich, zur Überraschung der Kreditgeber, verlässlicher und pünktlicher Geld zurück als die Männer, die damit viel weniger zielstrebig zurechtkommen.

Unter dem Schleier

In vielen Gebieten Indiens verschleiern sich die verheirateten Frauen. Musliminnen tragen in den Städten jetzt öfter die Burkha, den schwarzen Ganzkörper-Schleier. Hindufrauen benutzen oft einen bunten Schleier oder einfach das Ende ihres Saris, um ihr Gesicht zu verhüllen, besonders wenn Fremde herankommen. Es wird berichtet, dass vor den muslimischen Eroberungen im Mittelalter Hindufrauen der unteren Kasten unverschleiert gingen, dass sie später ihr Haar und Gesicht bedeckten, um nicht die Begehrlichkeit der Muslime zu erregen. Die Adivasis gehen noch heute meist unverschleiert. Sie geben zu verstehen, wenn man fragt, dass sie zu viel Arbeit hätten und sich darum nicht verhüllen könnten. In manchen Gemeinschaften sind die Adivasifrauen viel freier im sexuellen Umgang als Hindufrauen.

Die Unreinheit der Frau

Ein monatlicher Makel

Nur Aufklärung und nochmals Aufklärung kann den Aberglauben vertreiben, der die Frauen mit dem Makel der Unreinheit belastet, wenn sie einmal im Monat ihre Menstruationsblutung haben. In dieser Zeit gilt selbst die Angehörige einer der hohen Kasten als so unrein wie eine Kastenlose oder eine Kapitalverbrecherin! Sie darf dann nicht ihre Kinder ansehen, nicht ihren Mann oder andere Familienmitglieder, darf nicht in den Tempel gehen, darf nicht ihren Mund spülen (das Wasser, das sie ausspuckt, ist sehr unrein), darf nicht im Bett liegen und nicht weinen (Tränen sind auch unrein). Diese immer wiederkehrende Degradierung und Missachtung ihrer Würde setzt der Persönlichkeit der indischen Frau sehr zu. Es ist unbedingt nötig, diesen Irrglauben vollständig abzuschaffen. Bei der berufstätigen Frau des oberen Mittelstandes ist wohl nichts mehr von der »Diskriminierung durch Unreinheit« zu merken. Aber es wird noch einige Zeit brauchen, bis in allen Schichten die Herabstufung der Frau wegen eines natürlichen biologischen Vorgangs aufhört.

Töchter – unwillkommene Last!

Es gilt nicht immer und überall in Indien, dass man Töchter nicht liebt. Jeder Reisende wird berichten können von umsorgten, zärtlich verwöhnten Töchtern, von Familien, in denen Söhne und Töchter gleich viel gelten. Aber dennoch: Die

Statistik berichtet von bemerkenswerter Minderzahl von Mädchen unter den Neugeborenen, und es ist bekannt geworden, dass die Früherkennung des Geschlechts der Ungeborenen zu häufiger Abtreibung weiblicher Föten führt. Auf dem Land soll es sogar in manchen Gegenden Kindstötung von Mädchen geben. Hier schlägt offenbar die Geringschätzung des weiblichen Geschlechts in der patriarchalisch geprägten Familie ganz krass durch.

Abtreibung weiblicher Föten

Doch der Widerstand sowohl der Frauen als auch der staatlichen Öffentlichkeit gegen solche Verbrechen erstarkt von Jahr zu Jahr mehr. Wenn es landesweit gelänge, gigantisch teure Hochzeitsfeiern mit unangemessenen Mitgiftleistungen an die Familie des Bräutigams zu verhindern, wäre die finanzielle Belastung durch Töchter erträglich, die Geburt eines Mädchens nicht mehr materieller Zukunftsalptraum seiner Eltern. Übrigens ist Mitgiftzahlung von Gesetz wegen ohnehin verboten. Auch die berüchtigten Mitgiftmorde, ein Phänomen in der aufstrebenden städtischen Unterschicht (Eine junge Ehefrau wird getötet, damit der Ehemann mit neuer Heirat neue Mitgiftzahlung erhält.) würden unterbleiben.

Mitgiftmorde

Lebensmittelpunkt Familie

Für Europäer mit westlicher Denkweise sind derartige Vorstellungen und Verhaltensweisen, die in der Hindu-Welt verwurzelt sind, mitunter schwer nachvollziehbar. Zur Ergänzung soll hier noch darauf hingewiesen werden, dass die Familie in Indien für den Einzelnen, wie für die soziale Gemeinschaft, eine ungleich größere Bedeutung hat als bei uns im Westen.

»Familie« bedeutet soziales Netz, bietet meist den einzigen Rückhalt in Lebenskatastrophen. Ein Unfall, Krankenhausaufenthalt, lange chronische Krankheiten, Insolvenzen, Arbeitslosigkeit – in all diesen Notfällen springt in Indien die Familie ein, so weit sie irgend kann, mit Sach- und Geldleistungen und vor allem aber mit seelischer Unterstützung.

Soziales Netz Großfamilie

Diese Leistung kann in allen Schichten nur eine Großfamilie erbringen, also nicht nur Großeltern, Eltern und Kinder, sondern der große Kreis von Onkeln, Großonkeln, Cousins ersten und zweiten Grades, Neffen und Großneffen jeweils mit ihren Ehefrauen und allen gesellschaftlichen Verbindungen, die sich durch einen so weiten Verwandtschaftskreis ergeben.

Großmutter, Mutter, Kinder

Einflussnahme der Älteren

Damit sich in einer so zahlreichen Gruppe nicht alle kreuz und quer heillos zerstreiten, in Rangkämpfen verzetteln, sind einfache feste Regeln unumgänglich. Sie haben sich über Jahrtausende eingespielt. Grundregel ist: Die Jungen respektieren die Älteren. Bei verschiedenen Meinungen tobt man sich nicht in heftigen Diskussionen aus, sondern versucht seinen Standpunkt auf zähe, aber zurückhaltende Weise überzeugend zu vertreten, nimmt die Praxis zu Hilfe, betont Sachzwänge und schafft sich Verbündete innerhalb der Familie, am besten in der älteren Generation.

Der Bruder des Vaters, besonders wenn es einen älteren Bruder des Vaters gibt, und der Bruder des Großvaters sind wichtige Personen für den jungen Mann bei Entscheidungen für den weiteren Lebensweg – in der Beurteilung von Chancen, sogar bei der Auswahl von Freunden und Arbeitsfeldern. Der Bruder der Mutter hat eigentlich keinen direkten Einfluss – er gehört genau genommen nicht ganz zur Familie – aber er kann gerade wegen dieser Distanz viel zur sachlichen Betrachtung von Schwierigkeiten beitragen und aus persönlicher Nähe eine emotionale Stütze sein. Deswegen sind Brüder der Mutter manchmal besonders beliebt bei der jungen Generation – sie können nicht so übertrieben großen Respekt verlangen.

Die Familie hat Vorrang

Die Familie hat im Alltagsleben oft Vorrang. Auch Arbeitgeber in Indien wissen davon zu berichten. Es ist völlig normal und trifft auf Verständnis, wenn ein Angestellter sich einen Vormittag frei nimmt, um einen erkrankten Cousin zum Arzt zu fahren (die Arbeit wird ja nachgeholt, wenn nicht hilfsbereite Kollegen schon eingesprungen sind). Weil ein Familienoberhaupt mit einem Herzanfall in die Klinik musste, trafen wir zum vereinbarten Zeitpunkt einen Interviewpartner nicht an, und auch sonst kein Mitglied der zahlreichen Familie, die allesamt den Kranken in die nächste große Stadt begleitet hatten, außer einem Cousin, der alle Obliegenheiten der anderen stellvertretend erfüllen sollte.

Arrangierte Ehen

Die Familie hat mitzureden bei allen wichtigen Lebensentscheidungen, in erster Linie natürlich bei Eheschließungen. Schon darum sind die Ehen fast immer »arrangiert«, das heißt, durch Absprache mit den Familien zustande gekommen. Kastenzugehörigkeit und astrologische Konstellation spielen bei der Auswahl eines Ehepartners wichtige Rollen. Liebesheiraten würden das kom-

Familie bedeutet soziale Sicherheit

INFO

Das schönste Fest im Leben – die Hochzeit

Eines haben indische Hochzeiten mit denen bei uns im Westen gemeinsam: Es muss im Vorfeld Lärm geben, wahrscheinlich, um böse Geister abzuschrecken. Bei uns ist es der Polterabend. In Indien sind es bizarre Hochzeitsorchester, die mit vollster Lautstärke aus allen nur vorstellbaren Blasinstrumenten misstönend quietschen, tröten und dröhnen, begleitet von vollem Trommelgetöse. In Delhi übertönen sie den Straßenlärm, und das will was heißen! So wird die Hochzeit angekündigt. In kleineren Orten reitet der Bräutigam (aus einer hohen Kaste) hoch zu Ross, herrlich geschmückt mit Turban, Goldschmuck und Goldflitter in besticktem Gewand, und kündigt die Hochzeit an. Manchmal hat er einen kleinen Jungen bei sich auf dem Pferd, der genauso angezogen ist. Das ist der »kleine Bräutigam«, wohl ein Hinweis darauf, dass die Hochzeit ein Glied in der Generationenkette ist.

Die Bräuche sind nach Region, Vermögen und Kaste verschieden. Meist feiert die Braut am Vorabend mit den Frauen ihrer Familie. Am Tag der Hochzeit wird der Bräutigam feierlich mit Öllampen und Blumen im Haus der Brauteltern empfangen. Die Braut, die in stundenlangen Prozeduren von Schwestern und Freundinnen gebadet, gesalbt, geschminkt, frisiert, gekleidet, geschmückt wurde – besonders die kunstvolle Bemalung der Hände und Füße erregt die Bewunderung westlicher Zaungäste –, sitzt verschleiert, wenn der Bräutigam kommt. Verschleiert hört sie den Vortrag der Gesänge des Brahmanen, alle Gäste folgen still den langen und geheimnisvollen Ritualen. Schließlich führt der Priester die verschleierte Braut um ein kleines Feuer auf dem Boden. Der Bräutigam folgt der Braut, er hält das Ende ihres Schleiers fest. Am Ende der Zeremonie schlägt die Braut den Schleier zurück. Aber geküsst wie bei uns nach der Trauung wird nicht, jedenfalls nicht in traditionellen Familien. Das Brautpaar empfängt seine Gäste, die zum Glückwünschen kommen. Es gibt ein Festmahl, auch Tanz- und Musikdarbietungen. Die Festlichkeiten finden oft in großen Hotels statt, die darauf eingerichtet sind. Oder in mit Teppichen, Kronleuchtern und Mobiliar angemieteten Zelten. Hochzeitsgesellschaften können einen ganzen Tag dauern. Es kommen leicht weit über hundert Gäste zusammen, mit Teilnehmern aller Altersstufen – und vielen dienstbaren Helfern. Die kostbaren Saris der Damen und der teure Schmuck sind eine staunenswerte Augenweide. Wenn Sie eingeladen werden, erkundigen Sie sich bei einem Familienmitglied, welches Geschenk zu dieser Gelegenheit angebracht ist (Brautpaare haben da Wunschlisten).

plizierte System von Abhängigkeiten nur chaotisch durcheinander bringen. Auf Nachfrage bei jungen, gebildeten Leuten erhält man meist die Antwort, dass sie der arrangierten Heiratsvermittlung den Vorzug geben. Das Vertrauen in die Familie ist eben sehr groß. Immerhin ist es heutzutage üblich, die künftigen

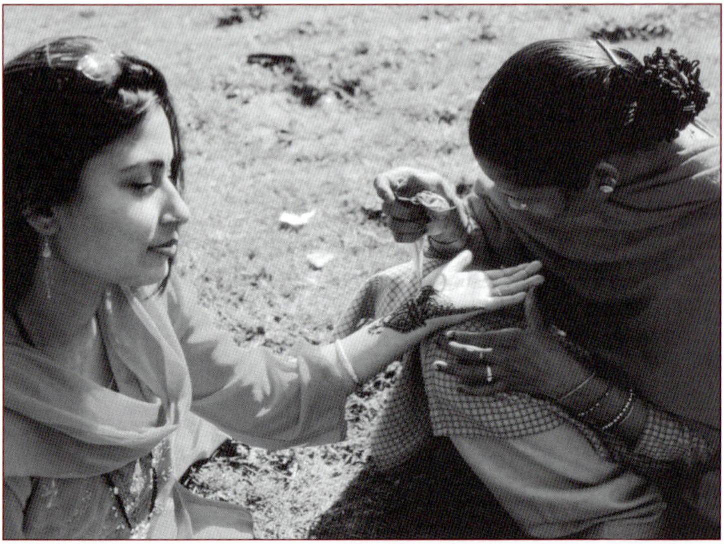

Henna-
Bemalung

INFO

Sati – Witwenverbrennung

Einen »Ort des Schreckens« nannte ein Autor das Meherangarh Fort im rajasthanischen Jodhpur. Der Grund: Am Loha-Tor dort findet man 36 im Flachrelief herausgearbeitete Handabdrücke von Satis, Witwen von Maharajas, die sich vor ihrem Tod auf dem Scheiterhaufen ihres verstorbenen Ehemannes am Tor verewigt haben sollen. Unter der Gedenkstätte findet man oft Blumenketten.

Es war eine schreckliche Sitte, die in vielen Familien höherer Kasten – aber nicht überall – Brauch war. Wir finden Erinnerungen daran besonders bei Rajputen (Krieger) und bei den Marwaris (reiche Kaufleute) im Shekawati-Gebiet Rajasthans.

Sati – der Name geht zurück auf die Shiva-Legende. Der Gott heiratete Sati, Tochter eines mythischen Königs, gegen dessen Willen. Der König veranstaltete ein großes Opferfest, ohne Gott Shiva einzuladen. Voll Raserei über die Kränkung ihres Ehemanns sprang Sati in das Opferfeuer. Selbst Shiva konnte sie nicht retten. Er begann, voller verzweifeltem Ingrimm, den Tanz der Zerstörung, der die Welt vernichten sollte. Nur Vishnu konnte ihm mit Gewalt Einhalt gebieten...

Aus einer Episode des Konkurrenzkampfes zwischen den Göttern Shiva und Vishnu entstand die Verehrung der aufopferungsvollen Sati (oft mit der Göttin Kali gleichgesetzt). Zusätzlich zu religiösen Vorstellungen motivierten soziale Gegebenheiten Witwen zum Tod in den Flammen – sie verloren ohne Ehemann

ihr Ansehen, wurden häufig missachtet und mittellos. Wiederverheiratung war in der Hindugesellschaft nicht vorgesehen. Folglich war der soziale Druck in manchen Gemeinschaften groß. Man fürchtete von den häufig noch jungen Witwen Störung der Familienstabilität.
Bei einem Herrschergeschlecht trug der Tod möglichst vieler Witwen zum Ansehen der Dynastie bei. Als Beweisstücke waren die farbigen Handabdrücke aus dem Stein der ehemaligen Palastmauern, wie etwa in Jodphur, herausgemeißelt worden. Gut möglich, dass da manche Hand klammheimlich hinzugefügt wurde, als PR-Maßnahme sozusagen für die Familie des Maharaja.
Verboten ist die Witwenverbrennung seit 1828, als der britische Governor-General William Bentinck, ein eifriger Reformer, sie untersagte. Sie ist heute im alten Stil nicht mehr Brauch. Aber die seelische Lage von verwitweten Frauen macht Selbstmorde ähnlicher Art wohl möglich, die dann von religiösen Fanatikern als religiös motivierte *sati* dargestellt werden.
In einer hochangesehenen Rajputenfamilie erzählte man uns von einer Verwandten, die sich vor 50 Jahren nur mit Gewalt vom Selbstmord auf dem Scheiterhaufen ihres Mannes abhalten ließ. Sie war selbst mit einem Lastwagen auf die Verbrennungsstätte gefahren und konnte nur im letzten Moment am Sprung von der Ladefläche in die Flammen gehindert werden. Gerettet, lebte sie nicht mehr lange, starb »an gebrochenem Herzen«, wie die Verwandten sagten. Ein verklärendes Ganzporträt der Verstorbenen, im Stil des Spätimpressionismus gemalt, hing zu ihren Ehren im Salon.

Partner vor der Hochzeit miteinander bekannt zu machen, damit allzu offensichtliche Abneigungen ausgeschlossen werden. In früheren Zeiten haben sich Braut und Bräutigam vor der Hochzeit nicht einmal gesehen.

Scheidung

Scheidungen sind nicht vorgesehen, jedenfalls nicht solche aus Gründen von Abneigung und mangelnder Übereinstimmung. Nur selten bei sehr aufgeklärten Familien gibt es Trennungen. Es ist schwer für eine geschiedene Ehefrau, sich wieder zu verheiraten. Und auch für einen geschiedenen Mann ist es, wie uns bekannt wurde, nicht einfach, eine junge Frau aus angesehener Familie in zweiter Ehe zu heiraten, selbst wenn er eine angesehene Persönlichkeit ist. Eine misslungene Ehe ist eben ein Makel.

Kinder

Eine gelungene Ehe dagegen bedeutet: Familie mit Kindern. Täglich zu einer bestimmten Zeit füllen sich die Lehmstraßen der Dörfer mit Kindern in Schuluniformen. Die lebhaften, kleinen Schüler strömen aus der Schule nach Hause. Überall herrscht Gedränge und fröhlicher Lärm. Wie viele mögen wohl auf jedes einzelne Haus im Dorf kommen? Acht, zwölf oder noch mehr?

Viel Nachwuchs – wie viel Nachwuchs?

Bevölkerungsexplosion

Familienplanung ist für die Regierenden Indiens ein wichtiges Thema geworden, seit schon in den 1950er Jahren offenkundig wurde, dass die Zahl der Bevölkerung immer mehr zunahm. Zwischen den alle zehn Jahre stattfindenden Volkszählungen beträgt der Zuwachs seither stets zwischen 20 und 25 Prozent! Lange war es so, dass dieses kräftige Wachstum das andere, notwendige wirtschaftliche Wachstum überholte und dessen Wirkung beinahe zunichte machte. Zwischen 1991 und 2001 betrug die Zunahme der Bevölkerung immer noch 21,34 Prozent.

Familienplanung

Indien ist stolz darauf, dass es dieser wirtschaftlichen Herausforderung einigermaßen gewachsen ist. Doch die Familienplanung bleibt Thema, es wird Propaganda für die Ein- oder Zweikind-Ehe gemacht. Durchsetzen lässt sich das aber nicht leicht, wegen der bekannten sozialen Strukturen (Kinder sind die Altersversorgung der Eltern bzw. tragen durch ihre Arbeit in vielen Fällen zum Familieneinkommen bei). Von Zwangsmaßnahmen, wie sie in China praktiziert werden, sieht die Regierung gänzlich ab. Unter Indira Gandhis Herrschaft war es zu Zwangssterilisierungen gekommen. Das hatte seinerzeit großen Volkszorn hervorgerufen. Nie wieder wird man es versuchen, zum Glück. Heute baut die Regierung darauf, dass die Kinderzahl bei Schulbildung der Frauen erfahrungsgemäß zurückgeht, dass schließlich ein Elternpaar zwischen einem und drei Kindern haben wird, nicht mehr. Es wird trotzdem in absehbarer Zeit mehr Inder als Chinesen auf unserer Erde geben. Davon ist man in Indien überzeugt.

Auf dieses Haus in Sain (Rajasthan) kommen zwölf!

Indiens Wirtschaft – der lange Weg zur Weltspitze

Rushhour in Bombay

Unter britischer Herrschaft

Koloniale Ausbeutung

Legendärer Reichtum, entsetzliche Armut: In diesem Kontrast und Widerspruch wird Indiens Wirklichkeit bis heute von der Welt wahrgenommen. Industrielle und landwirtschaftliche Rückständigkeit waren bzw. sind eine Folge jahrhundertelanger Abhängigkeit. Indien blieb im 19. Jahrhundert ein Agrarland, das seine Bürger nicht ernähren und nicht für Notzeiten vorsorgen konnte, weil es Reis und Weizen, wie auch Indigo, Opium, Rohbaumwolle und Jute zu Schleuderpreisen exportieren musste, zum Wohl der britischen Handelshäuser, die mit den Handelsgewinnen ihre Bilanzen vergoldeten. Ebenso wenig durften indische Unternehmen am Eisenbahnbau verdienen: Schienen, Lokomotiven, der Wagenpark und was sonst benötigt wurde, musste aus England importiert werden. Für die Kosten des immensen Eisenbahnnetzes, die gewiss nicht zu niedrig kalkuliert waren, hatte der indische Steuerzahler ebenso aufzukommen, wie für die Kosten der Truppen in Indien, und zwar für britische wie für indische Soldaten.

Gegenentwurf: das Tata-Imperium

Enorme Hindernisse hatten die indischen Gründer von Industrieunternehmen zu überwinden. Zum Beispiel der legendäre Jamsetji Tata (1839–1904): Als 25jähriger gründete er ein Textilunternehmen, mit dem er rasch reich wurde, später das »Taj Mahal Hotel« in Bombay. Unermüdlich arbeitete Jamsetji Tata außerdem an der Planung von Stahl- und Wasserkraftwerken, gründete eine Stiftung für die Ausbildung von technischer und naturwissenschaftlicher Intelligenz – und erlebte doch die Verwirklichung seiner Pläne nicht mehr. Erst 1907 begann

Tata ist allgegenwärtig – LKW in Goa

INFO Was Jamsetji Tata damals bewegte

Er sah, wie sein Land unter der Kolonialherrschaft von der industriellen Revolution überholt wurde, die Europa und Amerika mit rasender Geschwindigkeit umwandelte. Er war sich bewusst, dass Indien vor dem Erscheinen von Dampf und elektrischer Energie tausend Jahre oder länger führend in der Produktion von Textilien, Eisen und Stahl, Schiffen und vielen anderen Produkten gewesen war, ganz zu schweigen von seinem Rang in Mathematik, Astronomie, Architektur und Philosophie. Mit Sicherheit, so dachte er, könnte der kreative und produktive Genius eines solchen Volkes wieder zum Blühen gebracht werden, wenn es dieselben Werkzeuge moderner Wissenschaft und Technik erhielte wie der Westen. Mit diesem Ziel vor Augen beschloss er, fast ganz allein auf sich gestellt, Indien auf den Weg der modernen Naturwissenschaft und Industrie zu bringen, auch wenn er bei diesem Versuch sein Vermögen riskierte. Wichtiger noch als der Erfolg der Projekte, die er plante und die seine Söhne verwirklichten, sind diese Motive und der Sinn für soziale Verantwortung, die Jamsetji seinen beiden Söhnen und R.D.Tata einprägte.«

(aus der Einleitung zu »The Creation of Wealth«. The Tata Story, Bombay 1981)

das erste Tata-Stahlwerk zu produzieren. Heute, ein Jahrhundert später, umfasst »Tata & Sons« auf sechs Kontinenten 93 Unternehmen; Millionen von Tata-Automobilen sind auf Indiens Straßen unterwegs; Geschäftsfelder sind unter vielen anderen auch erneuerbare Energien, Teeplantagen und Indiens international aktive, berühmteste Hotelkette, die *Taj Group*.

Kriegswirtschaft

Mehr als zwei Millionen Inder mussten für Großbritanniens Kriegsziele im 20. Jahrhundert an vielen Kriegsfronten kämpfen. Dies erforderte eine militärische und zivile Planwirtschaft mit riesig anwachsender Bürokratie. Indische Produkte, denen die Kolonialmacht immer wieder den Zugang zum freien Markt verwehrt hatte, waren plötzlich hoch begehrt – vom Stahl für die Waffenproduktion bis zur Baumwolle für Textilien. Für den militärischen Bedarf mussten die Industriellen die Preisvorgaben der Kontrollbehörden akzeptieren. Auf dem zivilen Markt, wo Knappheit herrschte, stiegen die Inflationsraten.

Bei Ende des Zweiten Weltkriegs 1945 hatte Indien alle seine Schulden bei der britischen Kolonialmacht getilgt, die indischen Industrieanlagen aber waren fast durchweg veraltet und mögliche Exportgüter durch die Inflation zu teuer im Vergleich mit Weltmarktpreisen. Insgesamt steckte viel bürokratischer Sand im indischen Wirtschaftsgefüge.

Reiche Bodenschätze: Eisenerz und mehr

Goldimportland

Schon der weit gereiste Grieche Herodot berichtete, die Inder seien das »größte Volk« und beschrieb ihren Goldreichtum. Der heutige Goldbedarf ist so stark, dass Indien zum weltweit größten Goldimportland wurde. Gold gilt als gute Vermögenssicherung, gerade auch unter jenen, die wenig besitzen, aber doch einen goldenen Armreif tragen wollen. Im Notfall kann Goldschmuck verkauft werden.

Eisenerz und Kohle

Zu Indiens reichsten Bodenschätzen zählt Gold jedoch nicht. Diese finden sich vor allem im Nordosten – Eisenerze und Kohle -, Eisenerze auch im Osten und in den Aravalli-Gebirgen im Nordwesten. Erst nach der Mitte des 20. Jahrhunderts, im unabhängigen Indien, begann Bergbau im großen Stil. Die Schürfrechte und Bergbaubetriebe gehören zumeist dem Staat, und sie sind überwiegend in der Hand der Zentralregierung, obwohl für die Lagerstätten auf dem Festland offiziell die Bundesstaaten zuständig sind. Richtig reich ist Indien im internationalen Vergleich an Eisen- und Manganerzen, Chromit und Bauxit. Ältere Deutsche erinnern sich daran, wie vor einem halben Jahrhundert das Hüttenwerk *Rourkela* von deutschen Firmen im ostindischen Bundesstaat Orissa errichtet wurde, eines der frühen Beispiele von Entwicklungshilfe.

Energieknappheit

Knapper und nicht einmal für den indischen Eigenbedarf ausreichend sind die bisher bekannten Erdöl- und Erdgas-Lagerstätten. Ein Großteil der indischen Steinkohle wird darum für die Stromerzeugung verbraucht, mit dem Nachteil, dass der Heizwert indischer Kohle vergleichsweise niedrig und der Aschegehalt hoch ist. In Bihar, einem der wichtigsten Steinkohlegebiete, geriet zudem der

Kohlehandel unter den Einfluss Mafia-ähnlicher Gruppen. Die zweigten in Zusammenarbeit mit bestochenen Politikern und Polizisten beträchtliche Mengen ab. Anfang der 1990er Jahre senkte der indische Staat die Einfuhrzölle auf Importkohle, und zwar binnen weniger Jahre von 85 auf 13 Prozent und entspannte damit die kritische Energiesituation.

Erdöl und Erdgas

Jahrzehntelange Exploration erbrachte sowohl im Schelfbereich wie auf dem Festland neue Erdöl-Lagerstättenfunde. Seit 1956 war auch der Erdölsektor staatlich; doch inzwischen wurden die Regeln neu gefasst. Es gibt den *Joint Sector* gemeinsamen staatlich-privaten Betriebs. Auch ausländische Gesellschaften sind an der Förderung und Verarbeitung des Erdöls beteiligt. Indiens wichtigstes petrochemisches Zentrum entstand in Vadodara/Gujarat, dem ehemaligen Baroda. Ergiebige Erdöl- und Erdgaslager wurden am Meeresgrund vor Mumbai erschlossen. Auch längs der indischen Ostküste, von Tamil Nadu bis Bengalen, sind beträchtliche Lagerstätten vorhanden. Vorerst wird der Löwenanteil des indischen Erdölverbrauchs dennoch durch Importe gedeckt.

Solaranlagen

Warum weicht denn der indische Staat nicht im großen Stil auf Sonnenenergie aus? Ist doch die Sonnenscheindauer in den meisten Regionen aus europäischer Sicht beneidenswert lang, jedenfalls während der fast regen- und meist auch wolkenlosen trockenen Monate. Es gibt Solaranlagen in Indien. Doch sie sind noch vereinzelt, werden von reichen Firmen oder reichen Privatpersonen genutzt, kommen aber den meisten Indern viel zu teuer. Das trifft erst recht für die Menschen in den rund 500 000 indischen Dörfern zu. Patente Erfindungen aus dem Westen, wie der Solarkochtopf, werden von karitativen Verbänden und Vereinen da und dort in der Hoffnung zur Verfügung gestellt, dass die Dorfgemeinschaften mehr davon anschaffen.

INFO

Nur keine Panik, wenn das Licht ausgeht!

Wundern Sie sich nicht, wenn Sie manche indische Stunde ohne elektrischen Strom verbringen müssen! Geplantes, stundenweises Abschalten des Stroms ist eine schlichte, aber naheliegende Maßnahme, wenn akuter Mangel herrscht.
Übrigens verfügen nicht nur Krankenhäuser, sondern auch zahllose Fabriken, Läden und andere Unternehmen über ein Notaggregat, das mit einem unüberhörbaren Benzin- oder Dieselmotor elektrischen Strom liefert. In besseren Hotels liegen Kerzen zwar bereit, sie werden aber fast nie benötigt, weil das eigene kleine Elektrizitätswerk sekundenschnell einspringt. Romantische Kerzenrunden finden darum eher in einfachen Herbergen statt.
Wer nicht riskieren will, abends oder nächtens plötzlich im Stockdunklen zu sitzen, tut gut daran, eine Taschenlampe mit unverbrauchter Batterie in seinem Gepäck zu haben. Trotz der vielen Notaggregate könnte eine Stromabschaltung oder ein Stromausfall sonst lästig werden.

Wind-
energie,
Kanya
Kumari,
Tamil Nadu

Wo jedoch mit jeder Rupie gerechnet wird, sind kostspielige Solaranlagen keine Alternative. Um so mehr, als der Strom aus dem Elektrizitätswerk vom Staat für die Landwirtschaft subventioniert wird. Und sicherlich auch darum, weil die Dorffrauen es auf sich nehmen, stundenlang über Land zu gehen, um im Busch einen Arm voll Feuerholz einzusammeln oder vom Stamm abzuhacken, und dann mit der Last auf ihrem Kopf den langen Weg zu ihrer Hütte auch wieder zurückzugehen. Sie haben nicht einmal einen Esel dafür.

Frauen und Esel – ein Schulbuchzitat

INFO

Zum Glück gibt es in Indien kritische Zeitungen. In der *Times of India,* einer der besten, lasen wir anno 2006: »Ein Esel ist wie eine Hausfrau. Eigentlich ist der Esel einen Tick besser, denn während eine Hausfrau sich manchmal beschwert und nach Hause zu ihren Eltern zurückkehrt, wird man einen Esel niemals dabei erwischen, dass er seinem Meister untreu ist«. Das hatten die Journalisten sich nicht selber einfallen lassen; sie hatten die kruden Sätze in einem Schulbuch für 14jährige in Rajasthan gefunden. Die Bildungsexperten im Schulministerium hatten den Text genehmigt und fanden an dem Vergleich – Esel und Frau – überhaupt gar nichts auszusetzen; auch Politiker würden ja gerügt und im übrigen solle das Buch den Unterricht humorvoller gestalten. Das konnten wiederum die Frauen in der Frauenorganisation der Hindu-Partei BJP nicht komisch finden. Sie protestierten und – das neue Indien ist nicht das alte! –, sie hatten Erfolg. Die Sätze sollen gestrichen werden. Hoffentlich bald!

INFO Silent Valley – Naturjuwel vor Flutung gerettet!

Man sollte sich das mit eigenen Augen einmal ansehen, beim nächsten Urlaub im schönen Kerala. Nämlich das letzte, so heißt es, vor menschlichem Eingriff bewahrte Regenwald-Hochtal Südindiens. Ohne den jahrelangen Protest der Naturfreunde und Naturschützer sähe man hier schon seit dreißig Jahren nur eine Staumauer und die Wasserfläche eines Sees. Und das, obwohl das »Silent Valley« schon vorm Ende des 19. Jahrhunderts zum Waldreservat erklärt wurde. Was für Baumriesen, was für Blütenwunder! Rund 1000 Pflanzenarten haben Botaniker auf den 89 Quadratkilometern des »Nationalparks Silent Valley« gezählt, 120 Vogelarten, dazu Reptilien, Echsen und Säugetiere, von den Makaken-Affen bis zu Elefanten. Deren Lieblingspfade und nie zuvor gesehene Pflanzen zeigte uns ein sehr kundiger Führer (unbegleitet ist der Zutritt nicht gestattet). Zugegeben, die Anfahrt dauert mehrere Stunden, und im Start-Ort Mukkali machte das Parkpersonal den Eindruck, dass sie dem Park die Besucher ersparen wollten – ein Eindruck, den auch andere hatten, wie wir erfuhren. Aber für den einen Tag in dieser Ur-Landschaft hätten wir auch noch ein größeres, sagen wir es freundlich »Servicedefizit« in Kauf genommen.

Staudämme und Stauseen

In Zukunft wird Sonnenenergie viel wichtiger werden; heute ist sie es noch nicht. Im Unterschied zum Wasser. Überall, wo es große oder auch nur mittlere Ströme und Flüsse gibt, trifft man auf Staudämme und Stauseen, die meist nicht nur zur Trinkwasserversorgung und für die Landwirtschaft angelegt sind, sondern zur

Industriekulisse am Strand, Madras

Stromerzeugung. Viel drastischer als beispielsweise in Mitteleuropa schwankt aber in den indischen Landschaften die Wasserführung. In vielen Flussbetten kann man in der Trockenzeit Picknick machen; die Flüsse schrumpfen zu Rinnsalen. Das bedeutet: Für die Energieproduktion sind vergleichsweise riesige Staubecken erforderlich, die aber wegen starker Erosion mehr und mehr mit der Sedimentfracht der Flüsse aufgefüllt werden und daher nur begrenzte Nutzungsdauer haben.

Wegen der dichten Besiedelung von Flusstälern müssen bei jedem neuen Stausee-Projekt die Kosten für Umsiedlung und Neuansiedlung eingerechnet werden. – Sind dann neue Staudämme noch konkurrenzfähig gegenüber Solar- oder Windkraftanlagen? Dass der normale indische Stromverbraucher von den Heimatverlusten der Umgesiedelten letztendlich nichts spürt, heißt übrigens ja nicht, dass diese die Entwurzelung verkraften und nicht zu ihrem materiellen Verlust wegen mangelnder Entschädigung auch noch einen seelischen Bruch erleiden.

Früher Einstieg in die Atomtechnik

Atomkraft friedlich genutzt

Schon in den 1960er Jahren sah jeder auf der Überfahrt vom »Gateway of India« zur Tempelinsel Elephanta den indischen Forschungsreaktor in der Bucht von Bombay. Nicht anders, als man damals bei der Anreise nach München das silberglänzende »Atomei« bei Garching sehen konnte. Beide Länder, Indien wie Deutschland, legten sich in der Folge Atomkraftwerke zu. Das entlastet bis heute hier wie dort die Importkosten für Erdöl und Erdgas, kommt aber mit den Folgekosten den Steuerzahler teuer zu stehen – um so teurer, je mehr in Kernkraft-Sicherheit im allgemeinen und in die ungelöste End-Entsorgung im besonderen noch investiert werden muss. Die derzeit bestehenden 14 indischen Atomkraftwerke werden demnächst um acht vermehrt.

Im Poker der Atommächte dabei

Im Unterschied zu Deutschland hat Indien auch Atombomben produziert, seit 1974 schon. Die Thorium-Vorkommen Indiens sind so groß, dass die indische Atomwirtschaft auch bei der eingeschränkten Kooperation anderer Atommächte ihre Spaltmaterial-Produktion vorantreiben kann. Indien wie Pakistan verweigern noch immer die Unterschrift unter den Vertrag zur Nichtverbreitung der Kernwaffen.

Dennoch machte sich Präsident George W. Bush im März 2006 nach Delhi auf, um mit Indien ins Geschäft zu kommen – auch ins Atomgeschäft. US-amerikanische Reaktoren, so die Rechnung, könnten helfen, erstens die globale Klimaveränderung durch CO_2-Emissionen zu mindern, zweitens den galoppierenden Ölpreis-Anstieg zu senken und drittens durch eine »strategische Partnerschaft« mit Indien die Position der USA im Kräftepoker der Großmächte zu stärken, vor allem gegenüber China. Auch der seit Januar 2009 amtierende US-Präsident Barack Obama wird wohl diese positive Haltung gegenüber der Atommacht Indien im Prinzip weiter vertreten, allerdings strebt er nach eigenen Worten eine weltweite Änderung der atomaren Politik an.

»Das Jahrhundert der indischen Intelligenz«

Hochtechnologie-Champions

Wenn auch (noch) nicht wirtschaftlich oder militärisch, zu einer wirklichen Großmacht steigt Indien in Forschung und Wissenschaft auf. Ex-Siemens-Chef Heinrich von Pierer sagt es gern jedem: In Indien machen jährlich dreimal so viele Ingenieure ihre Abschlussexamina wie in ganz Europa. Deutschland dagegen kann derzeit 16 000 offene Ingenieursstellen nicht besetzen. Von dem Leiter des indischen »Council of Scientific and Industrial Research«, Ragunath Mashelkar, stammt die hochgemute Formel vom »Jahrhundert indischer Intelligenz«. Gentechnik, Informatik, Nanotechnologie, Kernfusion und Raumfahrt sind Forschungsareale, die im indischen Wissenschaftsbetrieb obenan auf der Agenda stehen.

Internationale Zusammenarbeit

Da hat indische Forschungspolitik auch keine überzogenen Berührungsängste. Mit China, dem Großkonkurrenten, will Indien gemeinsame Fortschritte erzielen – indische Software im Bündnis mit chinesischer Hardware, verkürzt gesagt. Im internationalen Konsortium des Kernfusionsreaktors, der in Frankreich gebaut wird, ist Indien vertreten. Die Deutsche Forschungsgemeinschaft (DFG) hat für 2006 in Delhi die Eröffnung ihrer vierten »Forschungsbotschaft« geplant, für 2007 das »Deutsch-Indische Wissenschafts-, Forschungs- und Technologiezentrum«. Deutsche Wirtschafts-Bosse, die seit Jahren mit chinesischen Partnern ins Geschäft kommen, räumen ein, den »Riesenzukunftsmarkt Indien« zu lange nur in zweiter Linie beachtet und gepflegt zu haben. US-Amerikaner und Franzosen waren wohl schneller.

Elite des Landes, Studenten der University of Bombay

Private Hochschulen

Private Hochschulen geben der neuen Informationstechnik den Schwung. Im Süden Indiens hat IT ihre Zentren. Wie hoch dort der privat organisierte Anteil an der Ingenieurausbildung ist, zeigen die Colleges in den vier Südstaaten: in Andhra Pradesh stehen 18 staatlichen

Colleges 232 private gegenüber, in Karnataka 1 gegenüber 124, in Kerala 11 gegenüber 209, in Tamil Nadu 14 gegenüber 238. Addiert man diese Zahlen, findet man schnell heraus: Der staatliche Anteil der Ingenieursausbildung beschränkt sich auf 5 Prozent! Ähnlich sieht es übrigens bei der Ausbildung von Medizinern und Wirtschafts-Managern aus, weil die staatlichen Kassen überfordert sind und die privaten Colleges nicht einmal mit Zuschüssen fördern können. Die Studierenden haben das Nachsehen: Sie müssen sich vielerorts mit unzulänglicher Ausstattung abfinden und obendrein noch überhöhte Studiengebühren zahlen. Trotzdem sind die Studienplätze heiß begehrt, die Abschlusszeugnisse gelten als Ticket für hochbezahlte Arbeitsplätze.

Software-Schmiede Indien

Ein Stück soziale Gerechtigkeit kündigen Gesetzesinitiativen an, die Freiplätze für minderbemittelte sowie auch für hochbegabte Bewerber garantieren wollen. Die Wirtschaftsmacht Indien steigert ihr Software-Exportvolumen Jahr um Jahr. 2005 rechnete man damit, daraus bereits binnen drei Jahren die Marke von 50 Milliarden Dollar Einnahmen zu erreichen.

Do not quit India!

»Quit India!« (Macht euch fort aus Indien!) forderte Mahatma Gandhi die Briten auf. Jüngst geht der Aufruf »Let's not quit India!« um, der Appell an die junge Generation Indiens. Eine 17jährige Schülerin in Kerala schrieb im »New India Express« über Abwanderung qualifizierter Berufseinsteiger: »Wo immer du auf dieser Erde ankommst, ein Inder ist schon länger da. Ich erinnere an den Witz über Keraliten (Leute aus Kerala): Sogar wenn du auf den Mond kommst, steht da schon jemand, der unsere Sprache spricht. Richtig ist: Arbeitsplätze waren früher sehr knapp in Indien. Aber heute nicht mehr. Darum müssen wir versuchen, unserem Mutterland zu dienen.«

Tatsächlich dreht sich die Situation. Die Zahl der Rückkehrer aus dem Ausland steigt, und immer mehr gut ausgebildete Inder suchen sich einen Arbeitsplatz mit Aufstiegschancen in Indien, wo man heute auch recht gut verdienen kann.

Viele allerdings verlocken die noch höheren Bezüge in den USA oder in Kanada nach wie vor zur Auswanderung. Derart viele hochqualifizierte Inder sind in Nordamerika als Ärzte, IT-Spezialisten und in anderen akademischen Berufen tätig, dass Neuankömmlinge immer auf Landsleute treffen.

Die Kehrseite des Wirtschaftswachstums: Landflucht

Squatter Colonies

Etwa ein Viertel der städtischen Bevölkerung Indiens, heißt es, lebt in *Squatter Colonies*, Slumvierteln, meist ohne sauberes Wasser, Elektrizität, Abwassersysteme. (Quelle: New Indian Express, 27.10.05). Weil die Armut der kleinen Bauern und der Tagelöhner in der Landwirtschaft so weit verbreitet ist, nimmt die Landflucht kein Ende. Umso dringlicher wird in den Städten nach einer »National Urban Renewal Mission«, einem nationalen Plan zur Stadterneuerung verlangt. Tatsächlich sind in den Megastädten wie Delhi und Mumbai, und nicht nur dort, in den letzten Jahren Satellitenstädte und Stadterweiterungen geplant und gebaut worden, bei Delhi zum Beispiel Gurgaon nahe der neuen Autobahn nach

Jaipur im Westen. Mumbai, einst nur eine Gruppe von Fischerinseln, die im Laufe von Jahrhunderten durch Aufschüttungen zur Halbinsel wurden, erstreckt sich heute bei Thane weit ins Festland: »New Mumbai« wächst.

Lange hat man die Lethargie beklagt, mit der das Leben auf dem Lande scheinbar unberührt vom Wandel der indischen Gesellschaft in den Städten blieb. Mit dem Programm »Mission 2007« stieg Indien in die UNO-Initiative ein, »die bisher Ausgeschlossenen zu beteiligen und die bisher Unerreichbaren zu erreichen«. Schätzungsweise leben etwa zwei Drittel der 1,1-Milliarden-Bevölkerung Indiens auf dem Lande.

Dorfentwicklung als Gegenmittel

Den Bewohnern von über 500 000 indischen Dörfern soll sich der Zugang zum Internet öffnen. Dazu gehört Computer-Ausbildung dort, wo bisher nur oft notdürftig Lesen, Schreiben und Rechnen gelehrt wurde. Die Aufgabe scheint übergroß, aber sie wird angegangen. Als Koordinator zahlloser NGOs (Nichtregierungsorganisationen) und dörflicher Selbsthilfegruppen wurde die »One World South Asia Organisation« (New Delhi) von der UNO anerkannt. Diese »One World«-Organisation will 1,2 Millionen Männer und Frauen, nämlich je einen Mann und eine Frau in jedem Dorf, als Vermittler gewinnen. Sie werden darauf vorbereitet, die Dorfgemeinschaften in den Gebrauch des Internet einzuführen – und damit den Anschluss an die Moderne herzustellen. Die *International Telecommunication Union* (ITU) verpflichtete sich offiziell als Sponsor.

Leiharbeiter mit ihrem Werkzeug, Mumbai (Bombay)

INFO

Wenn Sie Chef einer indischen Firma wären ...

▶ Mit interkulturellen Unterschieden rechnen!
Erfolgreicher Führungsstil in einem fremden Land fängt damit an, dass der Chef eine konkrete Vorstellung von den Fähigkeiten und vorherrschenden Einstellungen seiner Mitarbeiter hat. Da gibt es deutliche Unterschiede zwischen der deutschen und indischen Arbeitswelt. In Deutschland wird selbständiges Arbeiten groß geschrieben. Das ist in Indien nicht die vorherrschende Regel. Zumindest erwarten indische Mitarbeiter präzisere Vorgaben, als deutsche Vorgesetzte wohl oft vermitteln. Die Beschwerde lautet dann: »Warum hat er das nicht gleich gesagt, statt zu warten, was der Kollege zustande bringt und ihm dann zu erklären, was er hätte tun sollen?«

▶ Klare Anweisungen erteilen!
Schon sprachliche Formeln wie »Sie sollten recherchieren...« oder »Sie sollten schreiben...«« lassen es an Eindeutigkeit fehlen, werden darum leicht als beiläufiger Hinweis missverstanden, obwohl sie als Anweisung gemeint sind.
Zu ähnlichen Missverständnissen kann es kommen, wenn der Chef voraussetzt, die gegebene Aufgabe sei auf dem besten Wege, weil der Mitarbeiter sich nicht mehr dazu meldet. Umgekehrt zögern indische Mitarbeiter eher, sich bei Problemen an den Chef zu wenden und erwarten, dass stattdessen dieser nachfragen wird. Unterlässt er es, fühlen sie sich leicht zu wenig beachtet oder meinen, die gestellte Aufgabe sei wohl nicht sehr wichtig.

▶ Die aktive Zusammenarbeit fördern!
Die aktive Zusammenarbeit fördert, wer den Mitarbeitern auch seine Zufriedenheit mit guten Leistungen mitteilt und ein spontanes Lob für besondere Leistungen hat, unter vier Augen mit dem Betreffenden oder auch bei einer Besprechungsrunde.
Nicht zu unterschätzen: die Zurückhaltung vieler indischer Mitarbeiter, eigene Meinungen und Argumente gegen die des Chefs zu äußern! Um zu einer offenen Kommunikation im gegenseitigen Vertrauen zu kommen, genügt es leider nicht, als Chef die gute Absicht und Bereitschaft zu verkünden. Hierarchische Einstellungen sind häufig viel tiefer verwurzelt als in der europäischen Arbeitswelt.
Darum auf einen total autoritären Führungsstil zu setzen, wäre nicht zielgerecht. Die Mitarbeiter müssen eindeutig wissen, wer das Sagen hat und die definitiven Entscheidungen trifft. Aber wenn sie noch nicht gewohnt sind, das eigene Potential an Wissen und Erfahrung einzubringen, wenn der Chef sie in die Entscheidungsfindung einbezieht – dann sollte der Chef es ihnen mit der nötigen Geduld klar machen. Zu seinem und der Firma Besten.
(nach Klinger/Paul, Business-Guide Indien, Deutscher Wirtschaftsdienst Köln 2006)

Arbeitsrecht indisch

Rentenfonds und Streikrecht

Angestellte haben in indischen Betrieben zumeist nur minimale Kündigungsfristen. Ein Monat gilt als normal, drei Monate sind Ausnahme, längere Fristen vorerst unüblich. Zumindest kleinere Firmen – mit mindestens zehn Angestellten – zahlen zugunsten ihrer Mitarbeiter in einen staatlichen Rentenfonds. Das Streikrecht wurde bereits 1926 im »Trade Unions Act« gesichert. Zu den Besonderheiten indischen Arbeitsrechts zählt auch die regional gültige Vorschrift für Arbeitgeber, dass sie für den Transport ihrer Mitarbeiter von der Wohnung zum Arbeitsplatz und zurück zu sorgen oder aufzukommen haben.

Kündigungsschutz

Arbeiter sind, seit die Republik Indien besteht, in ihren Rechten durch den »Industrial Disputes Act« geschützt. Firmenleitungen können Einschränkungen der Arbeiterrechte und Kündigungen nur durchsetzen, wenn die Regierung zustimmt. Dies ist ein oft langwieriges, selten aussichtsreiches Verfahren. Es fehlt an einer Arbeitslosenversicherung.

Kostenlose medizinische Behandlung

Dagegen steht Arbeitern wie Angestellten und insgesamt allen Staatsbürgern kostenlose medizinische Behandlung in Ambulanzen und Krankenhäusern zu, soweit es sich nicht um exklusive Privatkliniken handelt.

Der indische Elefant dreht sich rascher

Anders als die Tigerstaaten

In der Rückschau auf anderthalb Jahrzehnte Wirtschaftswachstum nennen Inder immer wieder das Jahr 1991, genauer: den 21.Juni 1991 als Schlüsseldatum, ja als wichtigstes Datum in der jüngeren Geschichte ihres Landes. Damals begann die Liberalisierung, die Öffnung Indiens für Investitionen und *Joint Ventures* mit ausländischen Firmen, der Rückbau der Staatswirtschaft und der Abbau der enorm hohen Einfuhrzölle und anderer Einfuhrbeschränkungen. Es war eine vorsichtige Öffnung, vorsichtig genug, um Indien die schweren Krisen der fernöstlichen und südostasiatischen »Tigerstaaten« in den 1990er Jahren zu ersparen. Den Impuls zu dieser Reform hatte eine Zahlungsbilanzkrise des indischen Staates gegeben – von so gravierender Art, dass die damalige Regierung Premierministers Rao die Proteste gegen die Liberalisierung und die Abwertung der Rupie um mehr als 20 Prozent in Kauf nahm.

Keine unbeschränkte Globalisierung

Zu danken ist der Erfolg der Reform von 1991 vorzugsweise einem Professor der *Delhi School of Economics,* dem Wirtschaftswissenschaftler und damaligem Finanzminister Manhoman Singh. Ein Name, der heute auch in Deutschland vielen bekannt ist – nicht allein, weil Manhoman Singh der Vater der Reform von 1991 war, sondern auch, weil er nach dem Wahlsieg der Kongress-Partei und ihrer Koalition 2004 zum Premierminister Indiens gewählt wurde. Manhoman Singhs Reform brachte den »in die Sackgasse geratenen indischen Elefanten dazu, sich rascher zu drehen«, wie es Hans Christoph Rieger, Wirtschaftsexperte der Heidelberger Universität, einmal mit einem treffenden Bild gesagt hat.

Manhoman Singhs Reform öffnete der indischen Wirtschaft und ihren Partnern Türen, aber sie lieferte die indischen Betriebe keineswegs einer unbeschränkten Globalisierung aus, mit allen riskanten Freiheiten für kapitalstarke Unternehmen der großen Industrieländer und ihre »feindlichen Übernahmen« schwächerer Konkurrenten. Der indische Elefant dreht sich schneller, aber er rotiert nicht.

Steigendes Wirtschaftswachstum

Zum vorläufigen Ergebnis der nun seit anderthalb Jahrzehnten praktizierten Reform: Das Haushaltdefizit ist unter 5 Prozent des Bruttoinlandproduktes gesunken, die Inflationsrate lag 2004 noch etwas darunter, Tendenz fallend. Das Wirtschaftswachstum erreichte dagegen fast 9 Prozent. Vereinfacht gesagt, trägt die Landwirtschaft nur noch ein Fünftel, die Industrie gut ein Viertel, der Dienstleistungssektor aber mehr als die Hälfte zum Bruttoinlandsprodukt bei. Zu verzeichnen ist ein durchschnittliches Wachstum von 8,8 Prozent, wie das politische Wochenmagazin *Outlook/New Delhi* am 27. April 2009 eine Verlautbarung der Congress-Partei zitierte.

INFO

Wie sehen Inder Deutsche, wie sehen Deutsche Inder?

Inder halten Deutsche für

- willensstark
- hart arbeitend
- verlässlich, direkt
- pünktlich (»zeit-orientiert«)

Deutsche halten Inder für

- weise
- langsam
- gefühlsbetont
- sie nehmen die Dinge leicht.

(Aussage eines deutschen Managers, der jahrzehntelang für ein deutsches Großunternehmen in Indien tätig war und sich intensiv mit indischer Kultur beschäftigt hat.)

In der Lobby der Deutschen Bank in Bombay

Im Jahr 2050 drittstärkste Wirtschaftsmacht?

Glänzende Aussichten

Wirtschaftsforscher sehen Indien um die Jahrhundertmitte nach China und den USA an dritter Stelle. Indien wird bald die größte englischsprechende Nation sein (heute sprechen etwa 5 Prozent der Inder fließend englisch, etwa 10 Prozent kommen mit Englisch zurecht). Um 2050 wird Indien wie China etwa 1,5 Milliarden Menschen zählen.

Viele amerikanische und europäische Firmen machen seit Jahren sehr gute Geschäfte in Indien. *Microsoft*, nur ein Beispiel, kündigte im Herbst 2005 eine Verdoppelung seines Indien-Engagements an, will in über 30 indischen Städten präsent sein. Aber umgekehrt sehen große indische Firmen auch beste Chancen in USA und Europa. Mehrere große Pharmafirmen gingen in den letzten Jahren in indischen Besitz über, so zu Anfang 2006 für 480 Millionen Euro der Generika-Produzent *Betapharm* (zuvor in britischem Besitz), zuvor die Firma *Heumann* (zuvor bei *Pfizer*).

Mit der größten Überraschung wartete zu Jahresbeginn 2006 jedoch der indische Stahlmagnat *Mittal* auf. Seinem Übernahme-Angebot an den Luxemburger Stahlkonzern *Arcelor* stimmte dieser nach Genehmigung durch die Aufsichtsbehörden zu. Damit war der Weg für die größte Fusion in der Geschichte der Stahlindustrie frei. *Lakshmi Mittal* – Lakhsmi ist die Göttin des Reichtums – besitzt bereits Stahlwerke in 14 Ländern und einen Anteil von gut 10 Prozent an der weltweiten Stahlproduktion. Eine andere Sensation: der Tata-Konzern bringt einen konkurrenzlos kleinen und sparsamen PKW, den *NANO,* heraus.

Hitze und Reklameflut im Zentrum von Madras, heute Chennai

Indiens Landwirtschaft – Kampf gegen die Armut

Tee-Ernte: Viele Kinder in Indien arbeiten mit

Jonglieren zwischen den Extremen

Der boomenden Wirtschaft in Indien steht die übergroße Armut vieler Menschen in den Elendsgürteln um die Millionenstädte, aber vor allem auch in den ländlichen Gebieten gegenüber. Und wie überall auf der Welt heißt Armut oft Hunger.

Hunger-regionen!

Große Erfolge im Kampf dagegen hat die indische Landwirtschaft erreicht, seit die Kolonialherrschaft mit der »Independence« endete. Zuvor erduldete die Bevölkerung Indiens nach ausbleibenden Monsunregen und Missernten immer neue Hungersnöte, in manchen Jahren mit Hunderttausenden oder Millionen Toten. Erschwert war die Situation noch durch die Teilung Indiens, da der West-Punjab zu Pakistan kam, und Indien damit eines der wenigen Überschussgebiete landwirtschaftlicher Produktion verlor. Die Weizenbarone im Mittelwesten der USA konnten aufgrund eines Staatsvertrages zwar Jahr um Jahr bis zu zehn Millionen Tonnen Weizen gegen Rupien an Indien verkaufen, der indische Staat damit die bedrohlichsten Ertragslücken schließen, Hungersnot aber noch nicht überall verhindern.

Die grüne Revolution

Die stark wachsende Bevölkerung aus eigener Produktion zu ernähren, gelang dann erst in den 1970er Jahren der »Grünen Revolution«. Neue ertragreiche Weizensorten und gesteigerte Transportkapazitäten auf Straße und Schiene machen seither rechtzeitige Hilfe in Hungerregionen möglich. Vor allem die Forschungen Norman E. Borlaughs – US-Amerikaner norwegischer Abstammung – im Auftrag

links: Brunnen, Gangestal, rechts: Hakenpflug, Gangestal, Uttar Pradesh

der Rockefeller-Stiftung erbrachten statt langhalmiger Weizensorten die weitaus ertragreicheren kurzhalmigen, die an günstigen Standorten auch mehrere Ernten im Jahr ermöglichten. Allerdings brauchte Borlaughs »Wunderweizen« mehr Kunstdünger und Bewässerung und nach wenigen Jahren auch vermehrte Pestizide. Deren Kosten waren für viele indische Bauern unbezahlbar. Indira Gandhi sah, dass technokratische Lösungen nicht ausreichten, ohne Verbesserung der Sozialstruktur, und scheute sich nicht, es auszusprechen: »Wird die grüne Revolution«, sagte sie, »nicht von einer Revolution begleitet, die auf sozialer Gerechtigkeit beruht, dann kann die grüne Revolution keineswegs grün bleiben.«

Traditionelle Exportgüter Tee und Gewürze

Landwirtschaftliche Güter haben wichtigen Anteil an den indischen Exporten. Jeder Europäer hat beispielsweise schon indischen Tee getrunken (Darjeeling, Assam), und der Pfeffer auf unseren Steaks stammt meist aus dem indischen Kerala. Indien ist noch immer ein agrarisch geprägtes Land, seine Landwirtschaft trotz großer Fortschritte vergleichsweise ineffizient. So scheint die Zeit bei vielen Kleinbauern auf dem Land stehen geblieben.

Handarbeit und wenig Wasser

Die Ochsen, die hölzerne Pflüge mit eiserner Pflugschar über die Äcker ziehen, sind im Riesenland Indien noch längst nicht überall von Traktoren abgelöst worden. Vielfach ist der Besitz am Ackerboden so klein parzelliert, dass ein Traktor nicht lohnt, solange keine genossenschaftliche Nutzung möglich ist. Wer als Kleinbauer keinen eigenen Tiefbrunnen bohren kann, muss Wasser für seine Felder vom Großbauern kaufen.

Niedrige Weltmarktpreise für Baumwolle

Vielerorts sparen Großbauern Arbeitskräfte ein, wenn sie sich einen modernen Maschinenpark zulegen. So haben sich zwar Indiens Ernteerträge stark vermehrt, aber nicht die materielle Situation der armen Bevölkerung im ländlichen Raum. Die Zahl der Arbeitslosen auf dem Land ist groß. Kleinen Baumwoll-Bauern mit eigenem Boden zahlt die Regierung für ihre Ernte Mindestpreise. Wenn diese Mindestpreise – wie 2005 geschehen – noch weiter gesenkt werden, geraten sie in eine verzweifelte Situation. Oft haben sie sich beim Kauf neu gezüchteten Saatguts und neuer Pestizide verschuldet, die ihnen angepriesen wurden. In manchen

INFO

Vorsicht auf der Straße: Getreide und Kokosnüsse!

Wundern Sie sich bei einer Autoreise durch Indien nicht, wenn mitten in der Erntezeit das frisch gemähte Getreide auf der Straße liegt. Viele Bauern benutzen die asphaltierte Straße als Tenne bzw. Dreschplatz, lassen den Verkehr über die Halme rollen, sammeln sie am Abend auf und kehren die Körner zusammen. Offensichtlich bewährt sich das Verfahren, wenn kein besserer Platz vorhanden ist.

Es versteht sich, dass nicht zu schnell gefahren werden sollte und der Fahrer auch sonst achtsam ist. Wir waren in Tamil Nadu unterwegs, ein später Monsunregen hatte die Felder kurz vor der Ernte überschwemmt, das Getreide drohte zu verfaulen, die Bauern waren im Stress, alle Hände waren mit Ernten beschäftigt. Unser Fotograf und Freund ließ den Wagen halten, um Fotos zu machen, der Fahrer hielt am Straßenrand. Bevor der Freund zurückkam, hatte ein Bauer bemerkt, dass ein Wagenrad über ein Häufchen gesammelter Körner zur Seite der Straße gerollt war. Wütend ging er mit seiner Sichel auf den Wagen zu, hieb mit dem Knauf heftig auf die Motorhaube. Wir stiegen aus, der Fahrer, nicht mehr jung, Tamil-kundig, sprach dem Mann gut zu, konnte ihn beruhigen – so kam's zu keiner Eskalation.

Scharfe Instrumente werden auch sonst am Straßenrand eingesetzt, ganz ohne Bedrohlichkeit, nur um den Reisenden zu einer Erfrischung zu verhelfen. Achten Sie auf die Stapel von grünen Kokosnüssen! Sie liegen auf dem Boden oder auf einem Tischchen. Sie brauchen den Fahrer Ihres Wagens nur halten zu lassen, nach dem Preis fragen, und schon öffnet Ihnen der Verkäufer mit gezieltem Messerhieb die Kokosnuss. Mit einem Trinkhalm (oder für Könner auch ohne) genießen Sie dann den milchig-süßlichen, kühlen Saft.

Jedem Dorf einen Computer? Khuri, Rajasthan

INFO

Biopiraterie – Wem gehört der Niembaum?

Seine guten Eigenschaften sind in Indien seit Jahrtausenden bekannt: Blätter und Holz vertreiben Insekten, auch Malaria breitet sich in seiner Nähe nicht aus. Die Rinde enthält fiebersenkende Stoffe. Kleine Zweige dienen als Zahnreiniger. Die Samen geben ein Öl, das medizinisch nutzbar ist und auch in der Seifenproduktion verwendet wird. Aus dem Holz werden Schränke und Kästen gemacht. Auch da ist die Insekten abwehrende Eigenschaft willkommen. In der Pharmazie werden mögliche *Neem*-Wirkungen bei Aids- und Lepratherapien erforscht. Niembäume (Azadirachta indica) wachsen vor allem in den Wäldern des Dekkan und Karnatakas, auch in Myanmar und Sri Lanka, neuerdings auch in Südafrika.

Auf diesen Baum erwarben die US-Regierung und die amerikanische »W.R. Grace-Stiftung« ein Patent. Das geschah unter Berufung auf das Abkommen der Welthandelsorganisation (WTO) über »Handelsbezogene Aspekte der Rechte des Geistigen Eigentums« (TRIPS). Dr. Vandava Shiva, bereits 1993 mit dem Alternativen Nobelpreis ausgezeichnet, für die Aktivitität ihrer »Research Foundation für Science, Technology and Ecology«, focht dieses Niembaum-Patent an

und sammelte für eine Petition die Unterschriften von 100000 indischen Bürgern. Es dauerte ein Jahrzehnt, bis sie vor Gericht Recht bekam.
»Der Niembaum-Sieg«, sagt Dr. Vandava Shiva, »verdeutlicht einige der unschönsten Seiten der gegenwärtigen Globalisierungsregeln.« Darf es sein, dass nach dem WTO-Abkommen auch Pflanzen, Saatgut, Lebensformen und traditionelles Wissen patentiert werden, als ebenbürtig eigenständige Erfindungen?
Tatsächlich wird auf diese Weise Biopiraterie als rechtmäßig anerkannt: Unternehmen erwerben Monopole auf Pflanzensorten, die von indischen Bauern seit Jahrtausenden genutzt werden. Eben darauf zielte die Firma *RiceTec,* als sie sich das Patent 5663484 auf Basmati-Zuchtlinien und -Körner erteilen ließ. Da das ausführlich beschreibende Patent auch Gene von Sorten indischer Bauern aufzählt, wären diese fortan verpflichtet, Gebühren an *RiceTec* zu zahlen. Was für ein Widersinn!
Dr. Vandava Shiva zählt auf: Indien ist der größte Erzeuger und Exporteur des Basmati-Reis, der auf über 10 Prozent der indischen Reisfelder angebaut wird, in 27 unterscheidbaren Varietäten. Die Nachfrage wurde in den 1990er Jahren immer größer. Jährlich werden bis zu 500000 Tonnen exportiert, und sie erzielen die höchsten Preise aller Reissorten. Basmati-Reis wird in Indien seit Jahrhunderten geschätzt. *RiceTec* entwickelte eine Varietät mit den gleichen Eigenschaften wie Indiens Basmati-Varietäten. Tatsächlich gelang es, in einer vierjährigen Argumentation und Kampagne, die meisten Ansprüche von *RiceTec* zurückzuweisen.
Damit nicht genug: Nach gleichem Muster versuchte die US-Firma *Monsanto* auch für Weizen Patente durchzusetzen, und zwar auf Abkömmlinge einer indischen Weizensorte, wiederum mit Eigenschaften, die denen der indischen Sorten für indische Backwaren wie Chapati und Roti gleichen. Gemeinsam mit »Greenpeace« gelang es am Ende, das Monsanto-Patent beim Europäischen Patentamt zu verhindern.

Zeitungen sieht man Bilder der Witwen und ihrer Kinder, deren Gatten und Väter nicht mehr weiter wussten und den Freitod wählten. Die »National Commission of Farmers« (NCF) hat die offiziellen Daten: Allein in Südindien endeten so binnen weniger Jahre Zehntausende von Farmern! NCF weist die Schuld der USA-Regierung zu, die den amerikanischen 25000 Baumwollfarmern fast vier Milliarden Dollar zahlt und damit die Weltmarktpreise in den Keller bringt.

Staatliche Hilfen

Für die Entwicklung der bäuerlichen Wirtschaft kündigte Palaniappan Chidambaram, Finanzminister der 2005 gebildeten »Kongress«-Regierung unter Manhoman Singh, eine Erhöhung der Entwicklungsaufgaben um 30 Prozent an. Vor gut zwei Jahrzehnten, hatte sich eine andere Regierung im Fünf-Jahresplan 1985 bis 1990 das Ziel gesetzt, den Anteil der Bevölkerung unter der Armutsgrenze von 37 Prozent auf 26 Prozent zu senken. Bei allem Vorbehalt gegenüber Statistiken,

INFO

Ein Guru gegen die Globalisierung

Wer folgt heute noch Gandhis Aufruf zur materiellen Bescheidung und zur Selbsthilfe, sieht in Gandhis Spinnrad das Symbol von Unabhängigkeit und einfachem Leben? Die übergroße Mehrheit Not leidender Inder erhofft sich eher die Beteiligung am Wohlstandsboom der besser verdienenden 200–300 Millionen. Doch gibt es Ausnahme-Persönlichkeiten mit eigener Zukunftsvision, zum Beispiel den fast 90jährigen Guru Nanaji Deshmuk in New Delhi.
Mit sonor energischer Stimme beklagt er im Verwaltungsbau seines Hilfswerks den Verfall der Hindu-Werte. Dank zahlreicher betuchter Förderer konnte er ein Projekt im ländlichen Bezirk Chitrakot im Bundesstaat Madhya Pradesh in Zentralindien anschieben: Dort sollen in 200 Dörfern junge Akademikerpaare den Bauern Vorbild sein, genügsam, fleißig und fromm den Hindu-Idealen leben.
Ob das Modell des Gurus der Globalisierung standhalten wird? Chitrakot in malerischer Flusslandschaft passt jedenfalls in das Konzept des Gurus, als ein seit je geheiligtes Pilgerzentrum. Kein geringerer als Prinz Rama – eine Inkarnation Vishnus – fand hier, erzählt das Epos »Ramayana«, nach seinem erzwungenen Thronverzicht den rechten Weg, Recht und Ordnung im Lande wiederherzustellen.

zumal über Armut: 2005 schätzten Entwicklungsexperten den Anteil der Armen auf 35 bis 40 Prozent. Es hat sich kaum etwas geändert.

Private Initiativen

Wenn es die Regierungen allein nicht schaffen, sind private Initiativen umso mehr gefordert. Etliche sind dabei, Indiens Bauern mit Computern die Welt außerhalb ihrer Dörfer zu öffnen. Kein einfaches Unterfangen, wenn man in einem Land mit rund 500 000 Dörfern in jedes auch nur einen Computer bringt – zu Menschen, die vielleicht weder lesen können, noch ein Fernsehgerät kennen.

Jedem Dorf einen Computer!

Doch die technischen Barrieren werden überwunden, zum Beispiel mit Strom aus Solarzellen, wenn kein elektrischer Anschluss da ist. Firmen wie *ITC Mumbai,* ansonsten vor allem mit Zigaretten und Hotels befasst, spendieren nicht nur den Computer und eine Satellitenschüssel, sondern sorgen auch für Schulung. Nicht aus lauter Menschenfreundlichkeit, sondern weil sie Geschäfte mit den Dorfleuten machen wollen. Gescheite Empfänger der Spende lernen dann bald, wie man die aktuellen Marktpreise für ihre ländlichen Produkte herausfindet, ob Reis oder Senfkörner, und können diese Preise dann auch beim Zwischenhändler durchsetzen. Oder sie können ärztlichen Rat einholen, statt mit dem Bus zum Doktor in die nächste Stadt zu fahren.

Barrieren in den Köpfen

Die Schwierigkeiten des Programms »Jedem Dorf einen Computer« liegen wohl eher dort, wo die traditionelle patriarchalische Dorfmentalität noch vorherrscht. Die will es zum Beispiel den heranwachsenden Töchtern nicht erlauben, verschleiert aus dem Haus zu einem Computerkurs zu gehen, werden sie doch demnächst mit dem Mann der elterlichen Wahl verheiratet.

Es ist schon paradox: Indien ist nicht nur das Land, das mit seinem Software-Verstand von besten internationalen Großunternehmen Programmierungsaufträge einsammelt. Es ist auch das Land der Frauen in den Dörfern, die in den letzten Jahren von Banken Kleinkredite erhielten, einen Laden oder eine Schneiderei aufmachten und ihre Kreditschulden pünktlich tilgten. Es sind diese Frauen, die genau das verwirklichen, was so viele indische Dörfer so dringlich brauchen: Sie schaffen Arbeits- und Einkommensmöglichkeiten – nicht nur draußen auf dem kleinen Feld, das keinen Weg aus der Armut eröffnet. Ein Computer kann dabei ganz gewiss hilfreich sein.

INFO

Start in ein besseres Leben – Hilfsorganisationen

Eines ist sicher: Weite Teile der indischen Bevölkerung betrifft der wirtschaftliche Aufschwung des Landes nicht. Elend und äußerste Armut sind vielerorts anzutreffen. Jedem Indienreisenden werden sie begegnen. Die Schere zwischen gut verdienenden Mittelschichten und einer sehr benachteiligten Gruppe am Ende der sozialen Leiter öffnet sich immer mehr, und zwar so, dass es nicht möglich ist, auf die allmähliche Angleichung zu warten. Es dauert einfach zu lange, bis sich der allgemeine Lebensstandard in ganz Indien hebt

Schulkinder in Jabhua, Madya Pradesh

und so auch die Benachteiligten spürbar etwas vom »großen Kuchen« abbekommen, wenn nicht Starthilfen und Überbrückungen angeboten werden.
Es gibt sehr viele Organisationen, auch in Deutschland, die sich das zum Ziel setzen. Für den, der sich nicht auskennt, ist es schwer, einen Überblick zu gewinnen. Manche der ganz Großen sind zwar jedem bekannt (Caritas, Brot für die Welt). Doch oft haben es Spendenwillige manchmal lieber, wenn sie sozusagen »individuelle Hilfe« direkt leisten, sich im Rahmen überschaubarer Projekte engagieren können und so eher die Gewissheit haben, dass die Hilfe auch wirklich bei den Betroffenen selber ankommt. Wir nennen hier – pars pro toto – einige uns bekannte Organisationen, die schon länger erfolgreich arbeiten. Wer helfen will, kann sich dort Informationen über Projekte, Zielsetzungen und Ergebnisse besorgen und sich dann selbst ein Bild machen.

Aktionsgemeinschaft Partner Indiens – API, München
Diese Organisation kümmert sich mitten in Zentralindien, im Bundesstaat Madya Pradesh, in einer der ärmsten Gegenden um die Bevölkerung, die zum allergrößten Teil aus Ureinwohnern vom Stamme der Bhil besteht. Dabei steht die Sorge um die Kinder und die Hilfe zur Selbsthilfe im Vordergrund. Das bedeutet Unterstützung (wegen oft fehlender staatlicher Bildungsangebote) für Vorschule, Stipendien für Sekundarschüler, Patenschaften, ein Zentrum für Schulbildung (mit Internat), Gesundheit (medizinische Versorgung für etwa 15000 Menschen in Dörfern der Umgebung), Sorge für Schwangere und Säuglinge, Hygiene-Anleitung, Trainingsprogramme für ökologischen Landbau, Wasserversorgung. Die Organisation investiert jeden gespendeten Euro in die Projekte; Privatpersonen tragen die Verwaltungskosten.
info@indienhilfe.com
www.indienhilfe.com

Andheri-Hilfe Bonn e. V., Bonn
Über 200 Projekte und Programme in Indien und Bangladesh fördert diese Hilfsorganisation; sehr oft im Rahmen einer Projektpartnerschaft. Die erklärten Ziele sind »Hilfe zur Selbsthilfe«, und, im Kampf gegen Kinderarbeit, Ausbildungszentren und Förderung von benachteiligten Kindern und Frauen.
Andheri.bonn@andheri.org
www.andheri-hilfe.de

Delhi House e. V.
Initiative zur Hilfe für Waisen- und Straßenkinder in Delhi. Sie wurde von einigen Helfern aus Holland, Neuseeland und Deutschland gegründet und bietet heimatlosen Jungen Essen, Obdach und Bildungsmöglichkeiten.
info@delhihouse.de
www.delhihouse.de

Freundeskreis Indien BRD
Die Organisation arbeitet im Bundesstaat Tamil Nadu mit »Shantimalai Research and Development Trust« zusammen. Ziele sind: allgemeine Dorfentwicklung, Aufbau medizinischer

Versorgung. Es entstand eine ambulante Klinik für 50 Dörfer mit Röntgenabteilung, Labor und Ambulanzfahrzeugen. Eine »English Medium« Schule von der Vorschule bis zum Abitur, die jetzt rund 1000 Schüler versorgt, wurde aufgebaut. Heilkräuteranbau, Arzneimittelproduktion werden gefördert, eine Milchfarm wurde eingerichtet.
freundeskreis.indien@web.de
www.freundeskreisindien.de

Indienhilfe e.V., Herrsching
Mit regelmäßigen Berichten über ihre Arbeit informiert die erfolgreiche Hilfsorganisation. Sie unterstützt v. a. Projekte in Westbengal, darunter Slum-Kinder und Frauen in Kolkata. Andere Schwerpunkte liegen in der Unterstützung von Adivasi (Ureinwohnern) im Bundesstaat Orissa. Auch die Vermittlung von Schul- und Ortspartnerschaften steht auf dem Programm. Es wird ständiger Kontakt zu Partnerorganisationen gehalten, die vor Ort tätig sind.
e-mail@indienhilfe-herrsching.de
www.indienhilfe-herrsching.de

Kindernothilfe, Duisburg
Die Kindernothilfe ist dem Diakonischen Werk der Evangelischen Kirche in Deutschland angeschlossen. Sie wirbt um Patenschaften für die Rehabilitation von HIV- betroffenen Kindern und ihren Familien in der indischen Großstadt Bangalore (High-Tech-Zentrum). Die Hilfe umfasst die Finanzierung von Medikamenten, Schulbildung und Selbsthilfegruppen, gegen Benachteiligung und Ausgrenzung, für medizinische Versorgung. Die Hilfe ist deshalb so nötig, weil besonders Kinder unter den schlechten Verhältnissen leiden und sich nicht selbst helfen können.
info@kindernothilfe.de
www.kindernothilfe.de

NITYA SEVA, Kinder-, Lepra- und Adivasihilfe e. V.
In Aarskirvad/Bhopal ist ein Hilfezentrum für obdachlose Kinder entstanden mit zwei Kinderheimen. Hilfe durch Essen, Kleidung, Ausbildung, medizinische Betreuung. Anlaufstelle für obdachlose Kinder am Bahnhof von Bhopal (Bhopal Day Care Center).
NITYA.SEVA@t-online.de
www.nityaseva.privat.t-online.de

Plan International Deutschland e.V.
Seit langem bewährt, in vielen Ländern tätig, vermittelt Patenschaften mit gutem Kontakt zum Spender. Tel. 040/611400, Fax 61140 140, www.plan-deutschland.de

Samhathi-Hilfe für Indien e.V.
Mit ihren Projekten, die sich um Gesundheit und Bildung von Kindern und Jugendlichen kümmern, arbeitet die kleine Organisation (vier ehrenamtliche Mitarbeiter) vor allem im Bundesstaat Kerala.
info@samhathi.de; www.samhathi.de
Die Samhathi-Hilfe gehört zu:
NRO – deutsche Nichtregierungsorganisationen in der Entwicklungszusammenarbeit, die auch andere Hilfsorganisationen umfasst, zum Beispiel auch das Forum Kinderarbeit:
www.forum-kinderarbeit.de

Reisen in Indien

Chaos und Hupkonzerte

Großstadtchaos

Nehmen wir an, Sie sind gerade auf dem Flughafen angekommen – einem der internationalen, etwa Delhi, Mumbai (Bombay). Sie haben die Einreiseformalitäten hinter sich, ein Taxi genommen, sich in die leicht abgenutzten Polster des Wagens zurückgelehnt. Keine Angst vor beißenden Insekten! Der herbe Geruch von Spraymitteln zeigt, dass dagegen im Wageninnern vorgebeugt wurde. Erstmals erleben Sie indischen Großstadtverkehr: Der ist rund um die Uhr und fast zu allen Zeiten lebhaft und für europäische Maßstäbe chaotisch. Ständig laut hupend ordnet sich der Fahrer in das Gewühl auf der Hauptstraße ein.

Threewheeler

Einen Augenblick haben Sie gedacht, aussichtslos – derart dicht an dicht bewegen sich neue oder klapprige alte Lieferwagen, PKW und noch eine andere Art von Motorfahrzeug, nämlich solche mit drei kleinen Rädern, aber ohne Türen. Man nennt sie Motorriksha oder »Threewheeler« und sie bewältigen einen Großteil des Personen-Individualverkehrs. Dann noch Motorräder, besonders aber Lastwagen, Busse (rostige und neue), zwischendurch zuweilen jemand, der sein mit Kartons hoch beladenes Fahrrad mitten auf der Fahrbahn schiebt. Doch überall dazwischen findet Ihr Taxi seine Lücke, hupend, hupend, anruckend mit Vollgas, bremsend auf der Stelle.

Fußgänger und…

Gibt es denn überhaupt Verkehrsregeln? Doch, schon. Aber, wie die meisten Regeln hier, sind sie anders als in Europa aus der Praxis für die Praxis entstanden und nicht alle als Vorschrift abgefasst worden. Erstens: Busse und Lastwagen sind stärker und sehr zahlreich, haben daher mehr Macht, ihren Weg durchzusetzen, überholen links oder rechts, scheuchen *Threewheeler* mit Dauerhupton einfach beiseite. Zweite Regel: Wenn möglich – leider nicht immer – werden Fußgänger auf den Fahrbahnen verschont. Wer nicht bremst, umfährt sie knapp mit einem flinken Schlenker seines Fahrzeugs und setzt die Fahrt dann unbekümmert fort. Auch Kindern, die sich auf Begrenzungssteinen niedergelassen haben und ausgelassen die Beine in die Fahrbahn baumeln lassen, werden verschont – laut hupend versteht sich.

…Kühe auf der Fahrbahn

Man hat den Eindruck: Alle hupen überall und immer. Das ist in gewisser Weise durchaus nützlich. Denn auch in großen Städten gibt es nicht an allen Straßen Gehsteige (in mittleren und kleinen Städten schon gar nicht). Wo es sie gibt, sind sie häufig zugebaut mit Reihen von Marktständen, Imbissbuden etc. Fußgänger und Kühe (sehr heilig!) nutzen also oft die Fahrbahn. Drittens: Geringere Verkehrsdichte ist gefährlicher als starke, bei der alle Verkehrsteilnehmer unablässig beachten müssen, wie sie Stück für Stück vorwärts kommen. Aber wehe, wenn es scheinbar Platz gibt für Wagemutige, die Kräfte zu messen. Das ist allerdings meist nur außerhalb der Städte der Fall.

Wie kommt es, dass der Verkehr in indischen Städten so wild ist? Lange Zeit hat es keine ausreichende Stadtplanung gegeben. Breite und Verlauf der Straßen stammen vielerorts noch aus der Zeit vor dem motorisierten Verkehr. Es gibt immer mehr Läden, Hinterhof-Fabriken und Wohnungen in dicht bebauten

Flotte Touristinnen, Colva Beach, Goa

Verkehrsgetümmel, New Delhi

Stadtvierteln. Lastwagen bedienen den Waren-Fernverkehr bis in die engen Zentren hinein, oft noch durch diese hindurch, obwohl in den letzten zwölf Jahren die Zahl der *bypass roads*, der Umgehungsstraßen, zugenommen hat. Diese Umgehungsstraßen werden oftmals auch von langsamen Verkehrsteilnehmern

INFO

Schönwettergefährt: Threewheeler

Soll man es wagen einzusteigen in diese Kapsel auf drei Rädern? Übertrieben gesagt: Seifenkistentechnik mit angestrebter Weltraumgeschwindigkeit. Dringend: Auch hier unbedingt den Preis vor dem Einsteigen aushandeln!

Entweder Sie machen sich kundig, wie viel eine bestimmte Strecke ungefähr kostet (Freunde oder Hotelangestellte fragen). Oder Sie bestehen darauf, dass der *meter* angeschaltet wird und dass Sie ohne Zwischenhalt an Touristenläden zu Ihrem Ziel gebracht werden. Wenn viele *Threewheeler* auf Kunden warten, haben Sie beim Handeln gute Chancen; wenn nicht – oh weh – ein Test, ob Sie Autorität ausstrahlen!

INFO

Extra fein mit weißen Handschuhen: Hello Taxi!

An den internationalen Flughäfen, zum Beispiel in New Delhi, Mumbai (Bombay), Kolkata gibt es einen Schalter für *pre-paid taxis*. Man nennt sein Ziel in der Stadt (Hotel, Firma) und bezahlt die Fahrt dorthin, bekommt eine Quittung mit der Nummer des Taxis, geht zum Taxistand, wo ein Mann das Taxi aufruft. Ohne Feilschen, ohne Zusatzkosten und ungewollten Aufenthalt werden Sie in die Stadt gefahren.
Luxushotels haben oft Taxi-Service: Verlässliche und besonders gepflegte Taxen stehen auf Abruf des Türhüters *(doorman)* zur Verfügung. Extra feine Fahrer tragen weiße Handschuhe.
Ein Tipp, wenn Sie ein »gewöhnliches«Taxi suchen: Von Sikhs (zu erkennen am exakt gebundenem Turban und Bart) gefahrene Wagen sind meist besonders sauber und gut gehalten. Aber noch wichtiger ist auch hier: Fahrtziel nennen und den Fahrpreis unbedingt vor Antritt der Fahrt ausmachen! Sind Sie ortskundig, eventuell die Fahrstrecke mit dem Fahrer absprechen. Will er nach Taximeter abrechnen, überzeugen Sie sich, dass dieses »auf Anfang« gestellt ist, damit Sie nicht die Fahrt des Vorgänger-Passagiers mitbezahlen.

---

wie Radfahrern, Traktoren, Ochsenkarren etc. mitbenutzt. Busse übernehmen den Personenverkehr in den Städten als fast einziges Massenverkehrsmittel. Denn die Mega-Städte mit zweistelliger Millionen-Bevölkerungszahl versuchen gerade erst in neuerer Zeit, ein wirksames U-Bahnnetz aufzubauen. New Delhi, auch Kolkata gehen hierin mit gutem Beispiel voran.

Mieten Sie sich einen Fahrer!

Überhaupt sind die Verkehrsverhältnisse in New Delhi anders und besser als in den meisten Städten. Es gibt viele breite Straßen (New Delhi entstand erst Anfang des 20. Jahrhunderts, auf dem Reißbrett geplant), Einbahnstraßenregelungen, Verkehrspolizei und Verkehrsampeln. Man zwingt Busse und Threewheeler, mit abgasarmen Motoren zu fahren. In Old Delhi dagegen ist es so eng und mühsam wie in den meisten anderen Städten auch. Wem der Verkehr in Delhi schon zu viel ist, der überlässt das Lenkrad außerhalb der Hauptstadt erst recht gelernten indischen Fahrern. Europäische oder amerikanische Touristen am Steuer sind eine Seltenheit.

Rikshas

In Old Delhi, hinter dem Roten Fort, ist Verkehrsgedränge typisch indischer Art zu erleben. Hier finden sich auch Fahrradrikshas, die in New Delhi verboten sind – und die man sonst in allen Städten antrifft. Von Menschen gezogene Rikshas allerdings gibt es nur mehr in Kolkata, wo man gerade bestrebt ist, sie abzuschaffen. Die Rikshamänner protestieren heftig dagegen – die Riksha ist ihre einzige Verdienstmöglichkeit.

INFO

Auf Hautnähe im Stadtbus

Gedränge bedeutet beim Linienbus in der Stadt: Er ist mäßig besetzt. Voll ist er, wenn bis zu dreißig Passagiere – junge Männer zumeist – an den Einstiegstüren hängen. Sie sind ein eiliger Geschäftsmann auf der ersten beruflichen Indienreise? Sie nehmen natürlich ein Taxi! Sie sind eine europäische Lady ohne Begleitung, neu in der Stadt? Auch Sie verzichten besser auf die Großstadterfahrung Bus (gilt nicht für den Überlandverkehr). Denn es gibt eventuell Männer, denen Gelegenheit zu körperlicher Berührung im Gedränge sehr willkommen ist. Wenn es trotz alledem der Bus sein soll: Intensiv nach der richtigen Linie erkundigen! (Das Ziel ist oft nicht in lateinischen Buchstaben angegeben.) Im Bus nahe beim Fahrer stehen, damit man die erfragte Haltestelle nicht versäumt. Die Fahrpreise sind für unsere Maßstäbe sehr gering. Sehr oft sind Mitreisende freundlich und hilfsbereit – eigentlich ist es ein lohnendes Indien-Erlebnis, mit dem Stadtbus zu fahren.

Kamele auf dem Highway

Todesmut und Fahrgeschick

Wenn Sie mit einem Mietwagen auf der Landstraße unterwegs sind, werden Sie sehen: Spielraum zum Überholen wird oft bis zum Äußersten ausgereizt. Defensives Fahren gilt als ein Zeichen der Schwäche. Immer noch gibt es Landstraßen, die nur eine asphaltierte Spur für beide Richtungen haben. Auf ihnen rasen Busse und Lastwagen, immer wieder auch PKW in dramatischer Konfrontation aufeinander los. Indische Freunde äußerten ernsthaft die Vermutung, dass der Glaube an die Wiedergeburt viele Autofahrer so todesmutig macht.

Verkehrshindernisse

Ausländische Gäste gewöhnen sich meist schneller, als sie anfangs befürchteten, an die dunklen Seiten des indischen Straßenverkehrs. Warum? Wer sich einen Leihwagen nimmt, bekommt den Fahrer für ein paar Rupien allermeistens mitgeliefert. Und die indischen professionellen Wagenlenker sind unschlagbar geschickt, überaus umsichtig und verantwortungsbewusst. Planen Sie trotzdem bei der Berechnung Ihrer Wegstrecke Zeit ein. Man kommt bisweilen nur schrittweise vorwärts. Und es ist mit den noch immer vielerorts vorhandenen Ochsen- bzw. im Nordwesten Indiens Kamelkarren zu rechnen.

Nationale Autobahnen

Der Straßenbau nahm in den letzten zwölf Jahren lebhaften Aufschwung, die Zahl der Motorfahrzeuge allerdings auch. Die Regierung treibt ein Langzeit-Projekt voran, dass die Metropolen mit vier- bis sechsspurigen *National Highways* verbinden soll. Rund 7500 Autobahn-Kilometer sind geplant. Zunächst ist die Strecke zwischen Delhi und Jaipur gebaut worden. Die neue Straßentrasse entspricht fast einer Autobahn westlicher Art, ist allerdings nicht überall kreuzungsfrei. Auch die Verbindung Mumbai-Pune ist zu einem Highway geworden, eine ungeheure Verbesserung gegenüber den ausgehenden 1980er Jahren, als die steilen Abschnitte an der Gebirgsstufe des Dekkan-Hochlandes hochgefährliche Verkehrssituationen am laufenden Band verursachten. Das Fernstraßenprojekt wird noch viele Jahre bis zu seiner Fertigstellung brauchen. Solange werden die ohnehin schon stark belasteten Nationalstraßen nun zusätzlich durch Baustellen beeinträchtigt.

Steil und kurvenreich

Also bleibt Vorsicht geboten. Selbst viel befahrene, wichtige Verbindungsstraßen haben nicht immer Mittelstreifen, Seitenmarkierungen und schon gar nicht Leitplanken. Auch die Straßen, die sich in engen Serpentinen die West-Ghats hinaufbewegen, sind schmal und bieten bestenfalls fußhohe Mäuerchen als Begrenzung. Der indische Straßenbau setzt noch häufig auf Handarbeit: Sogar der Schotter wird oft von Arbeitern produziert, die mit Hämmerchen dicke Granitsteine zerschlagen. Gebirgsstraßen im Himalaya sind besonders abenteuerlich.

Ungewöhnliche Verkehrsteilnehmer, Bikaner, Rajasthan

INFO

Überlebenstipps für Fernbusfahrten

▶ **Preiswert reisen!** Das Überland-Busnetz ist dicht und bedient auch abgelegene Regionen. Verglichen mit europäischen Preisen sind selbst lange Fahrten nicht aufwändig. Nahe am *Bus-Stop* einer Stadt gibt es Reiseagenturen für private Linien, die oft bequemere Busse betreiben, und Verkaufsschalter für die staatlichen Busse, von denen manche alt und klapprig sind. Je nach Bundesstaat ist das Angebot unterschiedlich.

▶ **Platz reservieren!** Für längere Reisen reserviert man Plätze, das geht meist am Tag vorher. Bemühen Sie sich um Plätze im Bereich zwischen Vorder- und Hinterachse, ganz hinten ist das Schütteln über Stunden kaum auszuhalten. Die Busse haben ihr Ziel meist nur in der lokalen Schrift auf den Schildern, Sie müssen sich durchfragen, oft mit vielen Versuchen.

▶ **Oropax mitnehmen!** Denn in den bequemeren Bussen schallt überlaute indische Pop-Musik tags und nachts.

▶ **Versorgen Sie sich mit Wasser!** Nur in original versiegelten Flaschen. Unterwegs bekommen Sie es nicht überall.

Auf Tuchfühlung mit Indern, Busstation, Panaji, Goa

▶ **Ziehen Sie sich praktisch an!** So, dass Sie beim Toiletten-Stopp im Freien auf dem Feld, hinterm Busch, schnell und diskret zurecht kommen. (Für Ladies sind zum Beispiel enge Jeans nicht praktisch).

▶ **Behalten Sie gut Ihre Wertsachen im Auge!** Ihre Kamera etwa, und achten Sie bei Stopps auf Ihr Gepäck, wenn es auf dem Dach untergebracht ist. Ansonsten keine Angst und gute Fahrt!

Subkontinent der Schienen

14 000 Züge täglich

Für lange Strecken in Indien ist die Eisenbahn ein empfehlenswertes Verkehrsmittel. Sie ist meist bequemer als der Bus und sie ist, verglichen mit westlichen Preisen, nicht teuer. In ihren 14 000 Zügen, die täglich fahren, trifft man immer auf Reisegefährten, mit denen man sich gut und ungezwungen unterhalten kann. Die Auswahl ist gigantisch: Immerhin reisen jeden Tag 14 Millionen Passagiere mit der indischen Bahn. Schon Ghandi fuhr als junger Anwalt kreuz und quer auf Schienen durch Indien, um Land und Leute kennen zu lernen. Man sollte es ihm nachtun, um – im wörtlichen Sinn – viel über das Land zu erfahren.

Gigantisches Schienennetz

Indiens Schienennetz ist umfangreich. Es ist mit seinen 63 140 Kilometern eines der größten nationalen Bahnnetze der Erde. Seit über 150 Jahren ist es gewachsen; die erste Strecke für den Personenverkehr wurde 1853 eröffnet. Die britischen Kolonialherren hatten wirtschaftliches Interesse daran, Rohstoffe aus dem Landesinneren zu den Häfen zu transportieren, Importwaren, Arbeitskräfte und Militärmacht zu befördern, auch die Bahn zur eigenen Bequemlichkeit zu nutzen. Man denke nur daran, dass (vor 1913) die gesamte Kolonialregierung jedes Jahr zu Beginn der heißen Zeit viele Hunderte von Kilometern von Kalkutta in die milderen Gebirgsgegenden (*hill-stations*) umzog, mit Frau und Kind und Aktenschränken, Dienern, Schreibern und Haushaltgegenständen. (s.S. 31) Das hatte vor dem Bau der Eisenbahnen (die bis zum Fuß der Gebirge fuhren) oft viele Wochen gedauert, hin und zurück, jedes Jahr. Seit 1903 und noch heute dampft der *toy train*, eine Schmalspurbahn mit 76 cm Spurweite, durch 103 Tunnel und über 800 Viadukte und 1400 m Höhendifferenz nach Shimla hinauf, zum ehemaligen Sommersitz der britischen Kolonialregierung – eine Glanzleistung der Ingenieure.

Allgemeine Reiselust

Im ersten Jahr der Unabhängigkeit Indiens, 1947, ging das komplette Netz in den Besitz des indischen Staates über. Schon zu britischen Zeiten waren die Inder zu begeisterten Benutzern der Eisenbahn geworden, wenn immer sie es sich leisten konnten. Die schlichteste Klasse war anfänglich äußerst einfach ausgestattet, mit nur wenigen hölzernen Sitzgelegenheiten, ohne Türen und Fenster und sanitäre

Pendlerzug

Salaam Bombay

INFO

Gewusst wie: Zugfahren in Indien

► **Dreiteiliges Schienen-System:** Es gibt Breitspur *(broad gauge),* Meterspur und vereinzelt Schmalspur *(narrow gauge),* wodurch Umsteigen an manchen Knotenpunkten erforderlich ist. Auf den Hauptstrecken hat der Staat für Vereinheitlichung gesorgt.

► **Die wichtigsten Zugarten:** Außer den einfachen lokalen und regionalen Zügen laufen die nach westlichen Maßstäben langsamen, aber klimatisierten *high speed trains,* für Tagesentfernungen »Shatabdi- Express« mit bequemen Pullman-Chairs und bis 130 km/h schnell, für Fernverbindungen »Rajdhani-Express« genannt. Für die Fernverbindungen werden *sleeper* (Schlafwagen), *two-tier* oder *three-tier* (komfortable Liegewagen) angeboten. Oft sind sogar Mahlzeiten, die im Abteil serviert werden, im Preis inbegriffen, wenn nicht, kann man sie zu kleinem Preis bestellen.

► **Zugklassen:** Sie ergeben sich aus den eben genannten Angeboten. Die sehr teure *first class* (1A) bietet *air-con* (klimatisiert) und ein klappbares Bett, die entscheidend billigeren und guten Alternativen sind *two tier* (2A) und *three tier* (3A) *air-con.* Die nicht klimatisierte *2nd class* ist oft überfüllt und unbequem.

► **Fahrplan:** Sehr empfehlenswert ist der gründliche Übersichtsplan für alle wichtigen Verbindungen *Trains at a Glance,* er ist auf größeren Bahnhöfen und in vielen Buchhandlungen billig zu erwerben. Wichtig, denn beim Fahrkartenkauf sollte man schon wissen, welchen Zug man nehmen will.

Einrichtungen. Aber die Inder reisten (und reisen) gerne: zu Fuß, mit dem Ochsenkarren oder eben auch mit der Eisenbahn, zu Familienbesuchen, auf Pilgerfahrten. Schon darum ist das Eisenbahnnetz seit 1947 ergänzt und, was die Bequemlichkeit anbelangt, auch verbessert worden. Aber Bahnfahren ist in Indien ganz anders als in Europa.

Fahrkarten ergattern!

Für Europäer beginnt das Abenteuer beim Ticket-Kauf. Wegen der großen Nachfrage ist es notwendig, eine Fahrkarte einige Tage (bis Wochen) im Voraus zu buchen. Das kann man durch eine Reiseagentur, wie manche Hotels sie anbieten, erledigen lassen. Wir empfehlen aus Erfahrung, die Angaben auf den Tickets genauestens zu prüfen. Es kommen Betrügereien vor. Und Sie wollen ja kein blaues Wunder erleben. Sich selber die *tickets* zu besorgen, heißt Schlange zu stehen an den Bahnhofsschaltern und ein Formular (reservation form) auszufüllen, in das man Name, Ziel und Startstation, gewünschte Klasse, Nummer und Name des Zuges einträgt. Das kann ewig lange dauern!

Größere Bahnhöfe haben manchmal eine *Foreign Tourist Counter* oder ein Büro für ausländische Reisende. Das hängt mit den so genannten Quoten zusammen, die es an manchen Bahnhöfen für eigentlich bereits ausgebuchte Züge gibt. Diese Fahrkarten werden erst kurz vor der Abfahrt freigegeben. Es soll auch Quoten für ausländische Touristen geben. Wartelisten mit guten Chancen auf Beförderung gibt es ebenfalls.

Gedränge ertragen!

Auf dem Bahnsteig an einem Pfeiler hängt meist eine lange Namensliste der Passagiere mit Reservierung. Sie soll das Auffinden der Plätze erleichtern. Bei lokalen Zügen ohne Reservierungen können alleinreisende Frauen nach einem *ladies' compartment* fragen. Natürlich drängen sich die *porter*, um das Gepäck zu tragen. Sie erwarten Bezahlung pro Gepäckstück. Der Lohn variiert von Station zu Station. Es ist auch hier angebracht, den Preis vor der Leistung auszumachen. Gegen ein Entgelt beschafft ein Gepäckträger eventuell auch einen Sitzplatz, wenn man keine Reservierung hat,

Vorsichtig sein!

Fliegende Händler bieten Reisenden manchmal Ketten mit Vorhängeschlössern. Wozu? Man sichert im Abteil sein Gepäck, das meist unter dem Sitz verstaut wird, durch Anschließen. Wertsachen allerdings trägt man besser bei sich am Leib. Die Fernzüge haben meist keine abschließbaren Abteile, nur derbe Vorhänge trennen die Bereiche. Es wird an vielen Bahnhöfen durch Aushang gewarnt, Essen oder Getränke von Mitreisenden anzunehmen, es sind hin und wieder Gauner aufgetreten, die Reisende betäubten und ausraubten. Aber das ist wohl in Indien nicht häufiger der Fall als auf manchen Strecken in Europa.

Essen und Trinken

Essen und Trinken: In den Fernzügen braucht man der langen Strecken wegen Verpflegung. Die Reise von Kerala nach New Delhi zum Beispiel dauert rund 52 Stunden. Die kann man im Zug bestellen, meist mit der Wahl *veg* (vegetarisch) und *non-veg*. An manchen Stationen werden Snacks am Bahnsteig verkauft. Man kann auch losrennen, um irgendwo einen Fruchtsaft zu bekommen, mit der Anspannung im Nacken, ob der Zug nicht etwa plötzlich weiterfährt. In den Fernzügen wird Mineralwasser in versiegelten Flaschen und Tee angeboten. In lokalen Zügen bringt man am besten das Mineralwasser mit – eine eigene Reserve ist auch in Fernzügen besser.

Schlafen

Beim Schlafengehen wird's eng. Gegen zehn Uhr abends werden die Liegen ausgeklappt und die Deckenlampen ausgeschaltet (meist gibt es Platzlampen). Die 3er und 2er a/c Abteile bekommen Decken, Laken und ein kleines Kissen. Es ist besser, ein eigenes Handtuch mitzuführen, aber man bekommt eines auf Nachfrage. Die Vorhänge werden zugezogen und mit einer Art von Druckknöpfen verschlossen. Die Waschräume und Toiletten (pro Wagen ist auch eine »westliche« dabei) sind einfach und gegen Ende der Strecke meist nicht mehr sauber, weil manchmal der Wasservorrat nicht reicht. Gut, wenn man sich morgens das Gesicht mit etwas mitgebrachtem Mineralwasser erfrischen kann und wenn man Erfrischungstücher für die Hände dabei hat.

Wem das alles mühselig vorkommt, dem sei gesagt, dass eine Fahrt durch indische Landschaft in der Morgendämmerung ein zauberhaftes Erlebnis ist, wenn das Land erwacht und Dunst über Seen und Flüssen liegt.

Alternative: Fliegen

Fliegen innerhalb Indiens ist weniger anstrengend, geht schneller und wird immer populärer. Kein Wunder, die Strecken sind oft so lang wie anderswo Interkontinentalflüge. Aber auch hier muss man sich sputen. Die Flüge sind auf Grund großer Nachfrage meist schnell ausgebucht. Aber eigentlich ist das Fliegen langweilig, verglichen mit anderen beschriebenen Transportarten. Denn es ist weit weniger erlebnisreich. Man hat ja nur am Fensterplatz die Chance, während des Fluges die weiten braunen Ebenen, die großartigen Gebirge und Flussläufe Indiens zu sehen. Zumindest aber sind die Verspätungen im indischen Flugver-

INFO

Palast auf Rädern – Asiens prächtigster Zug

Manche halten diese Bahnfahrt für das schönste Indien-Erlebnis, offiziell wurde der »Palace on Wheels« zu einem der zehn besten Züge weltweit gekürt. In den 14 äußerlich nicht gar so prächtigen, in der Innenausstattung jedoch luxuriösen Salonwagen genießen Menschen aus aller Welt Bahnfahren vom Feinsten, mit edlen Weinen, Bar, golden schimmernden Wasserhähnen und breiten Doppelbetten. An jedem Tag der einwöchigen Rajasthan-Rundfahrt von New Delhi nach New Delhi wartet morgens ein Luxusbus für Besichtigungen von Forts, Tempeln und Altstädten bis hin zum Taj Mahal in Agra. Zwischendurch hält man Siesta im Edelwaggon, besucht abends Lagerfeuer oder Musikfeste. Das lassen sich seit vielen Jahren so viele Indienfahrer gefallen (Preisklasse: zwei Personen im Coupé für zusammen etwa 5000 Dollar), dass es innerindische Konkurrenz gibt: den »Royal Train« in Rajasthan und Gujarat, den »Deccan Odyssey« in Maharashtra, von Mumbai nach Mumbai. Unser besonderer Tipp: Im »Palace on Wheels« bestehen gute Chancen in Kontakt mit Indern zu kommen. Denn immer wieder sind Auslands-Inder mit von der Partie.

kehr, die jahrelang eine quälende Bremse für den Indien-Tourismus waren, neuerdings deutlich zurückgegangen.

INFO

Wie sucht man ein indisches Hotel aus?

► **Achtung Preisboom:** Es besteht die Gefahr, dass einige Leute, die gerade ihre Reise planen, heftig aus süßen Träumen gerissen werden. Man kann in Indien schon lange nicht mehr für einen Mini-Preis in Palästen übernachten! Die Übernachtungen sind in den letzten 15 Jahren kontinuierlich teurer geworden und fast auf westlichem Niveau angelangt. Fast überall haben die Hoteliers den Komfort erhöht, das heißt meist auch: verwestlicht. Speziell in den zu Hotels umgebauten historischen Feudalbauten *(Palace-Hotels)* wurden Badezimmer modernisiert, Klimaanlagen eingebaut. Die Inhaber wollten ihren Besitz doch mindestens auf Drei-Sterne Niveau bringen. Diese Investitionen müssen sich nun amortisieren, das schlägt sich in den Preisen nieder. Der indische Tourismusboom seit 2002/2003 wirkte sich auch als Preisboom aus. Indien besetzt seither eine neue Position im internationalen Tourismus.

► **Sie haben die Wahl:** Die Bandbreite indischer Unterkünfte ist traditionell groß. Von schlichtesten Hippie-Herbergen bis zu Luxushotels in den Metropolen und an Orten der weltberühmten Sehenswürdigkeiten, alles ist da. Viele Luxushotels gehören den seit vielen Jahrzehnten führenden indischen Hotelunternehmen *Taj* und *Oberoi* an, in zweiter Reihe auch US-amerikanischen und anderen internationalen Ketten wie Hilton (mit den *Trident Hotels,* in Kooperation mit *Oberoi*) und *Hyatt.* Vor allem die original indischen Luxushotels bieten orientalisch üppigen Aufwand, zeigen speziell ausgesucht gutes Design. Lebendiger indischer Handwerkskunst wird hier ein reiches Betätigungsfeld gegeben. In den Hotelrestaurants trifft man die indische *Upper Class* und die *Jeunesse Dorée* der Großstadt.

Taj Mahal Hotel, Bombay, orientalische Gastlichkeit mit westlicher Perfektion

► **Grandiose Hotelpaläste:** Das erste *Taj*-Hotel wurde 1903 von Jamsetji Tata in Bombay gegründet, dem ersten indischen Großindustriellen. (s. S. 88) Trotz seines Rangs in der Gesellschaft wurde ihm als Inder der Zutritt in einem britisch geführten Hotelrestaurant verwehrt – *»Europeans only«.* Jamsetji Tata revanchierte sich nach Gentleman-Art für die Diskriminierung: Er beschloss ein Hotel besser als alle zuvor zu bauen. Das gelang ihm

mit Abstand! Noch nach mehr als einem Jahrhundert ist das *»Taj Mahal Hotel«* das berühmteste Hotel Indiens.
Ebenso verdankt die Oberoi-Hotelkette ihren Ruf von Makellosigkeit dem immensem Familienfleiß mehrerer Generationen und ihrer Kreativität im Hotelmanagement. Begründer dieses Ruhms war Rai Bahadur Mohan Singh Oberoi, der seine Karriere als kleiner Angestellter in der britischen Sommerresidenz Shimla begann. Noch über hundertjährig war er aktiv, gemeinsam mit seinem Sohn, der seit den 90er Jahren des 20.Jahrhunderts die grandiosesten Hotelpaläste des neuen Indiens entwarf und baute, vor allem in Rajasthan, aber auch vis-à-vis dem Taj Mahal in Agra – Häuser für die Brieftaschen von Stars oder Managern.

▶ **Die Mittlere Preisklasse:** Unterhalb der Luxusklassen, für die man mit sehr gut gefülltem Portemonnaie anreisen sollte, rangieren eine Fülle mittlerer Häuser. Sogar im Bereich der knapp mittleren Preisklasse bieten neu erbaute Hotels meist guten (westlichen) Standard. Aber trotzdem: Hotels mittlerer und einfacher Kategorie sucht man am besten nach dem Augenschein aus. Bevor Sie ein solches beziehen, testen Sie Zimmer und Bad bezüglich Sauberkeit.

▶ **Tourist Bungalows und Government Rest Houses** gehören meist zur mittleren Preisklasse; leider sind sie öfter in mangelhaftem Zustand. Vor dem Einziehen mit kritischen Augen überprüfen!

▶ **Heritage Hotels:** Immer beliebter werden Unterkünfte in historischen Gebäuden, ob es Stadt-oder Landpaläste, Kaufmanns-Havelis, Forts oder Villen sind. Sie bezaubern mit Charme und Authentizität, vermitteln das Bild eines anderen, traditionellen Indiens, sind aber nicht standardisiert wie moderne Hotels, die in Indien so aussehen wie in Europa oder Amerika. Es gibt manchmal steilere Treppen, oft keinen Lift, Badezimmerarmaturen wie in Opas Jugend. Doch diese Häuser vermitteln den Glanz vergangener Zeiten. Preislich variieren sie, je nach Komfortangebot, zwischen Luxusklasse (in den Maharajapalästen) und mittlerer Preisstufe.

▶ **Baumhotels:** In Kerala kann man auf bequemste Weise in hohen Urwaldbäumen wohnen, Beim Dorf Vithiri 50 km nordöstlich von Kozhikode, nahe der Verbindungsstraße nach Karnataka. Das Zimmer im Baum hat durchaus Komfort, auch ein Minibad, hinauf kommt man energiesparend in einem Aufzug mit Wassersack-Gegengewicht oder über eine schwankende Hängebrücke. Das Walderlebnis inmitten der Nachtlaute von Vögeln und Affen ist einmalig.

▶ **Homestay:** Immer wieder liest man das Angebot *Homestay*. Das sind Privatzimmer in Familien, preiswert, freundlich, viele Reisende waren schon begeistert, auch über die familiären Kontakte und die Alltagserfahrungen des indischen Lebens. Meist kann ein Familienmitglied Englisch, so dass die Verständigung möglich ist. Die Häuser werden von den Tourismusämtern kontrolliert, bei denen man die Adressen erfährt. Oft kann man in den Familien gegen Bezahlung auch an authentischen indischen Mahlzeiten teilnehmen.

Hier kommen gestresste Seelen zur Ruhe

Auf dem Wasser entspannen – Hausboot-Freuden

Völlig losgelöst

Und noch eine indische Besonderheit: Ohne Straßen, ohne Lärm, ohne Läden, ohne Restaurants – völlig losgelöst und doch ganz umgeben von der fremdartigen Erfahrung Indien ist das Leben auf einem Hausboot. Zwei indische Bundesstaaten bieten ihren Gästen solche Ferienstunden und –tage an: Kashmir im Norden und Kerala im Süden. Leider war der Tourismus in Kashmir wegen Attentaten, Entführungen und Kriegshandlungen seit mehr als einem Jahrzehnt fast zum Erliegen gekommen. Seit etwa 2003 reisen jedoch wieder indische Touristen, meist Pilger in großer Zahl zu den Hindu-Heiligtümern Kashmirs und zu Bootsferien auf dem berühmten Gebirgssee Dal Lake bei Srinagar. (Es bestehen aber weiterhin international Gefahrenwarnungen für Kashmir). Darum soll hier nur von Hausbooten in Kerala die Rede sein.

Backwaters

Dieser Staat im tropischen Süden Indiens hat ein ausgedehntes Netz von Kanälen, kleinen Flüssen und großen Seen hinter der Küstenlinie, »Backwaters« genannt. Es sind teils natürlich entstandene Wasserstraßen, teils auch von den Bewohnern künstlich geschaffene. Im Hauptgebiet der Backwaters zwischen Kollam und Kochi soll es nur an zwei Stellen ständige Verbindungen der Süßwasserbereiche mit dem Meer geben. Die Backwaters sind darum ein besonderes Biotop, weil während der trockenen Jahreszeit Meerwasser eindringt und so zeitweise in Kanälen und Seen Brackwasser fließt.

Backwaters bei Allepey

Vor dem Abwracken gerettet und …

Seit langem werden die Backwaters als Wasserstraßen genutzt. Weil der Wasserstand niedrig ist, können sie nicht mit großen Schiffen befahren werden. Früher transportierten flache Boote (»kettuvallams«) landwirtschaftliche Erzeugnisse und Baustoffe. Seit diese Frachten jedoch auf den Nationalstraßen mit riesigen Lastern angeliefert werden, drohte den flachen Lastkähnen das Abwracken. Dazu kam es nicht: Ein erfindungsreicher indischer Tour-Operator, Babu Varghese in Thiruvananthapuram, hatte die geniale Idee: Er experimentierte geduldig und konnte schließlich aus Bambus und Palmschnüren ganz neue Aufbauten für die Kettuvallams erstellen – vermietungstauglich, mit Kabinen für zwei bis acht Gäste. Seine großen strohfarbenen Touristen-Hausboote sind aus der Ferne wie bizarre Strohhüte auf dem Wasser anzusehen.

… zum Hotel umfunktioniert

Sie enthalten alles, was ein Hausboot haben muss: Schlafräume mit breitem Bett, ein schmales Bad mit Dusche und Toilette (und jetzt vorgeschriebenem Abwassertank), Leitungswasserbehälter auf dem Dach, eine winzige Küche achtern, eine Lounge mit bequemen Stühlen und Tisch auf dem überdachten Aussichtsdeck. Seine Idee hat sich vergoldet. Sie machte Kerala binnen weniger Jahre zu einem weltweit bekannten Touristenziel.

Eine Fahrt in völliger Entspannung ist das langsame Gleiten auf den fast strömumgslosen Gewässern. Leise tuckert der kleine Motor. Boote, die nach alter Art mit langen Stangen von Menschenhand »gestakt« werden, gibt es nur noch wenige, zu anstrengend für weite Strecken. Der Reisende genießt die wechselnden Ausblicke auf die grün bewachsenen Ufer, sieht kleine Häuser, manchmal Kirchen, immer wieder Frauen in farbigen Saris. Kinder baden an den Stegen vor den Häusern, sind dort morgens eifrig mit Zähneputzen beschäftigt. Männer gehen mit Aktentaschen unter schwarzen Schirmen (gegen die Sonne) am Kanal entlang zur nächsten Straße. Fischer werfen Angeln aus an den Seitenarmen der Gewässer. Schmale Fährboote, in denen Passagiere stehen, queren die Wasserstraße. Indien pur!

Da staunen die Westler:
Indisches Allerlei

Chaos und Stille

Nach zwei Tagen Mumbai (Bombay) dröhnen einem Indien-Anfänger die Ohren, wird behauptet. Riksha- und Taxihupen, schrilles Klingeln, man kann dies kaum bezweifeln, wenn man sich an irgendeiner Hauptstraße mit dem Freund unterhalten will, der direkt neben einem steht. Es will nicht gelingen. Man sieht, wie der Mund Worte bildet, doch der Lärm verschluckt die Laute. Vor uns her läuft einer mit Kopfhörern, beschwingt und schwingend nach uns verborgener Musik – er hat sich abgeschirmt, der Glückliche.

Ohrenbetäubender Lärm

Menschengedränge der Massen an roten Verkehrsampeln, Haufen weggeworfener Marktabfälle in den Gossen, große Löcher auf Gehsteigen – dem westlichen Besucher erscheint eine indische Großstadt schon in der ersten halben Stunde als das pure Chaos. Aber – ? Widerspricht dem nicht, dass in der höchsten Hauptverkehrszeit plötzlich Polizisten auftauchen können, die Fußgängerüberwege mit Seilen absperren, solange die Ampel rot zeigt? Die schier unübersehbare Menschenmenge sozusagen in geordnete Bahnen lenkt?

Menschengedränge

Und Schäden im Straßenpflaster gibt es schließlich überall, zumal wenn das Klima so häufig zerstörerische Kräfte mit sich bringt. Nur – in Europa sichert man derlei Stolperlöcher meist mit einem rot-weißen Warnband nebst Laterne ab. Hier in Indien verlässt man sich auf den Verstand der Passanten, appelliert gewissermaßen an deren Eigenverantwortlichkeit. Wozu haben Menschen schließlich Augen im Kopf? Also ist es gar kein echtes Chaos, keine Regel- und Gesetzlosigkeit. Es geht nur alles etwas wilder zu und erst, wenn es gar nicht mehr zu vermeiden ist, greift die Obrigkeit ein. Wechselbäder eben.

Wechselbäder

Aber die *Squatters*, die Slumbewohner, die sich, neu vom Lande gekommen, ihren improvisierten Privatslum längs der nächst besten Gartenmauer angelegt haben: Die Mauer fungiert als Rückwand, Plastikplanen und Bretter bilden Dächer und andere Wände. Für uns unvorstellbar, dass so etwas möglich ist. Vor vierzehn Tagen war an dieser Stelle noch kein Slum-Verhau! Zwei Straßen weiter wohnt unser Bekannter, in einem schönen, gepflegten Haus mit Garten. Auch der hat eine Mauer zur Straße, aber keinen Slum, der sich daran lehnt. Wie das?

Slums neben Villen

»Wenn sich jemand sein Lager bei uns aufschlagen würde, geben wir ihm zu verstehen, dass es hier Vorschriften gibt, die das verbieten«, sagt er uns. »Und dann?« »Dann ziehen sie weiter, denn sie wissen, dass es diese Vorschriften (*rules*) gibt. Weiter hinten aber kümmert sich niemand. Die Mauer dort gehört wahrscheinlich einer Behörde. Einer von denen, die hier nicht bleiben konnten, kommt übrigens jede Woche und fegt vor unseren Grundstücken und sammelt den Abfall von der Straße. Er freut sich über das Geld, und wir haben diesen Teil der Straße wunderbar sauber.«

Feste werden in Indien oft mit massenhafter Beteiligung der Bevölkerung gefeiert. Berühmt sind die religiösen »Kumbh Melas«, die an vier besonders heiligen Orten turnusmäßig alle zwölf Jahre stattfinden. Millionen von Teilnehmern finden sich dazu ein, Pilger aus allen Gegenden des Landes, die manchmal Tausende von

Die leisen Töne Indiens

Pilgerströme

Kilometern gereist sind. Alle wollen möglichst an einem astrologisch segensreichen Tag in einem heiligen Strom baden. Noch vor 25 Jahren gab es dabei grässliche Unglücksfälle mit Hunderten von Toten, die erdrückt, niedergetreten wurden von der mit religiöser Inbrunst erfüllten Menge. In den letzten Jahren hört man Erfreuliches von diesen Veranstaltungen: Staatliche Ordnungskräfte, unterstützt von Freiwilligen, haben ein ausgefeiltes logistisches Programm erarbeitet, das mit Absperrungen und vorgegebenen Wegen und Stationen die Pilgerströme gefahrlos zu ihrem Recht kommen lässt. Auch für Ernährung und Hygiene ist jetzt bei diesen Ereignissen weitaus besser gesorgt. Also auch hier: Man findet Wege aus dem Chaos und gibt den Pilgern dabei Gelegenheit, ihre Andacht in Ruhe zu erleben.

Meditation und Selbstversenkung

Wer immer aus den großen Städten herausfährt, findet noch Stille in diesem riesigen Land. Auf dem Weg zum Himalaya kann man zum Beispiel im Kangra-Tal oder bei Manali unter blühenden Apfelbäumen träumen, wenn in der nordindischen Ebene schon die große Hitze die Menschen plagt. Der Himalaya selbst ist eine Landschaft der Stille, der Meditation, der Konzentration des Geistes angesichts der überwältigenden Naturschönheiten und der Erhabenheit buddhistischer Klöster.

Feierlich liegt Stille über der farblosen Landschaft in früher Morgendämmerung, wenn man sich aufmacht, im Staat Gujarat zum Shatrunjaya, dem Jain-Tempelberg und zum Sonnenaufgang dort hinaufzusteigen. Man hört die nackten Füße

Heilige Kühe komplettieren das Chaos auf den Straßen

der Pilger auf den 3000 Steinstufen, die zu den 863 reichverzierten Tempeln hinaufführen. Marmorne Säulen und Tempeldächer färben sich rosig im Licht der Sonne, wenn sie über dem Horizont im Osten sichtbar wird.
Und Stille erlebt der Reisende an den westlichen Meeresufern, wenn er sich etwas abseits vom Badeleben des Strandes hält, um abends den Sonnenuntergang zu bewundern. Oder wenn er sich in der Wüste Thar in Rajasthan zu einer Sanddüne hat bringen lassen, um sich dort vor Himmel und flimmerndem Nichts zu versenken. Ruhe und innere Gelassenheit breiten sich auch aus, wenn der Fremde in Südindien von einer überdachten Terrasse aus in den Monsunregen hinausblickt, allen Zeitdruck des Westens weit hinter sich lassend.

Die wunderbare Cricket-Droge

Cricket-Fieber

Wann fühlen Sie sich als Reisegast in Indien wirklich als Außenstehender? Wann wird Ihnen bewusst, dass Sie einfach nicht dazugehören? Beim Thema Cricket ganz klar. Wenn es Cricket-Nationalspiele im Fernsehen gibt. Wenn Tage, nein Wochen zuvor die Zeitungen schon voll sind mit Berichten über die individuellen Befindlichkeiten der Cricket-Größen. Wenn Teenager aller Altersklassen Bildern ihrer Stars als Zimmer-, Auto-, Laden- und Schultaschenschmuck huldigen. Dann kommt zutage, dass Sie als Fremder keinen blassen Schimmer haben, welche sportlichen Qualitäten diese Stars besitzen und welche Leistungen sie erbringen? Ach wäre es doch so einfach wie bei unserem geliebten Fußball. Da müssen klare Tore fallen und die ganze Mannschaft strebt nur nach diesem einzigen Ziel. Aber beim Cricket?

Ein gesellschaftliches Ereignis

»Nächsten Samstag? Da kann ich nicht. Da haben wir hier das große Cricket-Match.« Unser indischer Freund meinte damit ein relativ unbedeutendes Spiel der Mannschaft seiner kleinen Stadt gegen die Mannschaft der nächstgelegenen kleinen Stadt. »Jeder geht dahin«, versicherte er, auch, dass alle zufällig bei den Familien zu Gast weilenden Fremden mit unter den Zuschauern sein würden. Kurz, er lud uns zu einem ebenso gesellschaftlich wichtigen wie erholsamen Ereignis ein, genau das Richtige also, um Indien wirklich kennen zu lernen.

Schlagmann und Torwächter

Also gingen wir mit. Der weite Platz schimmerte in einem etwas dürftigen, ausgetrockneten Grün. Rundum standen Menschen, lebhaft diskutierend, Arme schwenkend, rufend. Einige hatten sich in der locker stehenden Menge bequeme Klappstühle aufgestellt, Sonnenschirme und Picknicktaschen mitgebracht. Kinder tollten (wie überall in Indien) fröhlich durch die Gegend oder saßen am Boden und schleckten Eis. Nur um Himmels Willen wo fand das Cricket-Match statt? Unser Freund wies auf eine Seite des Feldes, an der sich Zuschauer drängten, und dort entdeckten wir Spieler in ihrer typischen Sportkleidung mit den dick gepolsterten Beinlingen, »Schlagmann« und »Torwächter«, wie wir lernten. Das Tor allerdings konnten wir erst beim dritten Hinsehen ausmachen. Es ist nämlich kaum über 70 Zentimeter hoch und besteht aus drei Stäben, auf denen zwei kleine Stäbchen waagerecht abgelegt sind.

Von den Indern Ruhe und Gelassenheit lernen

Wickets

Eben wurden die Kinder zur Ordnung – an den Rand – gerufen, es sollte weitergehen. Nein, das sei keine Pause gewesen, erklärte unser Freund. Der Ball sei zuvor erfolgreich abgeschlagen worden – der »Werfer« der angreifenden Partei hatte damit das Tor *(wicket)* »umwerfen« wollen, dies aber nicht geschafft. Nun müsse der Ball zurückgeholt werden zu den Angreifern und inzwischen könnten die Schlagmänner der verteidigenden Partei Punkte sammeln: indem sie schnell laufend die Plätze tauschten. Ah, wir verstanden nunmehr, weshalb sich einige Spieler in ihrer behindernden dicken Kluft und mit den ungefügen Schlaghölzern in auffälliger Hast über das Feld bewegten. Für jeden Platztausch gab es einen Punkt. Wir entdeckten, dass es insgesamt zwei *wickets* gab, beide standen etwa 20 Meter auseinander. Vor jedem Tor in Position ein Schlagmann der verteidigenden Partei, zur Abwehr bereit.

Werfer

Derselbe »Werfer« der angreifenden Mannschaft, dessen Wurf eben abgeschlagen worden war, versuchte sein Glück gleich noch einmal, der neue Schlagmann stellte sich in breitbeinige Positur und... Hier ist zu sagen, dass jeder Werfer sechs solche Versuche hat, das Tor umzustürzen. Danach kommt ein anderer Spieler seiner Mannschaft an die Reihe. Bei unserem Match war es nun dem Werfer gelungen, eines der Tore zu Fall zu bringen. Lebhafter Jubel der Zuschauer. Der Schlagmann, der diesmal versagt hatte, war »aus« und ein anderer aus der verteidigenden Partei trat an seine Stelle. In jeder Mannschaft gibt es elf Spieler. Wenn zehn Spieler der verteidigenden Mannschaft Schlagmann waren, wechseln die Mannschaften, aus Verteidigern werden nun Angreifer und umgekehrt...

INFO

Von Polo bis Kameltrekking – Land ohne Langeweile

Hockey: Nach dem englischen Cricket, von dem es heißt, dass es in Indien sogar besser gespielt wird als im Ursprungsland, ist Feldhockey die zweitbeliebteste Sportart in Indien. Die indische Hockey-Nationalmannschaft war bei Olympischen Spielen lange Zeit führend.
Polo: Ein weiterer traditionsreicher, aber harter Sport mit Pferden ist Polo, der – ebenfalls ein Überbleibsel aus britischen Zeiten – heute noch in Indien betrieben wird. Dazu gehören besonders zähe, schnelle kleine Pferde. In Städten, in denen es *Polo Grounds* gibt, kann man den spannenden Kämpfen zusehen, falls man sich dafür interessiert.
Trekking: Auch in Sachen Touristensportarten wird manches geboten. Seit einiger Zeit ist in Indien das Trekking auf dem Pferderücken wieder sehr beliebt. In vielen Regionen, die von Touristen besucht werden, wird es ermöglicht, oft in Zusammenhang mit Unterkünften in alten Landsitzen, wo die Besitzer für die Pferde und die Führung sorgen (besonders in Rajasthan).
Kamelreiten: Kamelreiten, Wildwasser-Rafting auf dem jungen Ganges, Trekking im Himalaya, in Sikkim und im Staat Himachal Pradesh und auch in anderen Gebirgen – all das ist möglich, hat aber noch oft den Charakter des Exklusiven und muss vorher gut organisiert werden.
Tauchen: Tauchen ist in Indien eine moderne Sportart, und an den 7000 Kilometern indischer Küste gibt es gute Gelegenheiten dazu. Am besten aber ist das Tauchen auf den Inseln der Lakkadiven und der Andamanen, wo das Wasser kristallklar ist.

Brandy in Kaffeetassen

Doch der Reiz dieses eigentlich urenglischen Spiels schien sich uns als Deutschen nicht so ganz zu erschließen. Neben uns war ein älterer französischer Gast aber auch schon längere Zeit eingenickt. An einer improvisierten Theke in einem Zelt neben dem Spielfeld trafen wir andere Touristen, die dort ihre Erfahrungen über Autoreparaturen und Geldtransfers austauschten und dabei eifrig dem indischen Brandy zusprachen. Der wurde in Kaffeetassen serviert, denn es war eigentlich alkoholfreier Tag. Ein Spiel dauert, mindestens, vier bis sechs Stunden. Danach gingen wir heim, ganz erfüllt. Wovon, weiß nur ein indischer Cricket-Experte.

Bettler und Bettelkinder

Arme Gestalten an Ampeln

In Indien an einer Roten Ampel warten müssen, das bedeutet für den, der im Auto sitzt, die Bekanntschaft mit Bettlern zu machen. Meist geht es ohne Worte, arme Gestalten, dürftig bis zerlumpt, strecken die hohle Hand aus. Allenfalls fällt das Wort »bakshis«. Ein Blick zu den anderen Verkehrsteilnehmern zeigt: Inder haben an roten Ampeln generell die Fahrzeugfenster fest geschlossen und schauen bewegungslos geradeaus.

Warum betteln so viele Inder jeden Alters in den verkehrsreichen Straßen der Städte (auf dem Land viel weniger, wenn ja, sind es Gelegenheitsbettler, die ihre Hand aufhalten, wenn zufällig gerade ein großes fremdes Auto neben ihnen hält)? Woher kommt diese seltsame Selbstverständlichkeit, mit der offensichtlich ein großer Teil indischer Menschen den Lebensunterhalt durch Bettelei erwirbt?

Ursachen der Bettelei

Ursache ist in erster Linie die Landflucht. Besitzlose Menschen, die in die großen Städte ausgewichen sind, wo sie entgegen ihren Hoffnungen keine Arbeit finden, enden als Bettler auf der Straße. Außerdem gibt es keine allgemeine Kranken- und Invalidenversicherung. Wer durch Krankheit oder Unfall arbeitsunfähig wird, lebt entweder von Zuwendungen aus seiner Familie oder aber, wenn die selbst nichts hat, von Bettelei. Wohltätigkeitsorganisationen wirken wie der Tropfen auf dem heißen Stein. Und Verbrecherkartelle nützen die Bettler oft aus, indem sie ihren »Einsatz« organisieren, ihnen Methoden des Bettelns beibringen und ihnen dafür das meiste vom Erbettelten wieder abnehmen. Schon Kinder wachsen als Bettler auf und häufig in ein Leben als Kleinkriminelle hinein. Staat und Verwaltungen haben bisher keine grundsätzlichen Lösungsansätze dieses großen, sozialen Problems gefunden.

Leprakranke

Manchmal sind die Bettler sichtbar krank oder gar verkrüppelt, zum Beispiel sind die Hände nur fingerlose Stümpfe: Lepra offenbar. Die Krankheit gibt es immer noch. Sie wird geheilt, bis sie nicht mehr ansteckend ist, aber verlorene Gliedmaßen sind eben weg, wenn die Behandlung zu spät begonnen wurde. Oder die Bettlerfrauen sind alt und gebrechlich und enden mit aller Wahrscheinlichkeit auf der Straße. Dann gibt es noch die »verdeckte« Bettelei: Kleine Jungen

Betteln vor einem Tempel

hüpfen mit einem etwas klebrigem Wischlappen an der Frontscheibe hoch und bitten für diesen Dienst des »Putzens« um eine milde Gabe.

Goldesel auf zwei Beinen

Was tut der Reisende? Er bringt es nicht fertig, die Bettelei starr zu ignorieren. Derartige Elendsbilder verfolgen ihn bis in seine Träume. Oder er gibt, rupienweise – oder doch einige kleine Scheine? – mit dem sicheren Gefühl, dass es doch nichts nützt. Der Fremde weiß, dass er als Fußgänger, der sich freigebig zeigt, bald von einem immer größer werdenden Schwarm von Bettlern verfolgt wird, erlebt am Ende sogar noch, dass vor dem Hotel Sicherheitsleute die Bettler harsch vertreiben. Er muss erkennen, dass er als Westler, wo immer er auftaucht, als Goldesel auf zwei Beinen eingestuft wird. Er sucht Rat bei indischen Freunden. Aber die indische Mittelklasse hält individuelle milde Gaben an Straßenbettler für falsch. Diese Art Mildtätigkeit fördere nur die Ausbeutung – auch die der Kinder durch ihre Eltern oder andere Personen, die sie zum Betteln veranlassen.

Tempelbettler

Vor Tempeln sitzt oft eine Reihe von alten Bettlern, die leise vor sich hin murmeln. Und ein Geldwechsler sitzt auch irgendwo, der den willigen Spender mit Kleingeld versorgen kann. Diese Tempelbettler sind dort geduldet, sie bekommen auch von Indern ganz kleine Beträge.

Raffinierte Betrüger

In Erstaunen versetzte uns einmal ein – wie wir dachten – bedauernswerter Mann mit unsäglich verrenkten langen Armen und Beinen, der sich krampfhaft auf Knien und Ellbogen rutschend bewegte. Die Szene: Bettelnd klammerte er sich an den Spiegel einer großen indischen Limousine. Da öffnete der Fahrer die Tür, und mit einem Donnerschrei ohnegleichen und passender Drohgebärde

INFO

Tipps im Umgang mit indischen Bettlern

▶ **Ein entschiedenes Nein!** Wenn Sie, etwa beim Einkaufen im Basar, nicht viele Bettler anlocken wollen, dann dürfen Sie ihnen nichts geben. Sie sollten so entschieden wie möglich »no« sagen, aber weder unfreundlich oder gar verächtlich klingen. Bettler ist in Indien eine Art Beruf, wenig angesehen, aber nicht unmoralisch.

▶ **Kleinigkeiten dabei haben!** Um gewerblicher Bettelei keinen Vorschub zu leisten, bieten Sie Kindern und Jugendlichen am besten kleine Leckereien zum Essen an, auch kleine Gebrauchsgegenstände. Es lohnt sich, dazu einfache Kugelschreiber von zuhause mitzunehmen. Sie sind sehr begehrt, der Ruf »pen!« ertönt überall.

▶ **Ihren Koffer erleichtern!** Wenn man praktische Dinge, die noch brauchbar sind, beim Rückflug nicht mehr mitnehmen will, etwa eine Tasche oder (unzerrissene) T-Shirts oder ähnliches, kann man sie zu einem Bündel rollen und sie an den Straßenrand legen. Besonders, wenn dort die *sweepers* ihre Besen abgestellt haben. Falls irgendetwas davon für sie nützlich ist, werden die Straßenkehrer es weiterverwenden – und Sie haben etwas mehr Platz im Gepäck.

lehnte er sich hinaus. Der »arme Krüppel« entflocht daraufhin artistisch schnell das Knäuel seiner Arme und Beine und suchte in sportlichen Sprüngen durch den Straßenverkehr das Weite. Eine theaterreife Leistung!

Augenfreuden – die Vielfalt der Farben

Farbenfrohe Saris

Es liegt nicht nur am anderen Licht, der hellen Sonne überall. Die Farben sind hier stärker, sie glänzen und prangen. Schon auf den Straßen sieht man es: an den Kleidern der Frauen zum Beispiel. Nicht nur die Saris, die berühmten indischen Wickel-Gewänder, sind von leuchtender Farbigkeit. Ihre roten, gelben, blauen Bahnen spielen in den Falten mit wärmeren, dunkleren Tönen der Grundfarbe, trumpfen auf mit fein gemusterten andersfarbigen oder goldenen Borten an den Rändern. Die Blusen dazu folgen dem Farbton oder kontrastieren mutig, wie wir es nie wählen würden, rot zu pink, violett zu grün – vielfache Brechung des Spektrums. Dabei dann noch die Armreifen (*bangles*) der verheirateten Frauen, aus glänzendem Glas sind sie, funkeln auf den wunderbaren hellbraunen Armen. Auf der Stirn über der Nasenwurzel ein *bindi*, jener aufgeklebte farblich sorgsam ausgewählte Fleck. So prächtig steht die Frau am Straßenrand, mit einer Schüssel voller Sand auf dem Kopf, als Bauarbeiterin, oder ihrem Kind auf dem Arm. Manchmal zieht sie, wenn Fremde sie aufmerksam ansehen, hastig das Ende ihres Saris über den Kopf.

Sensibel fotografieren!

Der sensible Reisegast erkennt, ob er seine Kamera auf die Schöne richten darf oder nicht. Im Zweifelsfall sollte er lieber verzichten und allenfalls aus der Entfernung, mit Zoom aus dem Bus etwa, sein Foto schießen.

Aber es kann ihm auch passieren, dass bei einem Stopp an der Straße gleich drei, vier Frauen vom Lande, mit Holzbündeln oder dicken Wasserkrügen auf dem Kopf, sich vor dem Touristen in Positur stellen, aus reinem Spaß daran, fotografiert zu werden. Wer fotografieren oder filmen will, muss Feingefühl haben, wenn er Menschen auf den Film bannen möchte. Man kann fragen, auch wenn man die Sprache nicht spricht, mit Gesten zum Beispiel: Auf die Kamera zeigen, einladende Handbewegung zum Objekt hin machen. Je nach Reaktion spürt er, ob das Fotografieren erwünscht ist oder nicht.

Traditionelle Kleidung

Es gibt ja so viel Farbenpracht in Indien. Nicht nur rote Saris im grünen Reisfeld, auch die »salwar kameez«, traditionelle Hosenanzüge, die ursprünglich die Tracht der Punjab-Frauen waren, zeigen angenehme Farben und Muster. Sie werden von vielen Städterinnen getragen, da sie im Büro und beim Busfahren praktischer sind als Saris. Auch viele Touristinnen tragen diese Anzüge gerne, denn sie sind leicht in der Hitze, sehen gut aus und sind nicht zu »offenherzig« wie manche westliche Sommerkleider.

Stoffe und Obst

Vielfarbigkeit finden wir nicht nur auf Stoffen, sondern auch auf den herrlichen Märkten in vielen Teilen Indiens. Man kann sich kaum satt sehen an den langen Aufbauten voller verschiedener Früchte und Gemüse, die oft liebevolle Kompositionen sind, mit grünem Blätterwerk akzentuiert. All die tiefvioletten Au-

Indische Anmut

berginen, in Mustern gelegt mit einer weißen, runden Art, die sanft errötenden Mangos, die orangen aufgeschnittenen Papayas mit ihrer Fülle von kohlschwarzen Perlensamen im Inneren, die glänzend roten Granatapfelkerne, die grünen und dottergelben Zucchinis daneben...

Farbverkäufer

Einige Schritte weiter sind dann die Stände der Farbverkäufer, die ihre hübschen Berge von Pulvern nebeneinander aufgehäuft haben, gelbe, orange, rosa und rote, die alle besonders gefragt sind zum Fest der Farben, Holi genannt. (s.S. 160)
Nicht nur zu diesem Anlass freilich, an vielen Orten formen die Frauen vor Festtagen oder auch täglich wundervolle Muster auf dem Boden vor ihren Häusern,

indem sie aus der freien Hand die symmetrischen Schnörkel- und Blumenornamente streuen. Bilder, so leuchtend in ihrer Vergänglichkeit, die Sie mitnehmen können dank Ihrer Kamera.

Blumenmärkte vor Hindutempeln

Noch nicht erwähnt haben wir die Blumenmärkte vor den Hindu-Tempeln, die überbordende Buntheit der buddhistisch-tibetanischen Tempel in Sikkim, die exotische Pracht der Orchideen- und Bananenblüten; erwähnt sei, dass Sie eine rosa Stadt, eine blaue Stadt, eine honiggelbe Burg (Jaipur, Jodhpur, Jaisalmer, alle in Rajasthan) sehen können, einen goldenen Tempel und ein marmornes Grabmal im silbernen Mondlicht (Amritsar und Taj Mahal in Agra), und die vielen, vielen Ölflämmchen, die in Blätterschalen auf dem Ganges schwimmen.

Absolut tabu!

Aber etwas muss vollständig tabu sein für Ihre Kamera, wenn es auch noch so faszinierend erscheint: die Scheiterhaufen der Verbrennungsplätze, die es bei jedem Dorf gibt. Die im heiligen Varanasi sind besonders berühmt. Dort wollen viele fromme Hindus verbrannt werden. Wenn Sie durch die Altstadt gehen, sehen Sie manchmal eine blumenüberhäufte, seidengeschmückte Bahre stehen, weil ein Toter wartet, zu den Treppen am Ganges gebracht zu werden. Die Bahre, die Trauernden dürfen Sie keinesfalls fotografieren, auch wenn der Anblick beeindruckend feierlich und ergreifend ist.

Blüten für Lakshmi, Kolhapur

Seide, Gold und Edelstein – was man alles kaufen kann

Wandhohe Regale

Indien ist unwiderstehlich. Der Seidenladen in Mysore zum Beispiel sieht so harmlos aus. Ganz klein ist er, zwischen den buntschimmernden, wandhohen Stoffregalen ist nur ein kleiner Gang mit einigen niederen Schemeln. Ein besonderer Farbschimmer, eine Seidenbahn hat Ihre Aufmerksamkeit erregt – ob so etwas zu ihrer Haarfarbe passen würde? Sie treten über die Schwelle, fragen, zarte Seide liegt auf Ihrer Schulter, umschmeichelt Ihre Hände... oder diese? Der Händler zieht einen weiteren Ballen aus dem Regal. Fünf Minuten später ist der ganze, kleine Ladenraum mit Wogen von Seidenstoffen unterschiedlicher Farbe und Webart erfüllt. Kundin und Händler schauen gerade noch oben aus dem Farbenmeer heraus, hüllen sich in Stoffbahnen, befühlen die Seidenfläche, wägen ab, der Händler rechnet Preise vor ... Schließlich verlassen Sie das Geschäft mit einem Päckchen unter dem Arm. Sie haben sich vom Glanz und der Weichheit des kostbaren Stoffes verführen lassen.

Seide und Baumwollstoffe

In Varanasi gibt es Seide, die zu Brokat mit echten Gold- oder Silberfäden verarbeitet ist. Europa hat schon vor 2000 Jahren nach indischer Seide geradezu gelechzt: Der römische Senat beklagte öffentlich, dass so viele Goldmünzen für den Import aus Indien ausgegeben werden mussten. Auch Baumwollstoffe von hoher Qualität, bedruckt oder unbedruckt, werden von heutigen Zeitgenossen gerne erstanden. Geschickte Schneider sind bereit, in wenigen Stunden Oberhemden oder andere Kleidung anzufertigen. Am besten, man gibt ihnen als Muster eine Bluse, ein Oberhemd, einen Morgenmantel.

Patchwork-Stickerei

Zu Dekorstoffen wie Vorhängen oder Decken findet man eine große und inspirierende Auswahl, so mancher Kostümbildner reiste schon nach Indien, um für eine Inszenierung einzukaufen. In Rajasthan und Gujarat gibt es Wandbehänge, deren Patchwork-Stickerei über und über mit Spiegeln verziert ist. Besonders schön sind alte Stücke, Nomaden-Kunsthandwerk.

Antiquitäten

Hier sind wir bei dem Stichwort »Antiquitäten«. Immer wieder stößt man auf große Gewölbe voller alter Dinge, teils kostbar, teils nur alt und verstaubt, teils neu. Warum soll man sich nicht in ein originelles Stück vergucken? Einen kolonialen Easy-Chair mit langgezogenen Armlehnen zum Füßehochlegen? Eine Messinglaterne? Einen Marmorkrishna mit Flöte? Achtung, alles was mehr als 100 Jahre alt ist, bedarf der Ausfuhrgenehmigung der Behörden.

Kunsthandwerk

Zum Trost für Kaufwillige: Das indische Kunsthandwerk ist so lebendig, dass es für gutes Geld auch heute noch gute Handarbeit nach den alten Formen herstellt. Da gibt es steinerne Statuen, wie sie auch für die Tempel immer noch skulptiert werden, teure und kostbare Figuren aus Sandelholz oder Bronzestatuen von Göttergestalten, nach der alten Methode der »verlorenen« Form gegossen, wie sie aus der Gupta-Zeit überliefert ist, auch Möbel und Wandschirme, reich geschnitzt und in feiner Intarsien-Arbeit. Liebhaber lassen sich die schönen Dinge, sehr sorgsam verpackt und versichert, per Fracht nach Europa schicken. Als Kunsthandwerk sind sie zollfrei.

Geschäftsstraße in Jaisalmer

Pietra dura

Das gilt auch für Pietra-dura-Arbeiten, Halbedelstein-Einlagen in Marmor, wie sie heute zum Beispiel noch in Agra, zu Füßen des Taj Mahal gefertigt werden, kleine Kästchen etwa, aber auch große Tischplatten.

Teppiche

Bei all diesem Kunsthandwerk ist es besonders reizvoll, bei deren Entstehung zuzusehen. Unglaubliche Geschicklichkeit ist dabei genauso zu bewundern wie das kunstvolle Ergebnis selbst. Beim Teppichknüpfen und -weben sehen viele Reisende auch gerne in die Werkstätten. Es gibt Markenzertifikate, die versichern, dass keine Kinderarbeit verkauft wird (*smiling carpet*), durch internationale Aufmerksamkeit und staatliche Aufsicht ist die Kinderarbeit schon stark eingeschränkt worden.

Gold

Große Juweliergeschäfte werben ja an jeder Landstraße mit Bildern von schweren Geschmeiden um Käufer. Gold ist bei der indischen Bevölkerung eine beliebte Geldanlage, besonders das »rote« Gold, das mit etwas Kupfer darin an königlichen Reichtum erinnert. Häufig wird Goldschmuck mit Halbedelsteinen verarbeitet, die zum Teil in Indien selbst abgebaut werden. Wenn auch die kleinen Steine nicht teuer sind, gute Stücke, sei es Bergkristall oder Lapislazuli, Rosenquarz oder Topas haben ihren Preis und sind wohl nicht für weniger als in Europa zu haben. Aber vielleicht macht das Auswählen in Indien eben mehr Spaß. Man fühlt sich wie in Ali Babas Schatzhöhle

Sie wollen Souvenirs mitnehmen, kleine Geschenke? Machen Sie aus ihrem Koffer eine Schatztruhe! Legen Sie feine duftende Seife mit Sandelholz hinein oder, noch konzentrierter, Sandelholzöl. Wenn ein fliegender Händler eine Bambusflöte besonders klangvoll spielt, packen Sie die ein. Oder soll es – immer wieder beliebt – eine Marionettenpuppe aus Rajasthan sein?

Seife mit Sandelholz

Ganz feine Imitationen alter Miniaturmalerei gibt es zu kaufen, mit zartestem Haarpinsel gemalt! Gehen Sie, wenn möglich, in ein Atelier wo sie hergestellt werden. Oder mögen Sie volkstümlichere Bilder? Nach alter Art, wie sie nordindische Bauern zum Schmuck ihrer Hütten malten, kann man originelle Götterbilder (auf Stoff oder auf handgemachtem Papier) erwerben. Immer noch beliebt, und überall in Indien zu haben, sind die lackierten Pappmaché-Dosen aus Kashmir, unterschiedlich kunstvoll bemalt.

Bilder und Malereien

Seien Sie wählerisch! Oder fragen Sie nach handgeschöpftem Briefpapier (wird in Sanganer bei Jaipur hergestellt, mit Blütenblättern und Reishalmen in den Papierseiten), nach gestickten Handarbeiten (viele Frauen sind froh, wenn sie welche verkaufen), nach Keramik oder Metall-Einlegearbeit *(bidri)*, oder schließlich immer und überall nach Gewürzen. Da sind Sie dann wieder in der antiken Tradition: Schon die alten Römer gaben viel zu viel Geld für Pfeffer, Zimt, Nelken und Kardamom aus.

Kostbarkeiten

Anmerkungen zum Thema Hygiene

Reinheit ist in Indien ein religiöser Wert. Das bedeutet keineswegs, dass alles vor Sauberkeit blitzen muss. Öfter ist im öffentlichen Leben Indiens das Gegenteil der Fall. Während in den Häusern und Wohnungen viel gefegt, gewaschen und geputzt wird, liegen Straßenstaub und Abfälle manchmal bergeweise vor den Haustüren. Deshalb werden ja auch die Straßenschuhe beim Betreten eines Hauses oder Tempels ausgezogen – eine ebenso rituelle, wie hygienische Maßnahme.

Bergeweise Abfall vor der Tür

Gewöhnungsbedürftig für uns auch dies. Speichel gilt in Indien als sehr unrein. Deswegen wollen zwei Menschen auch kein Trinkgefäß gemeinsam benutzen. Und deswegen ist auch Küssen nicht so sehr populär. Aber ob das Trinkgefäß, das der Einzelne benutzt, sauber ist, also einigermaßen gut gespült wurde, das wird nicht für so wichtig genommen.

Nicht immer wird gut gespült

Erst langsam erwacht das Bewusstsein, dass auch Natur und öffentlicher Raum frei von Verschmutzungen gehalten werden sollten. In früheren Zeiten, als das Land noch nicht so dicht bevölkert war, genügten die alten traditionellen Reinheitsgebote – natürliche Abfälle wurden alljährlich vom Monsun entsorgt, bzw. von den Haustieren aufgefressen.

Toiletten sind keine Selbstverständlichkeit

Die alten Vorschriften bezogen sich auf ein Leben im nicht allzu dicht bewohnten Land. So kannten und kennen viele Dörfer auch heute noch keine Toiletten – die Menschen gehen auf den Acker, Frauen und Männer in jeweils verschiedenen Richtungen. Viele Einwanderer vom Land behalten diese Gewohnheiten in den

INFO

Tipps zum Hygieneverhalten

▶ Decken Sie sich mit Toilettenpapier für unterwegs ein, auch feuchte Erfrischungstücher. Da viele Inder kein Toilettenpapier benutzen, gibt es oft keines.

▶ Wenn Sie in Gegenden kommen, wo es nur einfache Unterkünfte gibt, halten Sie einen Küchenschwamm bereit. Manchmal muss man eine Waschgelegenheit durch Scheuern vorbereiten, bevor man sie benutzen will.

▶ Hygienisch ist auch ein Baumwoll-Schlafsack, wie er in unseren Jugendherbergen benutzt wird. Das macht unabhängig von eventuell wenig zumutbarer Bettwäsche. Manche Reisende legen auch ihr Gesicht lieber auf ein eigenes kleines Kissen aus ihrem Gepäck.

großen Städten bei und hocken des Morgens in aller Unschuld am Rande verkehrsreicher Straßen und hinterlassen ekelige Spuren.
Doch ist das wirklich nicht überall der Fall. Wer im Hotel wohnt, wird in seiner Umgebung kaum dergleichen erleben. Aber vom Bus aus kann man es in Außenbezirken beobachten. Trotzdem ist Indien ist in punkto Sauberkeit besser als sein Ruf. Allmählich lernen auch ehemalige Landbewohner, ihre Gewohnheiten dem städtischen Standard anzupassen.

Morgendlicher Hochbetrieb beim rituellen Bad im Ganges. Der heilige Fluss ist mit Keimen verseucht, was offenbar niemanden stört.

Auch darauf müssen Sie sich als Reisegast einstellen: Wenn Sie in sehr einfachen Hotels und Unterkünften wohnen, kommt es vor, dass ein Tisch oder ein Waschbecken nach unseren Maßstäben nicht sauber ist. Das wird auf Verlangen meist rasch behoben. Es ist insofern erklärlich, weil Ihre Gastgeber wahrscheinlich in ihrem Lebenskreis weder Esstisch – man sitzt in der Regel auf dem Boden vor einer Matte – noch Waschbecken benutzen. In Schule und Beruf wird von der jungen Generation hier viel dazugelernt.

Waschbecken unbekannt

Dem Touristen ist, häufig zu Recht, das Leitungswasser verdächtig. Es ist ratsam, sich mit (originalverschlossenen) Mineralwasserflaschen zu versorgen. Das gefilterte Wasser in Restaurants und Hotels ist nicht immer verträglich. Besonders in den ersten Wochen eines Indienaufenthalts soll man es mit der Hygiene sehr genau halten. Sie sind gut beraten, wenn Sie jede Gelegenheit zum Händewaschen wahrnehmen, und das Gesicht, den Mund möglichst nicht mit den Händen berühren, die allerlei Türgriffe, und Ähnliches angefasst haben. Nach einer Eingewöhnungszeit hat sich Ihr Organismus auf die anwesenden Keime eingestellt. Die Abwehrkräfte sind mobilisiert. Man kann ihnen mehr zumuten.

Vorsicht vor Leitungswasser

Außerhalb Ihres Hotels können Sie in echte Not geraten. Öffentliche Toiletten gibt es selten. Sie können sehr schmutzig sein. Nicht jedes Restaurant hat welche. Unterwegs mit Bus oder Auto ist die Sache auch schwierig. Sowie man sich in einer anscheinend menschenleeren Landschaft einen versteckten Platz ausgesucht hat, tauchen irgendwelche Ziegenhirten, Kuhtreiber oder andere Land-

WC-Probleme

INFO

Wachsendes Umweltbewusstsein: Plastik vermeiden!

Plastik und Plastikmüll ist ein Riesenproblem in einer Gesellschaft, die noch weithin bäuerlich oder vom bäuerlichen Hintergrund geprägt ist. Da ist man seit Jahrhunderten gewöhnt, dass die Natur zurücknimmt, was sich an Abfällen sammelt: nämlich zumeist organische Substanzen, ob Papier oder Baumwolltextilien. Wie man mit Materialien umgehen soll, die nicht verfaulen, verrotten und verrosten, aber massenweise weggeworfen werden, ist offensichtlich weithin nicht bekannt. Ob an Straßenrändern, in Hinterhöfen oder auf Marktplätzen, an Flüssen und Bächen, im Dschungel wie an den Meeresstränden und im Meer lagert sich das Plastik, wird altersgrau und vergeht doch nicht. Indische Naturschützer wissen von den Gefahren, die Plastikabfälle für Tiere mit sich bringen. Sie rufen dazu auf, möglichst kein Plastik, sondern zum Beispiel Taschen aus natürlichem Gewebe zu verwenden. Hotelmanager schließen sich ihnen an, weil sich Gäste beschweren. Auch in immer mehr Schulen wird den Kindern gesagt, dass Plastik nicht auf die Straßen und Höfe, sondern in die Abfallbehälter gehört. In einer nordindischen Großstadt, in Lucknow, fanden wir ein Hotel, das Gästen, die sich mit ihrer Unterschrift verpflichteten, auf Plastik zu verzichten, einen zehnprozentigen Preisnachlass anbot.

leute auf und verweilen in der Nähe. Manchmal ist das ein Problem. Gut, dass im letzten Jahrzehnt die Zahl der *Midway-Stations*, eine Art Rasthäuser an Fernstraßen, zugenommen hat. Sie haben meist sogar gut gewartete saubere Gelegenheiten.

INFO

Erwünschte Lebenshilfe Astrologie

Astrologische Beratung zu suchen, ist in Indien selbstverständlich. Auf Befragungen bekräftigt ein hoher Prozentsatz der Inder aller Schichten ihren Glauben an Astrologie. Besonders bekannt ist, dass Hochzeiten ohne astrologische Erforschungen nicht stattfinden. Doch wer in Indien arbeitet, weiß: Auch wirtschaftliche und politische Entscheidungen wie Verträge, Reisen, Grundsteinlegungen hängen vom richtigen astrologischen Datum ab. Sogar das Gründungsdatum des indischen Staates soll astrologisch überprüft worden sein. Erst recht sind vielen, die es sich leisten können, Beurteilungen des Zeitpunkts für Operationen oder Bewerbungen wichtig.

Die Astrologie wird in Indien nicht als Aberglaube abgetan. Sie gilt als anerkannte Wissenschaft, die an vielen staatlichen Universitäten Studienfach ist. Ursprünglich entstand sie in früheren Zeiten, um das richtige Datum für religiöse Rituale zu finden – sie ist also eng mit der Hindu-Religion verbunden.

Die sogenannte »vedische Astrologie« muss in Zusammenhang mit dem Glauben an ein eigenes *karma* verstanden werden. (s. S. 51ff.) Die vedische Astrologie behauptet dagegen nicht, sie könne aus der Gestirne-Konstellation fest umrissene Charakterzüge und darüber hinaus die Zukunft einer Person vorhersagen. Sie nimmt in Anspruch, Möglichkeiten und Tendenzen aufzuzeigen, um den Menschen anzuspornen, gegen sein *karmisches* Muster sein eigenes Potenzial einzusetzen und Wirkungen des *karma* zu überwinden. In die westliche Welt wurde dieser Denkansatz offenbar übertragen durch die astrologische Psychologie, die mancherorts propagiert wird.

Für den Laien scheint es so zu funktionieren: wenn der Tag durch störende Einflüsse deiner Gestirne belastet und schlecht erscheint, so wirst du dich besonders achtsam und umsichtig bemühen, um Ausgleich zu schaffen. Wenn ein Datum für ein Ereignis Glück verheißt, so ist das Bewusstsein davon eine gute Voraussetzung, dass die Dinge erfreulichen Verlauf nehmen.

Ist noch zu sagen, dass der Glaube an Astrologie in Indien nicht auf die Hindu-Bevölkerung beschränkt ist. Auch Christen, Muslime und andere gehen zum Astrologen. Und in vielen Hotels wartet ein Astrologe darauf, Ihnen seinen Rat zu geben.

Assam, Ananas und Anis – Gaumenfreuden

Teepause

Wallfahrtsort für Vegetarier

Religiöse Vorschrift

Indien gilt als kulinarischer Wallfahrtsort der Vegetarier. Weltweit hat es sich herumgesprochen, dass dort überall und überwiegend vegetarisch gegessen wird. Das hat vor allem religiöse Gründe. Bei den Hindus essen die Brahmanen, die Angehörigen der höchsten Kaste, kein Fleisch. Die Jains achten das Lebensrecht aller Tiere, ebenso die Buddhisten. In diesem Punkt haben zahlreiche Gläubige anderer Religionen die vegetarischen Essgewohnheiten übernommen.

Fleisch ist teuer.

Der zweite Grund für vegetarische Lebensweise ist finanziell begründet. Fleisch ist teuer, besonders in der Stadt. Viele Inder, die eigentlich keine Vegetarier sind, essen trotzdem wochenlang keines. Sie können oder wollen es sich einfach nicht leisten. Sollten Sie als Ausländer Inder zum Essen einladen, so versuchen Sie vorher deren Nahrungstabus in Erfahrung zu bringen.

Auf dem Weg zum Markt, Mysore, Karnataka

Gemüse

Reichhaltig wie bei uns

Für die vegetarische Küche bietet Indien ein reiches und wohlschmeckendes Gemüse-Angebot. Der Besucher aus Europa stellt auf den Gemüsemärkten erstaunt fest, dass die Gemüsesorten sich kaum von den europäischen unterscheiden. Die Gelben Rüben (Möhren) sind zwar fast tomatenrot, doch die Tomaten leuchten, abgesehen von wenigen hellgelben Sorten, in der uns gewohnten Farbe. Es gibt Gurken, mächtig lange Rettiche, Zucchini, Kürbis, Auberginen, Spinat, Blumenkohl, Zwiebeln, Weißkohl, alles wie auch bei uns. Sortenreich und in offenen Säcken werden allerlei Hülsenfrüchte angeboten. Braune, dunkelrote, orange Linsen, auch Erbsen und weißliche Kichererbsen.

Proteine aus Hülsenfrüchten

Gerade die Hülsenfrüchte sind ein wesentlicher Bestandteil der volkstümlich-vegetarischen indischen Küche, man bereitet sie als Brei oder sämige Soße (*dhal*), malt sie zu Mehl und bäckt Fladen daraus. Sie liefern die Proteine (Eiweißstoffe), die bei fleischloser Kost nicht fehlen dürfen. Zusammen mit den gebräuchlichen Getreidesorten ergeben sie eine vollwertige Ernährung. Außer den Hülsenfrüchten sind Nüsse Eiweißlieferanten.

Die Gemüse werden meist erntefrisch angeboten. Das Klima gestattet keine langen Transporte. Kühlwagen sind vorerst noch zu kostspielig. Die Ware hält sich, wenn sie einmal auf dem Markt ist, wegen der Wärme nicht lange. Gemüse »von gestern« ist daher leicht zu erkennen. Die Frische des Angebotenen ist für die Gesundheit der Käufer von Vorteil, der Straßenstaub auf den Produkten eher nicht, besonders wenn sie auf dem Boden des Marktes ausgebreitet liegen.

Nur Ernte-frisches!

Indische Köche und Köchinnen wissen, dass gründliches Waschen des Gemüses unbedingt notwendig ist. Gemüse, das nach dem Waschen geschält wird, kann auch vom Reisenden unbedenklich gegessen werden. Geschältes, rohes Gemüse wird in vielen Restaurants als *green salad* angeboten. Es enthält alles andere als grünen Salat, von dem wegen der unreinen »Kopfdüngung« immer abzuraten ist. Doch geschälten Rettich, Mohrrüben und Gurken als Vorspeise haben wir und unsere Reisegenossen immer ausgezeichnet und ohne nachteilige Folgen vertragen.

Gründlich waschen!

Obst

Vitamine kommen außer vom Gemüse aus den Früchten. Die sind die Augenweide auf jedem Markt! Auch sie sollten vor dem Verzehr auf jeden Fall geschält werden. Das ist bei den kleinen Orangen, die im Geschmack zwischen Mandarinen und Apfelsinen liegen, nicht weiter schwer. Ebenso bei den Bananen, von denen es in Südindien verschiedene Sorten gibt: Kochbananen, dicke gelbe, dünne gelbe und grüne mit besonders süßem Geschmack, dicke rote, die sehr aromatisch sind. Die etwas mehlige Sorte, die wir in Europa aus Südamerika geliefert bekommen, ist in Indien nicht zu haben.

Vitamine

Bananen sind tropische Früchte. Je mehr man sich den Vorbergen des Himalaya nähert, desto seltener gibt es sie. Das gilt auch für die Kokosnüsse. Dafür gibt es im kühlen Vorland des Himalaya gute Äpfel, die im Süden fehlen. Manchmal werden sie, halbreif geerntet, über tausende von Kilometern auf die südlichen Märkte gebracht. Uns schmecken sie nach dieser Prozedur nicht mehr. Doch sie sind teuer und haben im Süden den Ruf des Exotischen.

Bananen und Äpfel

Im Süden wächst Ananas, die beste der Welt, wie wir meinen: Geschält und in einem Haushaltmixer durchgerührt, löst sich ihr Fleisch ohne jede Fasern in wunderbarem, schaumigem, süßen Saft auf, ein köstliches Getränk. Immer häufiger werden Weintrauben angeboten, die zugleich süß und erfrischend schmecken. Da man sie nicht schälen kann, sollten auch sie gründlich in warmem Wasser gewaschen werden. Weiterhin gibt es noch verschiedenerlei Melonen, Granatäpfel, deren säuerliche Kerne man langsam kaut oder aussaugt, eine grüne schuppige Frucht namens *custard apple*, die man nicht roh isst, und eine Art Zimtfrucht, braun, mit großem Kern und körnigem Fruchtfleisch. Und die Papayas, Mangos, Jack-Früchte!

Die beste Ananas der Welt

Papayas schmecken mit einigen Tropfen Zitrone gut und wirken zugleich wie Medizin. Sie helfen, schwer Verdauliches zu bewältigen, und sind schon deshalb

Papayas und Mango

sehr zu empfehlen. Die kleinen runden schwarzen Kerne werden nicht mitgegessen. Mangos sind köstlich, saftig, beinahe flüssig, duftend und süß. Ihr Nachteil ist, dass sie nicht zur Hauptsaison der westlichen Touristen reifen, sodass sie den Reisenden meist nur als Chutney (süß-scharf eingemacht oder in getrockneter, kandierter Form) bekannt werden.

Jack-Frucht

Etwas ganz Besonderes ist die Jack-Frucht. Das ist ein granatengroßes und bombenschweres längliches Stück, das in Südindien an seinem Baum an kurzem Stängel direkt aus dem Stamm wächst (es würde jeden Ast brechen). Aufgeschnitten, enthält die Frucht viele gelbliche, feuchte Fasern und dazwischen glänzende, glatte Hüllen, jede umhüllt einen blanken, braunen Kern. Schale, Fasern und Kerne sind nicht essbar, aber die Hüllen schmecken sehr angenehm. Eine ganze indische Familie und ihre westlichen Besucher saßen am Tisch rund um eine Jack-Frucht und aßen, bis keiner mehr konnte – und es war immer noch ein Rest der köstlichen Kernhüllen übrig!

Erdbeeren

Aber sie haben keine Erdbeeren – dachten wir. Irrtum! Nicht weit von Mumbai, schon auf der Höhe des Dekkan in Maharashtra ist im Februar/März Erdbeersaison. Sündteuer sind die Früchte, zu denen die Bombay-Leute lange Ausflüge machen. In der frühen abendlichen Dunkelheit sitzen die Bauern an den Straßen, gegen die kühle Nachtluft mit dunklen Wollmützen geschützt, neben sich eine kleine Laterne und in sorgfältig aufgebauten Pyramiden die leuchtenden, roten Beeren.

Gewürzparadies Indien

INFO

Tonnenweise nach Europa – Gewürze aus Indien

Wo immer es Essbares gibt, machen die Gewürze ein indisches Erlebnis daraus. Sie wachsen in diesem Land in Fülle und in vorzüglicher, hocharomatischer Qualität. Viele gedeihen im tropischen Süden, im warm-feuchten Klima. Nahe der Malabar-Küste bei Kochi kann man sie in den Plantagen wachsen sehen, die dem Unkundigen wie Wälder erscheinen.

Die meisten Gewürzpflanzen mögen keine pralle Sonne, darum werden sie unter hohen, schattigen Bäumen angebaut. Nicht alle sind Bodengewächse wie Kardamom. Viele wachsen als kleine Bäume, wie Zimt, dessen Rinde geerntet wird, Gewürznelken, die aus Blüten eines Baumes entstehen, Muskat, der eine Nuss ist. Schwarzer Pfeffer ist eine rankende Pflanze, Ingwer eine Wurzel, ebenso Turmeric, die Gelbwurz, die den Gewürzmischungen die Farbe gibt und in der indischen Küche allgegenwärtig ist.

Übrigens stammt auch grüner und weißer Pfeffer von derselben Pflanze wie der schwarze, der eine aus unreifen, der andere aus geschälten Körnern. Gerade diese tropischen Gewürze – es wären hier noch Anis, der teure Safran aus Staubgefäßen einer Krokusart, die Vanille, eine Orchideenfrucht, und der etwas dumpf schmeckende Kreuzkümmel zu nennen – werden buchstäblich tonnenweise nach Europa exportiert, schon seit der Zeit der alten Römer. Heute wird sogar biologischer Anbau von den Importeuren durch Verträge mit den Bauern gesichert.

Einige Gewürze wachsen auch in Nordindien: Da ist zuallererst der rote Chilipfeffer zu nennen. Nach der Erntezeit sieht man in den Anbaugebieten kilometerweite rot bedeckte Felder: alles scharfe Schoten, die auf den Boden getrocknet werden. Sehr einfache Mühlen an den Feldern zerkleinern die spröde gewordenen Hülsen, ein hartes Brot für die Arbeiter und Arbeiterinnen, die den überscharfen Staub dabei unentwegt einatmen müssen, ihn in Mund und Augen fühlen.

Auch Senf wird angebaut, die Körner sind in vielen Gerichten enthalten. Fenchelkörner kaut man nach den Mahlzeiten. Zwiebeln gibt es scharf, aber auch süß; man isst sie roh oder als »pickles« sauer eingelegt. Übrigens nehmen Brahmanen nach ihren religiösen Regeln weder Zwiebeln noch Knoblauch zu sich. Da viele Köche Brahmanen sind, spielt Knoblauch folglich keine große Rolle in der indischen Küche.

Kokosnüsse, Kochi, Kerala

Der erste Happen – oft eine Überraschung

Ghee

Natürlich werden die Gemüse gekocht und zu Mahlzeiten zusammengestellt. Dabei serviert man meist mehrere Gemüsesorten zu einer Mahlzeit. Die indische Küche liebt Soßen, die das Gemüse mit viel würziger, fettreicher Feuchte umgeben. Das Fett ist in der feineren Küche »ghee«, eine erhitzte und geklärte Butter, die den Rang religiöser Reinheit hat (auch Götterbilder werden mit *ghee* übergossen). Ärmere Leute kochen oft mit Pflanzenölen wie Erdnussöl oder Sonnenblumenöl (nie mit Olivenöl, das in Indien kaum bekannt ist).

Curries

Die Soßen werden »Curries« genannt. Sie haben wenig mit den Pulvern in unseren Gewürzregalen zu tun. Sie werden aus frischen Gewürzpflanzen gekocht, jeder Koch hat eigene Rezepte. Gelbwurz, schwarzer Pfeffer, Ingwerwurzel, Kardamom, Chilischoten rot und grün, Zimt, Nelken, Koriander – alles kann dabei sein. Der erste Happen ist oft eine Überraschung. Blumenkohl, dessen Aroma an Lebkuchen erinnert (Zimt und Ingwer!), ist für westliche Gaumen gewöhnungsbedürftig.

Not too hot, please!

Inder sind an scharfes Essen gewöhnt. Es lohnt sich, in einem Restaurant bei der Bestellung inständig zu bitten: »Not too hot, please!« (Nicht zu scharf, bitte!). Der Koch versucht dann, die empfindlichen westlichen Lippen und Münder zu schonen, indem er die scharfen roten »Peppers« wenigstens zum Teil weglässt.

Zur »Eingewöhnung« geeignet, weil meist nicht zu scharf, sind die delikaten Reisgerichte, zum Beispiel »biriyani«, Reis mit Gemüse oder Fleisch vermischt, locker gedünstet. Der anspruchsvollere »pilao« kommt aus der aufwändigen Tradition der Mogulküche. Er ist mit Fleisch, feinen Gemüsen, Mandeln, Nüssen und getrockneten Früchten angereichert.

Reisgerichte

Aber man sollte sich nicht zu sehr vor ausgeprägtem Gewürzgeschmack fürchten. Denn gerade darin besteht doch der Reiz der indischen Küche. Viele der Gemüsegerichte sind im Grunde sehr einfach, etwa »palak paneer«, Spinat mit Käsewürfeln, oder »aloo muttar«, Kartoffeln mit Erbsen – indische Kochkunst wird daraus erst durch raffinierte Würzung.

Raffiniert gewürzt

Im Süden Indiens gehört zum Würzen die Verwendung von Kokosmilch, die den Gerichten einen ganz eigenen Geschmack verleiht. Dabei ist nicht das Kokoswasser gemeint, das in den Nüssen enthalten ist, sondern ein Aufguss mit kochendem Wasser auf geraspeltes Kokosfleisch, das nach einer Weile abgeseiht und ausgepresst wird.

Kokosmilch

Das Würzen und Garen in Curry-Soßen gilt meist auch für die Fleischgerichte. Auf den Speisekarten findet man in der Regel nur Lamm- und Geflügelfleisch. Warum? Hindus essen kein Rindfleisch, denn die Kuh ist heilig. (Achtung, Ausnahme! In Kerala bieten manche Restaurants »beef« – Rind – an, aber nie von Kühen, sondern von Bullen. Es ist eben alles eine Sache der Interpretation.)

Die Kuh ist heilig

Strikt abgelehnt von den muslimischen Indern wird Schweinefleisch. Eigentlich versteht man das, wenn man die kleinen Schweinchen, die fast wie Wildschweine aussehen, freilaufend in den Städten bei der Abfallbeseitigung sieht. Darum wird auf Restaurant-Speisekarten kein Schweinefleisch angeboten. Es bleiben eben nur Lamm (oft Schaf) und Geflügel übrig. (Ausnahme! Die christlich geprägte Küche in Goa kennt Schweinefleischgerichte, sogar Würste, das bekannteste ist das »vindaloo«, wegen seiner extremen Schärfe berüchtigt.)

Kein Schweinefleisch!

Fleischcurries und Kababs enthalten geschnittenes Fleisch, es gibt keine großen Stücke. Oft ist das Geflügelfleisch einfach kreuz und quer zerhackt, gegen die Struktur und mitsamt den Knochen (»chicken tikka«). Wer viele kleine Knochensplitter nicht mag, bestellt »boneless chicken«.

Hühnerfleisch in Stückchen

INFO

Im Tandoor gebraten

Fleischgerichte, die nicht im »gravy«, der gewürzten Soße schwimmen, kommen aus dem nordindischen Tandoor, dem glühheißen Inneren des Lehmofens. Das Fleisch wird vor dem Braten ausgiebig in Joghurt und Gewürzen mariniert, erhält seinen Eigengeschmack und wird in größeren Stücken oder als Spieß auf den Teller serviert. Darüber hinaus gibt es auch Fisch oder Vegetarisches (Käsestücke), die im Tandoor gegart werden, besonders beliebt ist »naan«, das an der Tonofenwand gebackene, flache Weizenbrot.

INFO

Indisches Fladenbrot

Fladenbrot: Brotlaibe, mit Sauerteig oder Hefe gebacken, gehören nicht zur traditionellen indischen Nahrung. Zwar hat sich zu Frühstücks- und Sandwichzwecken in den Städten ein sehr weißes Kastenbrot eingebürgert, das wenig Eigengeschmack hat und allenfalls zu Toast geröstet werden sollte, aber das ist wohl eine britische Reminiszenz. Indisches Brot ist flach. Die Fladen werden meist auf heißen Platten gebacken. Ihr Sammelbegriff heißt »roti«.

»Chapatti« nennt man das nordindische Volksnahrungsmittel. Es wird in den Weizenanbaugebieten der Yamuna- und Gangesebene und weit darüber hinaus aus Weizen-Vollkornmehl hergestellt. Aus Mehl, etwas Gewürz und Wasser kneten und formen die Frauen runde Kugeln, die sie dann zwischen den Händen flach klopfen. Chapattis werden heiß von der Eisenplatte serviert; sie dienen beim Essen oft als Werkzeug, um das Gemüse aufzunehmen.

Feineres Brot aus hellem Weizenmehl heißt »naan«. Es ist butterzart und wird im Lehmofen, im Tandoor, gebacken. Ein anderes Brot aus Vollkornmehl ist »puri«. Das wird, nachdem es zum Fladen geformt ist, in heißem Fett ausgebacken, es bekommt dabei große Blasen. Dem Mehlteig wird manchmal gemahlenes Linsenmehl zugesetzt. »Papad« nennt man hauchdünne, extra scharf gewürzte Fladen; man isst sie vor der Mahlzeit mit dem ersten Getränk.

Leichtere Vollkornfladen, die meist mit Würzsoße gegessen werden, heißen »parathas«. Sie gehören vielerorts zum indischen Frühstück. Ihre Stelle nehmen im Süden die »idlis« ein, feste Küchlein aus gekochtem Reis.

Im Süden ist »dosa« zuhause, ein dünner runder Fladen von ca. 30 Zentimetern im Durchmesser mit knusprigem Rand. Dort gibt es auch »appam«, einen Pfannkuchen aus Reismehl. Doch nimmt im tiefen Süden gekochter Reis die Stelle des Grundnahrungsmittels ein.

Essen vom Bananenblatt! Sogar die Schalen für die Gerichte sind aus Blättern gefaltet.

Reiche Beute, Fischer am Colva Beach, Goa

Fisch und Meeresfrüchte vom Feinsten

Fischcurries

Indien hat rund 7000 Kilometer Küstenlinie, da ist es klar, dass Fisch am Meer oft und gern gegessen wird. Man schwelgt in Fischcurries oder gebratenem Fisch, der nur manchmal zu scharf gepfeffert ist. Viele Köche sind Meister in der Fischzubereitung; als Besucher sollte man sich unbedingt Fischgerichte empfehlen lassen. Kolkata, überhaupt Westbengalen ist berühmt für seine Fischspezialitäten – Lieblingsfisch dort ist der »hilsa«. An der Westküste ist »Bombay duck«, Spezialität in Mumbai, keineswegs ein Vogel, sondern ein kleiner Fisch. Viel Fisch gibt's auch in Goa und Kerala, wo die Fischer auf ihren winzigen Auslegerbooten täglich weit aufs Meer hinausfahren, und wo auch Leute, die kein Fleisch essen, den Verzehr von Fisch mit vegetarischer Lebensweise vereinbar halten. Fisch in Kokosmilch gekocht ist dort delikate Spezialität! Schalentiere, große Shrimps und Krabben, sind so beliebt, dass die Bestände immer geringer und die Preise immer teurer werden.

Thali – viel auf einmal

Die ganze Vielfalt der indischen Küche

Ursprünglich war der »Thali« in Nordindien beheimatet, aber heute trifft man diese Art, Speisen zu servieren, in ganz Indien an: Sie bestellen einen vegetarischen oder nichtvegetarischen Thali. Serviert wird ein Tablett mit einem Halbdutzend oder mehr kleinen Schüsseln, einem Hügel weißen Reis und einigen flachen Broten. Manchmal stehen die Schüsseln nicht einzeln, sondern kommen auf einem Metalltablett mit kleinen Mulden. In Südindien verzichtet man oft auf Schüsseln; die Portionen werden nebeneinander auf ein breites Bananenblatt gehäuft.

Es gibt verschiedene Gemüsecurries, manche angereichert mit Stücken von »panir«, dem weißen, ganz neutral schmeckenden Käse, je nach Bestellung Fleisch, als Curry oder Spieß, »raita«, ein Joghurt mit Gemüsestücken, »pickles«, süß-sauer oder scharf eingemachtes Gemüse, und ein süßes Gericht. Häufig geht ein Kellner mit verschiedenen Gerichten herum und füllt die kleinen Schüsseln und den Reis schnell nach; der Gast hat kaum Zeit, ihn zu bremsen. Thalis sind von Region zu Region verschieden. Wenn man öfter vom Thali isst, studiert man die ganze Vielfalt der indischen Küche.

Süßes – als Nachtisch und auch zwischendurch

Süßes

Im Erfinden von Süßigkeiten ist die indische Küche ganz groß. Zwar spielt Schokolade dabei fast keine Rolle. Die meisten Süßspeisen werden aus Milch gemacht. Da ist der beliebte »kheer« (auch payasam genannt), ein süßer Milchreis mit Safran, und/oder Pistazien, getrockneten Früchten, Mandeln, Kardamom und Zimt. Oder die »vermicelli«, in Milch süß gekochte feine Reisnudeln mit Rosinen, Zucker und *ghee*.

Eingedickte Milch ist die Basis der »gulab jamun«, kleiner Bälle, die frittiert und zu allem süßen Überfluss in Sirup gebadet werden. Aus eingedickter Milch wird auch »kulfi«, eine Eiscreme mit Nüssen gemacht. Mandeln, Zucker und geriebene Mohrrüben vereinen sich im »halva« zu marzipanartigem Genuss. Eine bengalische Süßigkeit sind »rasgullas«, eine Art Quarkbällchen in Sirup.

In Goa wird ein vielschichtiger, konfektartiger Kuchen namens »bebinka« geschätzt. Aus karamelisierter Milch ist »barfi«; »ladu« nennt man ein häufig vorkommendes gewürztes Konfekt, das oft mit essbarem hauchdünnem Silber verziert ist.

Unermessliche Varietäten süßer Köstlichkeiten kann man in Konfiserien großer Städte kaufen. Oft sind dort auch westliche Schokoladenkreationen zu haben. An Straßenständen gibt es »jalebies«, frittierte, in Sirup getauchte Teigschlingen zu naschen. Kinder befriedigen ihren Wunsch nach Süßem oft mit einem Stück Zuckerrohr, das sie roh kauen und lutschen.

Salziges

Wer als Zwischenmahlzeit Salziges, Gewürztes vorzieht, findet im fast allgegenwärtigem Straßenverkauf Fettgebackenes, zum Beispiel »samosas«, oder »bhajas« – frittiertes Gemüse –, »bondas« aus gequetschten Kartoffeln und viele Teigtaschen mit stark gewürzten Gemüsen. Im Süden sind »masalas dosas« aus Linsenmehl, mit delikat gewürzten Kartoffeln gefüllt, ein beliebtes Zwischen- oder sogar Hauptgericht. Auch auf Bahnhöfen, wo Fernzüge oft längeren Aufenthalt haben, kann man sich mit solchen Mahlzeiten versorgen – wenn man nicht sogar, im Zug vorbestellt, seinen Lunch ins Abteil geliefert bekommt.

Kultur der ordentlichen Läden: Ob Zwiebeln oder Päckchen mit Knabberzeug – jedes Nahrungsmittel wird dekorativ gestapelt.

Ist »paan« eine Unsitte?

Nach dem Essen gibt es die angenehme Gewohnheit, einige Gewürzkörner zu kauen, die manchmal mit etwas Pfefferminz und Zucker vermischt sind. »Mouthfreshener« nennt man sie und viele Restaurants bieten sie an, wenn man die Rechnung anfordert. Das ist wirklich eine angenehme Gewohnheit.

Mouth-freshener

Aber viele Inder brauchen einen anderen Abschluss der Mahlzeit. »Paan« heißt das Päckchen aus Betelnuss, einem essbaren Blatt und Gewürzen, manchmal mit Zucker, das ausgiebig gekaut wird. Die Betelnuss soll eine beruhigende Wirkung haben (vielleicht wie Kautabak?); viele Leute sind ganz gierig darauf. Bedauernswert sind die armen Kerle, die ihr Leben lang *paan* kauen und davon rot-braun verfaulte Zähne bekommen. Beklagenswert ist die Umgebung, die an allen möglichen Orten rote Flecken von ausgespucktem *paan*-Saft bekommt. Besonders in Treppenhäusern, Arkadengängen, Unterführungen etc. ist der Anblick ekelerregend. Dennoch ist das Anbieten von *paan* eine geschätzte Geste der Höflichkeit und Anerkennung. Merke: Man kann sich an alles gewöhnen.

Betelnuss

Gegen den Durst

Wasser

Der Inder trinkt hauptsächlich Wasser; das ist aus klimatischen Gründen notwendig. Wohin man auch kommt, es wird einem zuerst Wasser angeboten. Das ist ein Problem für den Gast, der nur Mineralwasser oder abgekochtes Wasser trinken soll, weil er an die landeseigenen Keime nicht gewöhnt ist. Aus Höflichkeit darf er nicht ablehnen, muss aber das Wasser auf diskrete Weise loswerden oder jemandem aus der Familie des Gastgebers seine Notlage erklären.

Nichtalkoholisches

Mineralwasser aus orginalverschlossenen Flaschen ist in Ordnung; gleichfalls originalverschlossene Süßgetränke wie Cola etc. Bekömmlich ist »lemon soda«, Sprudel mit Zitronensaft, nach Wahl süß, salzig oder neutral. Von nicht abgekochter Milch ist abzuraten. Gern getrunken wird auch »lassi«, ein Yoghurtgetränk; doch Vorsicht bei empfindlichem Magen.

INFO

Wineshop ohne Wein – Alkohol in Indien

In den meisten indischen Regionen will die Regierung den Alkoholkonsum kontrollieren. Bier und Spirituosen sind nicht frei in den Läden verkäuflich. Es gibt staatliche *wine-shops,* manche sogar mit Aushang der Preislisten. Dort deckt sich der Mann ein mit seiner *»medicine«,* wie manche den Alkohol augenzwinkernd nennen.

Frauen gehen in der Regel dort nicht hinein, denn es gilt in den meisten Kreisen als unschicklich, wenn eine Frau Alkohol trinkt. Die *wine-shops* haben begrenzte Öffnungszeiten je nach Staatsregelung. Kurz vor der Öffnung versammelt sich eine ungeduldige Gruppe vor der durch ein Ladengitter geschützten Bude. Reisende, die mit Fahrer unterwegs sind, lassen sich häufig von diesem ihre Flasche besorgen.

In anspruchsvollen *wine-shops* gibt es importierte Spirituosen. Aber sie sind sehr teuer; erst recht natürlich, wenn man in einem Hotel einen echten Cognac oder Whisky bestellt. Allerdings werden in Indien inzwischen schon recht ordentliche und trinkbare indische Whiskys und Brandys produziert. Auf alle Fälle sollte man nicht die billigsten Sorten nehmen.

Gewarnt werden muss vor Angeboten, billigen Alkohol schwarz zu besorgen. Man weiß nie, ob der nicht giftige Stoffe enthält. Während einer unserer Indienreisen erkrankten fast alle Männer der Stadtreinigung einer der Großstädte schwer, erblindeten – viele starben –, weil sie verunreinigten Alkohol auf einer Betriebsfeier getrunken hatten.

Wine-shops haben nicht täglich geöffnet. Sonntags nie! Außerdem hat jede Region ihre »dry days«, an denen es nirgendwo Alkohol geben soll, auch nicht in Restaurants und Hotels. Zur Tarnung soll an einem solchen *dry day* schon Bier aus Kaffeetassen getrunken worden sein.

Von allen Bundesstaaten hat Gujarat als einziger strenge Prohibition (umso besser gehen die Geschäfte in dem Sondergebiet Diu an der Küste Gujarats). Auch manche Orte mit heiligen Hindu-Pilgerstätten verbieten den Verkauf von Alkohol.
Im Gegensatz dazu ist Alkohol in Goa, Diu und auch Pondicherry leicht zu haben und nicht hoch versteuert – ein historisches Erbe aus kolonialen, nicht-britischen Zeiten. Aber gegen Schmuggel wird strikt vorgegangen. Autos werden oft an den Grenzen zum Nachbarstaat streng kontrolliert.
Auf althergebrachte alkoholische Getränke sei hier noch hingewiesen: In Goa brennt man den »feni«, einen Schnaps aus den Früchten der Cashew-Nüsse. Und an der ganzen Südwestküste gibt es den »toddy«, einen Schnaps aus dem Blütenstock der Kokospalme.
Dagegen werden in Indien kaum Weine angeboten. Einige Winzer versuchen es in Maharashtra, sie haben sich von französischen und australischen Weinmachern Rat geholt. Luxushotels haben diese Weine schon regelmäßig auf ihren Karten. Zum Beispiel konnten wir im neueröffneten Hotel *Green Cove Kovalam* der Taj-Gruppe im Restaurant eine auf allen Seiten verglaste Weinkammer bewundern, die sogar begehbar ist. Für europäischen Geschmack waren allerdings die darin ausgestellten Rotweine durch die starke Klimakühlung im Restaurant deutlich zu kalt.

Tee

Tee ist immer richtig, er wird mitsamt der Milch aufgekocht; »masala tea« ist ein mit duftender Gewürzmischung aufgekochter Tee. Sehr beliebt und hygienisch ist das Wasser aus frisch geöffneten Kokosnüssen, die fast an jeder Straße in Südindien verkauft werden. Es ist immer kühl und schmeckt säuerlich-fade, herrlich für viele Durstige.

Bier

Viele Hindus (Muslims sowieso) trinken keinen Alkohol, also auch kein Bier. Nennt ein Restaurant sich »pure vegetarian«, gibt es dort meist kein Bier. Es wird aber in Indien recht trinkbares Bier gebraut, Geschmacksrichtung »Export«; die bekannteste Sorte ist *Kingfisher*.

Wein

Wein ist selten, da Reben nur an wenigen Orten angebaut werden. Für die härteren Sachen: muss man sich in Indien in einen der *wine-shops* begeben.

Indische Mahlzeiten

Breakfast

Auf Reisen wird man meist im Hotel frühstücken. Sehr viele Hotels bieten ein »continental breakfast« an, in Luxushäusern mit überfüllten Buffets, in einfachen mit dem unvermeidlichen Toastbrot, etwas Butter, Marmelade, Pulverkaffee; »breakfast Indian style« besteht aus Fladenbrot, auch Reis mit Linsen oder Reiskuchen, dazu guter Tee. Meist sind die Hotels sehr bemüht, persönlichen Wünschen nachzukommen, etwas Yoghurt oder ähnliches zu bringen.

INFO

Verhaltenstipps rund ums Essen

▶ **Spätes Dinner:** Dinner, das warme Abendessen, fängt nach indischem Brauch erst um 10 Uhr abends an. Wenn Sie zu 8 Uhr eingeladen sind, werden vor dem Mahl also Stunden mit Erzählen und Trinken vergehen. Nach dem ausgedehnten Dinner ist dann meist auch bald Schluss der Veranstaltung. Auch Restaurants in den Städten beleben sich meist erst um 9 Uhr abends oder später.

▶ **Alles auf einmal:** Ein indisches Essen hat keine aufeinander folgenden Gänge. Alle Gerichte werden zugleich serviert. Man nimmt sich nach Geschmack, was einem gerade gefällt. Allerdings wissen indische Feinschmecker genau, welche Gerichte, nacheinander genossen, eine Steigerung des Genusses bewirken. Da ist der Fremde aus Unkenntnis schlechter dran. Als Faustregel kann man sich merken: Alle mit Yoghurt zubereiteten Speisen gehören in die zweite Hälfte der Mahlzeit. Zuallerletzt natürlich kommen die Süßspeisen.

▶ **Das Bananenblatt zeigt es:** Häufig werden die einzelnen Speisen ohne Aufforderung nachserviert. Wenn man vom Bananenblatt isst, gibt es ein sicheres Zeichen, dass man die Mahlzeit beenden will: Man klappt die vordere Hälfte des Blattes von sich weg auf die hintere Hälfte.

Lunch

Die Mittagsmahlzeit heißt immer noch »Lunch«, wie zu Zeiten der englischen Kolonialherrschaft, und ist den Indern sehr wichtig: Anlass zur Pause in der heißen Zeit des Tages. Auch Geschäftstreffen werden oft auf einen Lunch ausgedehnt. Thalis sind beliebt als Essen zum Lunch. Man lässt sich beim Essen Zeit. Inder halten nichts von einer hastigen Mahlzeit.

Bestellte Speisen werden im Restaurant immer alle zugleich serviert; die Reihenfolge Vor-, Hauptgericht und Nachspeise kennt man nicht. In einfachen Restaurants oder in Privathäusern kann es passieren, dass kein Besteck am Platz liegt. Vielleicht ist der Neuankömmling erstaunt, dass die Inder fröhlich mit der Hand zugreifen. Aber das ist Landessitte. Man isst mit den Fingern (manche behaupten, in Südindien mehr mit der ganzen Hand als im Norden), und zwar darf man nur die r e c h t e Hand benutzen, die linke gilt als unrein und soll nicht die Nahrung berühren. Auch wenn der Reisende nicht mit den Fingern zurechtkommt beim Aufnehmen all der halbflüssigen Soßen, und Kellner oder Gastgeber ihm eine Gabel herbeiholen, soll er diese in der rechten Hand führen. Linkshänder haben es schwer in Indien.

Mit den Fingern essen ...

Es ist darum verständlich, dass auf das Händewaschen vor und nach dem Essen großen Wert gelegt wird. Restaurants, auch einfache, haben Waschbecken nahe dem Speiseraum. In Privathäusern kommt ein Diener oder die Gastgeberin mit Wasserkanne und Becken, damit der Gast sich waschen kann.

Wer lernen will, mit der Hand zu essen: Man führt die Fingerspitzen zusammen und greift einen Bissen Reis, drückt ihn etwas und taucht ihn in das Gemüse. Oder man hilft sich mit einem gefalteten Chapatti- (Fladenbrot-) stück. Am Ende des Mahls wird in vielen Häusern auch eine Schale Wasser mit einer Zitronenscheibe serviert. Ein Erfrischungsgetränk? Durchaus nicht! Die »finger-bowl« ist zum Fingerwaschen gedacht!

... will gelernt sein.

Immer gentleman-like: Chef eines indischen Restaurants

Wenn man bei Privatleuten speist, wird es oft vorkommen, dass die weiblichen Familienmitglieder das Essen bringen, aber nicht selber mithalten. Das ist so der Brauch, und als Gast kann man den nicht auf der Stelle ändern. Es ist übrigens in der Regel keineswegs der Fall, dass die Frauen nur essen, was die Männer übrig gelassen haben. Inderinnen von heute sind selbstbewusst und Herrin ihrer Küche!

Fremde Küchen in indischen Restaurants

In der entspannten Viertelstunde nach der Mahlzeit wundert sich der ungewohnte Indienreisende oft, dass indische Herrschaften ungeniert rülpsen. Das ist nur in westlichen Augen peinlich. In Indien ist es der willkommene Ausdruck der Zufriedenheit mit der angenehmen Mahlzeit.

Rülpsen angenehm!

In den Städten kann man seinen Hunger auch in Restaurants stillen, die Speisen anderer Länder anbieten. Oft hat auch ein Restaurant auf seiner Speisekarte eine chinesische und/oder eine kontinentale, d.h. westliche Abteilung. Das kann eine gute Abwechslung sein. Doch, um Enttäuschungen vorzubeugen: Alle Speisen sind etwas – oder sehr – indisiert. Das Chinesische ist indisches Chinesisch, und die häufig angebotenen Spaghetti Bolognese sind indische Spaghetti – die Gewürze, die Seele der indischen Küche, haben ihre Macht auch über fremde Speisen. Nur wenige Luxushotels mit Spezialitäten-Restaurants bieten authentische europäische oder auch thailändische Küche.

Alles ist indisiert.

Herz führt Verstand – Kulturelles Leben

Ein Festival aller Religionen

Es war ein wunderbares Zusammentreffen, wie es selten stattfindet, weil indische Feste meist nach dem Mondkalender begangen werden und daher, im Verhältnis zu unserem Gregorianischen Kalender, das Datum von Jahr zu Jahr wechseln. Und es fand in einer Region statt, die wie geschaffen ist für eine solche Konstellation, nämlich in Kochi im südindischen Kerala. Es passierte Folgendes:

Diwali der Hindus

In den letzten Oktobertagen fingen überall die Bewohner an, ihre Häuser zu schmücken und zu putzen. An allen nur möglichen Ecken wurden Lampen angebracht. Wie uns auffiel, begannen auch die christlichen Kirchen Vorbereitung zu einer stattlichen Festbeleuchtung. Aber was für ein Fest sollte es geben? Schließlich, am letzten Oktobertag, sahen wir Hindus festlich gekleidet kleine Feuerwerkskörper anzünden. Wir hörten, man machte Familienbesuche; besonders kamen die Brüder zu ihren verheirateten Schwestern mit einem Geschenk, und sie gingen mit einem frischen roten *tikka* auf der Stirn als Segenszeichen. Es war das Diwali-Fest, an dem Lakshmi, die Göttin des Glücks besonders verehrt wird und an dem man Krishnas Sieg über den bösen Narakasura feiert.

Allerheiligen der Christen

Und die Leute sagten, morgen sei noch ein Feiertag. Die Kirchenfassade prangte schon mit ihren hunderten von Lichtern, und es wurden tatsächlich noch einige mehr am nächsten Tag, denn es war ja Allerheiligen. Festlich gekleidet gingen die Christen zum Gottesdienst und die Feststimmung hielt auch bei den Hindus an. Der folgende Tag sah dann die christliche Gemeinde mit Blumen und Kerzen auf den Friedhöfen – Allerseelen. Man merkte allmählich, dass viele Geschäfte, auch die Banken, so etwas wie einen eingeschränkten Dienst versahen, die Türen oft geschlossen waren. Nun, das würde ja wohl am nächsten Tag ein Ende haben.

Id-ul-Fitr der Moslems

»Nicht dieses Jahr!« verkündete man. Es traf sich nämlich gerade so, dass auch der islamische Feiertag Id-ul-Fitr, das Ende des Fastenmonats, sich zeitlich anschloss. Diesmal feierte die muslimische Bevölkerung mit Festessen und allem, was im Süden zu einem Feiertag dazugehört. Die ganze Zeit über behielten auch Hindus und Christen ihre Festbeleuchtung und gute Stimmung bei. Feste der Religionen – jeder für sich und doch alle miteinander als Nachbarn. Das ist freilich in so zauberhafter Weise nicht an allen Orten Indiens üblich.

Der indische Festkalender

Weltliche Feiertage

Indien ist ein säkular regiertes Land. Doch die meisten Feste und Festtage sind religiöser Natur. Weltliche Feiertage, die in der Hauptstadt mit Umzügen und Fahnen gefeiert werden, sind der *Republic Day am 26. Januar* und der *Independence Day am 15. August*. Feiertag ist außerdem *New Year's Day*.

Tikka-schmuck – Nordindische Schönheit

Zahlreich und regional sehr oft verschieden sind die religiösen Festtage, sie werden von den Hindus meist lebhaft, farbig und sehr geräuschvoll gefeiert. Irgendwann im Jahr begeht auch jeder Tempel sein eigenes Fest, dann tönt an manchen Orten laute Musik aus überall im Dorf verteilten Lautsprechern – bis

Tempelfest mit Elefanten

Tempelprozessionen

tief in die Nacht hinein. Tempelprozessionen durch Reihen von bunten Marktständen, goldflittergeschmückte Tempelelefanten, blumengeschmückte Tempelwagen und superlaute Feuerwerke gehören dazu.

Pongal: Etwa Mitte Januar ist im Süden, besonders in Tamil Nadu, das Pongal-Fest. Es dauert einige Tage lang und ist ein Erntefest. Zentrales Ereignis: Es wird ein großer Topf Reis mit Milch und Zucker bis zum Überlaufen gekocht, um den Überfluss darzustellen. Oft geben die Bauern ihren Kühen vom Reisbrei zu fressen, nachdem sie das Vieh vorher gewaschen und die Hörner angemalt haben.

Holi: Unglaublich lebhaft, fast schrankenlos, übermütig, laut und rauschhaft wird allerorts in Nordindien mit dem Holi-Fest das Ende des Winters im Februar begangen. Der böse Dämon Holika ist besiegt! Es ist das Fest der Farben. Schon Wochen vorher sieht man auf den Märkten das Farbangebot wachsen, ganze Säcke voller Pulver werden angeliefert. Wenn ein Sack platzt, so ist straßen- und häuserweit alles gefärbt, Türen, Mauern, Hunde, Ziegen, Kinder, Hände, Haare – zum Beispiel rosa. Und das ist erst die Vorbereitung. Überall betteln die Kinder, die Eltern sollen ihnen doch die großen Plastik-Wasserkanonen kaufen.

Fliegende Farben

Der Reisende ahnt: »Das kann ja heiter werden«. Alle Inder bemühen sich, etwas ältere Kleidung für den großen Tag bereitzuhalten. Dann geht es morgens los. Farben in flüssiger und in staubiger Form fliegen auf Straßenpassanten, oft von oberen Stockwerken herab. Besonders nachhaltig sind Farben, die mit einer Art Gelatine angerührt sind. Sie kleben im Haar fest. Es gibt alte Miniaturmalereien, die zeigen, wie der Maharaja-Hof in Jaipur früher mit Farbspritzen Holi feierte. In gewissen Innenstadtvierteln ist es besonders toll. Ganz Kolkata ist einen Vormittag lang außer Rand und Band. Doch es geht auch anders. Wir erlebten ein lustiges Holi bei Freunden in einem Garten hinter einem Mehrfamilienhaus. Wir hörten Musik, es wurde etwas getanzt, es gab leckere indische Snacks, die Kinder spritzten Farben – »Aber nicht ins Gesicht« mahnten die Mütter, und die Erwachsenen fragten sich gegenseitig: »Darf ich dich mit Farbe anmalen«? Dann gab es eine rote, eine grüne Wange und eine blaue Nase. So feiern die Familien. Aber an manchen Orten trinkt oder raucht man *bang*, ein berauschendes Hanfprodukt, das an solchen Tagen legal ist. Wer sich als Reisender in das Zentrum des wilden Geschehens begibt, darf sich nicht wundern. Auch wir kamen einmal farbdurchweicht am Flughafen an, um aus Kolkata abzufliegen, und andere Fluggäste hatte es auch erwischt.

Wildes Geschehen

Shivrati: Ein feierliches freundliches Fest im Februar, Shivrati, zu Ehren Shivas. Bei den Shiva-Tempeln kommen oft Pilger aus der ganzen Umgebung zusammen, auf dem Land in Ochsenkarren oder mit Traktoren. Prozessionen, Gesänge, Rituale im Tempel gehören dazu. Oft baden vorher alle Gläubigen im Tempelteich. Die Frauen kleiden sich in frische Saris und breiten die nassen in der Gegend des Tempels auf dem Boden aus – ein wunderschöner Anblick, diese Farben!

Gangaur: Sehr malerisch ist in Rajasthan das Gangaur-Fest im März/April, wegen der bunten Trachten der Rajasthani-Frauen und wegen des Marktes.

Rath yatra: Im Juni/Juli findet das große Gedränge des Wagenfestes in Puri statt, das Rath yatra, wo Lord Jagannath (Krishna) auf dem riesigen Tempelwagen, von vielen Männern gezogen, herumgefahren wird. Früher war das Fest berüchtigt für seine fatalen Unfälle beim Bewegen der tonnenschweren Wagen (auch zwei andere Götterfiguren werden gezogen).Die Briten hielten es sprichwörtlich für religiösen Wahnsinn, den sie »jaggernauth« nannten.

Teej ist der Feiertag des Monsun in der Gegend, die – von Dürre geplagt – am Wüstenrand am meisten auf ihn wartete: in Rajasthan. Man singt, tanzt und genießt den Regen und trägt die Statue der Parvati ins Freie.

Ganesh Chaturthi wird mit ganz besonderer Inbrunst in Mumbai begangen. Statuen aus Lehm des elefantenköpfigen Gottes werden im Meer versenkt, nachdem sie mit Opfergaben verehrt worden sind. Ganesha genießt im geschäftstüchtigen Mumbai besondere Verehrung, da er Erfolg bringen und Hindernisse beseitigen soll. Dem rundbäuchigen Gott bietet man seine Lieblingsspeise, Süßigkeiten, an – die man schließlich selbst vertilgt.

Dussehra: Im September/Oktober beginnt Dussehra, als Erinnerung an den Sieg der tigerreitenden Göttin Durga über den büffelköpfigen Dämon Mahishasura, der die Welt vernichten wollte. In Varanasi und Kolkata werden kunstvolle bunte Bilder der Durga aus Pappmaché aufgestellt, feierlich verehrt und schließlich im Fluss versenkt (wo sie sich alsbald auflösen). Manchmal werden Bilder des Dämons Ravana verbrannt, was mit den Aufführungen des »Ram Lila« zusammenhängt, der Rama-Legende als Volksschauspiel. Das Fest ist eine Feier des Guten über das Böse.

Diwali feiert man bald darauf, Ende Oktober/Anfang November. Es schließt in der Bedeutung an Dussehra an, ist das Lichterfest, das Wärme und Freundlichkeit bedeutet, auch ein Familienfest.

Weihnachten: Die Christen Indiens feiern natürlich Weihnachten, mit Gottesdiensten in den Kirchen und als Familienfest. In den Großstädten gibt es öfter Weihnachtsbäume, die aber, als Dekoration, vom Bezug auf das christliche Fest abgelöst sind. Sie werden oft fast gleichgesetzt mit einem pagodenförmig gestalteten Festleuchter, den man zu Diwali aufstellt und im Dezember immer wieder beleuchtet. Der *Christmas Day* ist Feiertag.

Traumwelt der Töne – Klassische Musik

Klänge und Rhythmen...

Klare, tragende Klänge, durchwoben von schnell akzentuierenden, rhythmischen Schlägen – so in etwa empfindet der westliche Laie die klassische indische Musik. Unsere Ohren, unser Gehirn sind geprägt von europäischer Musik. Wir empfinden meist unbewusst ein tiefes Verlangen nach Harmonien, erleben selbst Disharmonisches noch vor dem Hintergrund dieses Verlangens. Eingeimpft ist uns die Regelmäßigkeit des immerwiederkehrenden Rhythmus.

... einer unwirklichen Welt.

Klassische indische Musik erleben Westler als Begegnung mit einer unwirklichen Welt. Und viele der Instrumente erzeugen Töne, die sehr verschieden sind von denen unserer Konzertinstrumente. Da ist zum Beispiel die *Tambura*, ein Instrument mit vier Saiten und langem Hals, das für die Basstöne zuständig ist. Die *Vina* ist eine große, etwas ungefüge Laute. Das in der westlichen Welt bekannteste Instrument ist die *Sitar*, ein Instrument mit vielen Saiten und breitem Hals. Kürzer, aber klobig aussehend, ist die *Sarangi*, die mit einem Bogen gespielt wird, im Gegensatz zum Saiteninstrument *Sarod*, das gezupft wird. *Bansuri* ist die indische Querflöte, das Instrument des Gottes Krishna**.** *Nagasvaram* und *Sanai* sind Oboeninstrumente. Die Doppeltrommel *Tabla* gibt die unentbehrlichen Rythmen an, aber sie ist nicht das einzige Trommelinstrument. Ein Miniharmonium, das Tasten hat und dessen Körper mit der Hand gepumpt wird, dient oft zur Begleitung von Gesang.

Geheimnisvoll...

Es heißt, indische Musik gehe zurück auf das vedische Zeitalter, überliefert von der *rigveda*. Genau so geheimnisvoll klingt sie auch. Über Jahrtausende hinweg beeinflussten andere Musikkulturen diese Überlieferung. Heute unterscheidet man Karnatischen (in Südindien) und Hindustani-Stil. Beide haben als melodischen Teil die *raga*, und als rythmisches Charakteristikum die *tala*. Schon da verliert der westliche Zuhörer meist den Faden, denn es liegt uns nicht im Blut, Takte von 16 Einheiten mit willkürlich erscheinenden Hervorhebungen nachzuvollziehen.

... und fremdartig

Leute aus dem Westen, die klassische indische Musik studieren, sind selten und brauchen jahrelang, bis sie bei einem wahren Meister mit dieser Kunst wirklich vertraut geworden sind. Sowohl karnatischer wie Hindustani-Stil kennen keine großen Orchester, wie zum Beispiel westliche Symphonie-Orchester. Die Ensem-

Sarangispieler aus Jodhpur, Rajasthan

bles sind klein, die Vorführungen haben etwas Intimes. Übertragungen durch Verstärker für zahlreiche Zuhörer in einem großen Saal schaden dem Klang dieser Musik. Der karnatische Stil bevorzugt die Mitwirkung einer Gesangsstimme. Die Solostimme der *raga* wird häufig auf der Sitar gespielt. Der berühmteste indische Musiker wurde der Sitar-Spieler Ravi Shankar.

Es kann sehr erholsam und angenehm sein, diese traumhafte Musik einfach auf sich einströmen zu lassen, ohne irgendwelchen Gesetzmäßigkeiten (die es zweifellos gibt) nachzuforschen. Es soll ja viele Menschen geben, die westliche Musik auch nicht anders anhören.

Volksmusik

Volksmusik gibt es auch in Indien, sogar wandernde Musikanten, auch singende Geschichtenerzähler. Es ist wahrscheinlich eine untergehende Kultur, denn über Radio und Fernsehen werden von der westlichen Popmusik beeinflusste Stücke, besonders Bollywood-Schlager, verbreitet und auch in entfernten Dörfern gehört.

Sprechende Körper – Klassischer Tanz

Tanz als religiöses Ritual

Tanz ist in Indien von früh an mit Mythologie und traditionellen Helden- und Göttergeschichten verbunden. Tanz wird von vielen, die ihn ausüben, als religiöses Ritual, als Gottesdienst verstanden. Er wird zelebriert vor den Zuschauern ohne Bühnenaufbauten, nur mit wenigen Requisiten, einer Öllampe, einer Messingschale. Wichtig und allein schon bezaubernd ist das Kostüm, aus glänzendem Stoff, prächtigen Farben, der Schmuck, üppig wie es einer Göttin zukommt, Armreifen, die mitspielen, große Ketten, Fußreifen, oft mit klingenden Schellen an den Fesseln. Der Stil bestimmt die Ausprägung der Gesichtsmaske. Meist werden die Augen sehr betont, denn Augenspiel ist Teil des Tanzes. So wichtig wie Bewegung der Füße und des Körpers ist die der Hände, die eine ausführliche Zeichensprache sprechen.

Regionale Unterschiede

Katahak — regional unterscheiden sich die Tanzstile – erzählt Geschichten aus dem Leben des Gottes Krishna, die oft auf Liebesgeschichten reduziert sind. Der Stil stammt aus Nordindien, vermischt Hindu- und muslimische Einflüsse. Kathak war an den Sultanshöfen des 17. Jahrhunderts populär und wurde von Tanzkünstlern im 20. Jahrhundert wieder entdeckt.

Kuchipudi stammt aus Andra Pradesh an der Ostküste. Auch dieser Tanzstil berichtet aus dem Leben Krishnas.

Manipuri kommt aus dem östlichen Staat Manipur; es ist ein gefühlvoller Stil. Entdeckt wurde diese Tanzart von dem indischen Nobelpreisträger, dem Dichter

Finger und Augen tanzen mit

INFO

Tipps für Fans indischer Darstellungskunst

▶ **Besuchen Sie Kalamandalam!** Wenn Sie über Tanz und klassische Musik speziell in Kerala mehr erfahren wollen, besuchen Sie Kalamandalam, im Dorf Cheruthuruthy 32 Kilometer nordöstlich von Thrissur. Besucher können dort in einem Halbtagesrundgang den Übungen der Studenten in Gesang und Tanz zuschauen. Kalamandalam ist eine staatliche Akademie der Künste, besonders der darstellenden. Zum Lehrprogramm gehören auch Massagen und gymnastische Übungen. Gelehrt werden Kathakali, außerdem andere Tanz-Darstellungskunst wie Mohiniyatta, der traditionelle Tanz der Frauen in Kerala, und Thullal, ein Ein-Mann-Theater, in dessen Vorführungen Episoden indischer Epen in einfachen Versen vorgetragen werden.
Es gibt sogar einen Deutschen, der die Malayalam-Sprache und diese intensive Thullal-Kunst in langen Jahren authentisch von einem Meister gelernt hat und sie an vielen Orten vorträgt, auch speziell für Kinder: Hartmut Schmidt in Freiburg/Breisgau, mit Künstlernamen Harianu Harshita.

▶ **Lernen Sie die Sanskrit-Theatertradition kennen!** Eine Besonderheit ist die 2000 Jahre alte Sanskrit-Theatertradition Koodiyatta, deren hochstilisierte Darstellungsweise ebenfalls zum Programm Kalamandalams gehört. Es werden auch Kurse für Interessierte angeboten, die zwischen sechs und zwölf Monate dauern.

▶ **Erleben Sie das »Dorf der Künste«!** Ein herrliches Erlebnis ist der Besuch von Kalakshetra, dem »Dorf der Künste« in Chennai (Madras), in dem Tanz, Musik und Textilkunst gelehrt wird. Jeden Vormittag staunen Zuschauer, wieviel Talent der jungen Inder dort offenbar wird.

▶ **Auf keinen Fall versäumen!** Das berühmte »Khajuraho Festival of Dance« sollte niemand versäumen, der an indischem Tanz interessiert ist. Es findet jedes Jahr in der letzten Februarwoche/ersten Märzwoche statt, im Freien vor den beleuchteten alten Tempeln von Khajuraho. Auskunft findet man unter www.mptourism.com

---

Rabindranath Tagore, der Manipuri-Tänzer nach Bengalen einlud. Die Tänzer fallen durch ihre bodenlangen, zylindrischen Röcke auf, die wie farbige Röhren wirken.

Odissi ist die sehr alte Tanzkunst Orissas, die ursprünglich nur in Tempeln aufgeführt wurde.

Bharata Natyam ist der klassische Tanz Südindiens, der in Tamil Nadu, Karnataka und Kerala getanzt wird.

Volkstänze

Variationen: Von all diesen Tanzstilen gibt es volkstümliche Variationen, die wegen ihrer Anmut und dem tänzerischen Einfallsreichtum bei der Darstellung von Alltagssituationen (Fischertänze) bei Vorführungen großen Beifall der Touristen finden.

Fest-stimmung auf dem Kamel-rücken

Kathakali, in Kerala beheimatet, wird oft als Tanz bezeichnet. Es ist genauer gesagt getanztes Theater. Sein Name bedeutet »Geschichten-Vorführung«. Es ist sehr fesselnd, so einer Aufführung zuzusehen, besser noch, auch die Vorbereitungen zu erleben. Alle Charaktere sind starkfarbig und dick geschminkt, stundenlang dauert es, bis die grüne Schminke aufgetragen ist, die zum Gesicht des Gottes Krishna gehört, bis der weiße hauchdünne Bartrand sitzt und die Augen mit Mangosaft gerötet sind. Das Kostüm mit seinen Schichten übereinandergezogener Röcke, mit Bündeln von Schmuck und der hohen Krone wiegt viele Kilo. Es ist zu bewundern, wenn der Tänzer sich an einem heißen südindischen Abend darin bewegt, ohne einen Hitzschlag zu bekommen. Traditionell müsste eine Vorstellung die ganze Nacht lang andauern! Die Aufführungen für die Besucher (auch die indischen) sind heute viel kürzer, etwa wie eine normale Theateraufführung.

Tanzdrama

Teyyam: Eine andere Tanzdrama-Kunst ist die der Teyyam-Tänzer. Auch sie sind in Kerala, meist nördlich von Ernakulam, zu finden. Diese Kunst wird noch heute meist in Tempeln aufgeführt, von Laien, und von den Vorführenden erklärtermaßen als Gottesdienst begriffen. Rot-orange sind die Darsteller der mythologischen Szenen geschminkt, die üppige Kostüme in denselben Farben tragen. Die Darstellungsweise ist wilder, expressiver als die im Kathakali.

Indische Literatur in englischer Sprache

Rabindranath Tagore

Weltweit präsentiert ein Name die indische Literatur des frühen 20. Jahrhunderts: der des bengalischen Dichters Rabindranath Tagore (1861–1941), der 1913 als erster Inder den Literatur-Nobelpreis erhielt. Er war nicht nur Poet, sondern auch Lehrer seines Volkes, gründete eine Universität, die neben westlicher Lehre indische Tradition bewahren sollte. Er dichtete in seiner Muttersprache Bengali, übersetzte seine Dichtungen häufig selbst ins Englische. Er wurde dadurch zum Wegweiser für die englischsprachige indische Literatur.

Das Englische war in der Zeit der britischen Herrschaft zur »allindischen« Elitesprache der modernen, gebildeten Kreise geworden. Nach der Unabhängigkeit 1947 wurde es als die Sprache der einstigen Kolonialherren heftig bekämpft. Doch erwies es sich gegen nationale Absichten zu einem großen kulturellen und politischen Einigungsfaktor. Der Bengale Suniti Kumar Chatterji nannte des Englische »unschätzbar«; der Einfluss seiner Literatur »bei der Modernisierung des indischen Geistes und der Wiedererweckung seines großen Erbes aus der Vergangenheit ... kann nicht hoch genug gewertet werden. Englisch ist eines der größten Geschenke des modernen Zeitalters an Indien«.

Allindische Elitesprache

Freilich mahnte der britische Dichter T.S. Eliot vor »schlimmen Auswirkungen der Störung einer einheimischen Kultur durch eine fremde«. Es ist jedoch klar, dass durch die englischsprachige indische Literatur den kreativen Impulsen des

INFO

Salman Rushdie – Magischer Realismus

Salman Rushdie wurde 1947 in Bombay geboren und ist weltweit einer der bekanntesten indischen Schriftsteller (seit 1994 britischer Staatsbürger). Rushdie schildert mit den Mitteln des oft durchaus heftigen Realismus märchenhaft überhöhte Geschehnisse, nimmt dazu wirklich vorhandene Hintergründe (das alte Cochin, Landschaften in Kashmir) und wichtige Ereignisse (etwa um das Unabhängigkeitsdatum der indischen Republik) zum Schauplatz seiner sagen- und märchenhaften Erzählungen. Die geschilderten Geschehnisse bestehen oft nicht in der Wirklichkeit der Erzählebene, sondern nur in der Vorstellungswelt seiner Figuren. Rushdie, selbst ein indischer Muslim, scheut sich nicht, religiöse Tabus zu brechen, was ihm nicht verziehen wurde.

Ein iranischer Ayatollah war 1989 so erbost über seinen Roman »Satanische Verse«, dass er offiziell dazu aufrief, Rushdie zu ermorden. Der Muslim Rushdie hatte nämlich die Hauptperson des Romans in einem Alptraum das Leben des Propheten an sich vorüberziehen lassen, offenbar mit »unfrommen« Details. Seither lebte Rushdie das unstete Leben eines Bedrohten, bis 1998 die iranische Regierung sich vom Todesurteil distanzierte. Zwei seiner Übersetzer sind umgebracht worden.

Rushdie war vorher schon bekannt und gefeiert wegen seines Romans »Mitternachtskinder«, der indisches Leben vom Beginn der Unabhängigkeit an zum Thema hat. Neben anderen Werken fand »Des Mohren letzter Seufzer« (1995) weltweite Resonanz. Der Roman hat Kerala und Mumbai, aber auch das spanische Andalusien zum Schauplatz, auf mehreren geschichtlichen Ebenen. 2005 erschien der Roman »Shalimar der Narr«. Salman Rushdies erzählerisches Geflecht von mythischer Märchenhaftigkeit und krasser Farbe der Realität hat ihm das Prädikat »magischer Realismus« eingetragen. Seine Werke sind bei führenden Verlagen in deutscher Übersetzung erschienen.

INFO

»Max Mueller Bhavan«

Wer war dieser Mann? In Indien ist er berühmter als in seinem Ursprungsland Deutschland, wo er 1823 als Sohn des Liederdichters Wilhelm Müller (»Am Brunnen vor dem Tore«) zur Welt kam. Max Müller war ein Gelehrter, der sich – als einer der ersten – der Erforschung des Sanskrit widmete. Er lehrte im 19. Jahrhundert im englischen Oxford Indologie und Religionswissenschaft. Er erforschte die alten Sanskritschriften der *rigveda* und veröffentlichte sie, und da alle seine Publikationen in englischer Sprache erschienen, ist er in Indien bekannt und verehrt. Als wir vor längerer Zeit zum ersten Mal in Indien waren, wurden wir noch gefragt: »Wenn Sie Deutsche sind, dann können Sie doch bestimmt auch Sanskrit?« Zu so großartigem, wenn auch irrtümlichen Ruf hatte Max Müller uns Deutschen verholfen.

Die Institute der Bundesrepublik Deutschland, die im Ausland deutsche Kultur und Sprache vermitteln, heißen überall auf der Welt »Goethe-Institut« außer in Indien. Da sind sie als »Max Mueller Bhavan« bekannt. Sie sind in Bangalore, Delhi, Hyderabad, Kolkata, Mumbai und Pune zu finden. Manchmal besuchen auch Touristen aus Deutschland die Häuser, da sie dort aktuelle deutsche Zeitungen, Zeitschriften und Bücher lesen können.

Fesselnde Einblicke

indischen Volkes, seinen Lebensäußerungen und geistigen Entwicklungen ein Tor zur Welt geöffnet wird. Indische Schriftsteller, die auf Englisch publizieren, waren sich lange sehr bewusst, dass ihre Werke nur von einer Minderheit in Indien wahrgenommen werden konnten. Doch das Lesepublikum wächst mit der immer weiter verbreiteten Schulbildung und den vielen »Auslandsindern« (s. S. 95) – und es weitet sich aus in die Welt. Indische Romane und Erzählungen nehmen immer mehr die sozialen und emotionalen Situationen verschiedener Bevölkerungsschichten zum Thema. Deshalb öffnet die Lektüre auch Gästen und Liebhabern Indiens fesselnde Einblicke in das Land.

Übersetzungen

Eine Reihe von indischen Romanen und berichtenden Erzählungen ist schon vom Englischen ins Deutsche übersetzt worden. Eine kleine, persönliche Auswahl, zur spannenden Lektüre empfohlen, finden Sie am Ende dieses Buches. (s. S. 203f.)

Wir gehen ins Kino – Bollywood boomt

Seichte Handlung

Alle reden von Bollywood-Filmen, seit einige dieser Musik- und Tanzstreifen mit Herz und Schmerz auch in unsere Kinos kamen und ihr Publikum entzückten. Natürlich wollen wir auch in der Heimat dieser glitzernden Filmkunststücke ins Kino. Wobei es kein Problem ist, statt in einen Hindi-Bollywood-Film in einen Tamil-Film zu gehen; der Inhalt versteht sich von selbst. Liebe mit Hindernissen, ein gewalttätiger Böser greift ein, Generationenkonflikt oder Schwesterneifersucht flammt auf, zwischen Tanz und Gesang treibt alles einem glücklichen Ende zu,

Bücherstand in Bombay: Auch Sigmund Freud ist dabei

INFO

Einblicke schwarz auf weiß – Zeitungsangebot in Indien

Die Zeitungen in den Regionalsprachen bleiben dem Reisenden unzugänglich. Damit kann man sich abfinden, denn die Zahl der englischsprachigen Presseorgane ist viel größer, als man annimmt, wenn man das erste Mal nach Indien kommt. Zu haben sind sie allerdings hauptsächlich in den Zentren größerer Städte und eventuell in großen Hotels, die den Gästen so ein Blatt oft schon morgens vor die Tür legen.

Die englischsprachigen Zeitungen sind meist überregional, das heißt, sie berichten aus allen indischen Gegenden und vom Geschehen in der Hauptstadt. Weltnachrichten sind recht spärlich; sie konzentrieren sich auf amerikanische Außenpolitik und Sportereignisse. Aus Deutschland wird kaum etwas gemeldet, da müsste schon ein grünes Kalb mit acht Beinen geboren werden.

Tageszeitungen sind u.a. die *Times of India, Hindustan Times, Statesman, Telegraph, Hindu, Indian Express.* Dann gibt es natürlich auch Magazine, aus denen viel vom indischen sozialen und politischen Leben zu erfahren ist. Ausführlich berichten *India Today, Outlook, Week.*

Deutsche Zeitungen und Magazine sind höchst selten zu finden.

An attraktiven Frauen herrscht in Bollywood kein Mangel

unter Tränen möglichst, damit es ans Herz geht. Die Mädchen haben lange blaue Wimpern, die Frauen tragen glänzenden Schmuck, die Gangster schwarze Revolver oder blaublitzende Messer, die Wiesen sind sattgrün, die Gärten voller Blüten.

Angenehmes für die Seele

All diese Zauberwelt zeigt sich im Kino, das in kleineren Städten bunkerartig fensterlos oft das größte Gebäude ist. In den großen Städten bietet der Kinopalast Klimaanlage, Popkorn und anderen populären Luxus. Der Eintrittspreis ist, verglichen mit den Preisen in Europa, sehr niedrig, den geringen Löhnen der Menschen angepasst. Dafür bekommen sie dann Angenehmes für die Seele: laute, oft allzu weiche Musik, glockenhellen Gesang. Die Personen der Filme sind eindeutig, ganz und gar tückisch oder durch und durch edel, ohne Zwischentöne, herzensgut oder weise. Das Publikum genießt die Ablenkung vom Alltag. Es muss keine Angst haben, von einem Tabubruch aufgestört zu werden: kein Sex, keine erotische Körperberührung, keine familienfeindlichen Inhalte. Die Filmstars sind für die Zuschauer Helden, man verehrt sie und traut ihnen oft auch im Leben gute und kluge Taten zu.

Kunstfilme

Zentren der Filmproduktion sind Mumbai, Kolkata, Chennai (Madras) und Hyderabad. Ganz im Verborgenen lebt die Gattung der Kunstfilme, kaum je werden Sie als Tourist einen zu sehen bekommen. Wenn doch: Sie sind meist im Tempo viel, viel langsamer, nachdenklicher als europäische Filme.

INFO

Mira Nair – Grenzgängerin zwischen den Welten

Mira Nair, Indiens erfolgreichste Film-Regisseurin, wurde 1957 in Bhubaneshwar/Orissa geboren. Sie studierte Sozialwissenschaften in Indien und den USA und benennt als weitere Stationen ihres turbulenten Lebens New York, Kampala (die Hauptstadt Ugandas) und Delhi.

In fast allen Dokumentar- und Spielfilmen beschäftigt Mira Nair die Frage nach Zugehörigkeit und Fremdheit. Sie selbst sieht sich als Grenzgängerin »zwischen den Welten«, also den Lebensverhältnissen und Mentalitäten Indiens, Afrikas und der globalisierten westlichen Kultur. Wichtig ist ihr, das entbehrungsreiche Leben der Unterprivilegierten ins Blickfeld zu rücken.

International bekannt wurde sie 1988 mit »Salaam Bombay!«. Ihr größter Spielfilmerfolg erzählt die Geschichte eines Jungen vom Dorfe, der auf der Suche nach Arbeit in die indische Metropole Bombay kommt. Seine Erlebnisse, nicht nur viele Enttäuschungen, Unterdrückung und Betrug, sondern auch Entdeckungen und Freundschaften, lassen keinen Zuschauer unberührt. Dieser Debütfilm gewann den Regiepreis des Cannes Film-Festival und wurde für einen Oscar nominiert.

Es folgten, auch in deutschen Filmkunstkinos, »Mississippi Masala« (1991) und »Kamasutra« (1996). »Mississippi Masala« erzählt die Geschichte einer jungen Inderin, die mit ihren Eltern aus Uganda fliehen musste, und sich in einen Afroamerikaner verliebt. Für »Kamasutra« musste Mira Nair über ein Jahr kämpfen, um in Indien durch die Zensur zu kommen; der aufwendig gedrehte Film wurde aber dennoch ein Flop. Ihre Komödie »Monsoon Wedding« erhielt dagegen 2001 in Venedig den Goldenen Löwen. Damit war sie die dritte weibliche Regisseurin in 58 Jahren und ihr Film der erste indische Beitrag seit 44 Jahren, der ausgezeichnet wurde. Inhaltlich geht es um das mehrtägige, turbulente Hochzeitsfest der Tochter einer wohlhabenden Hindu-Punjabi-Mittelstandsfamilie. Mit ihrer Literaturverfilmung »Vanity Fair« (nach »Jahrmarkt der Eitelkeiten« von W.M. Thackerey) versuchte Nair im Frühjahr 2005 an den Erfolg von »Monsoon Wedding« anzuknüpfen.

INFO

Eine deutsch-indische Brücke

Wer weiß noch, dass in den wilden 20er Jahren des 20. Jahrhunderts Berlin ein bevorzugtes Zentrum und auch Asyl indischer Patrioten war? Politiker, Journalisten, Publizisten, vor allem aber Studenten zog es nach Deutschland. Sie gründeten Vereine und sorgten in Berlin dafür, dass immer mehr junge Landsleute auch außerhalb der Hauptstadt Stipendien fürs Studium an deutschen Universitäten erhielten. Seit 1922 arbeitete der »Verein der Inder in

Zentraleuropa e.V.« (Hindusthan Association of Central Europe). Erster Präsident war Zakir Husain, der 1967 zum Präsidenten Indiens aufstieg. Auch Indiens Literatur-Nobelpreisträger Ranbindranath Tagore sprach vor dem Verein und lud deutsche Wissenschaftler nach Shantiniketan ein, an die von ihm gegründete Universität. Der Congress-Politiker Jawaharlal Nehru, schon 1909 erstmals in Berlin, rief die junge Generation seines Landes zum Studium in Deutschland, als bessere Alternative zu den Universitäten der Kolonialmacht Großbritannien.

Aus dieser Szene der deutsch-indischen Annäherung entstand 1929 in München im Rahmen der Deutschen Akademie das »Indien-Institut«, das sehr aktiv war, bis Hitler-Herrschaft und seit 1939 der Weltkrieg den Kulturaustausch abblockten. Doch bald nach Kriegsende nahm das »Indien-Institut« (seit 1960 e.V.) seine Arbeit wieder auf und fördert seither den interkulturellen, wissenschaftlichen und wirtschaftspolitischen Austausch zwischen beiden Ländern mit Vorträgen, Ausstellungen, indischer Musik (in engem Kontakt mit dem Dirigenten Zubin Mehta), Tanz und Theater. Alle Indienfreunde finden hier eine informative Anlaufstelle. (www.indien-institut.de)

INFO

Moderne indische Kunst: neuerdings ein Renner!

Im letzten Jahrzehnt bildete sich eine eigene moderne indische Kunstszene heraus, die nach und nach lebhaftes Interesse des internationalen Kunstmarkts gewann. Namen wie Maqbool Fida Husain, Francis Newton Souza und V.S. Gaitonde werden schon in den USA hoch gehandelt. Moderne indische Kunst erreichte bei Christie's in New York und bei Sotheby's in London schon 2006 eine Umsatztotale von 14.8 Mill. US$. In Indien selbst macht das online-Auktionshaus Saffron von sich reden (www.saffronart.com). Gefragt ist nun schon die 2. Generation der modernen Künstler wie Atul Dodya, Subodh Gupta, Jitish Kallat. Kritiker bemerken, Händler-Ankäufe dienten dem Investment. In den USA fällt auf, dass dorthin emigrierte Inder lebhaftes Interesse an zeitgenössischer indischer Kunst zeigen.

Persönliche Kontakte, Handeln und Verhandeln

Alltag in Bombay

Begrüßung auf Indisch

Hallo

Sie haben junge Inder, die in Deutschland studieren, kennen gelernt? Und die begrüßen jedermann mit »Hallo« oder »GutenTag«? Sie können sich kaum vorstellen, dass Begrüßungen ganz anders verlaufen können und sogar müssen?

Namastee

Es ist zwar wahr, dass manche Inder im Umgang mit Fremden Begrüßungen westlich locker aussprechen; aber in Indien sind eben doch die traditionellen Worte »Namastee« oder »Namaskar« (beide betont auf der ersten und letzten Silbe) das Richtige. Dabei legt der Grüßende beide Hände in Brusthöhe flach aneinander, mit geschlossenen Fingerspitzen nach oben gerichtet. Besonders Frauen begrüßt man so. Sie sind noch mehr als Männer gewohnt, Körperkontakt zu vermeiden, auch wenn er nur aus Händeschütteln besteht. Eine Dame mit vorgestreckter Hand zum Handgeben gewissermaßen zu nötigen, ist ein echter Benimmfehler. Allerdings: Modern eingestellte Inder, weiblich oder männlich, haben ganz und gar unsere westliche Art der Begrüßung übernommen.

Zurückhaltung üben!

Wenn man die Leute aber noch nicht sehr gut kennt, weiß man das leider nicht vorher. Also ist es angesagt, auf der Hut zu sein und beim Auftritt der Gastgeberin den Bruchteil einer Sekunde abzuwarten. Der entscheidet: Hebt sie beide Hände vor der Brust hoch – oder streckt sie die rechte Hand aus, um Sie zu begrüßen? Im letzteren Fall kann man die gebotene Hand beruhigt ergreifen. Andernfalls tun Sie es ihr nach und grüßen Sie zurückhaltend mit dem indischen Gruß.

Körperkontakt mit nicht verwandten Personen des anderen Geschlechts ist ganz ungebräuchlich. Daraus ergibt sich auch, was Inder von Umarmungen und unserer »Bussi-Bussi-Kultur« halten, nämlich gar nichts. Wenn man sich schon besser kennt, umarmen sich in Indien zur herzlichen Begrüßung zwar Männer mit Männern und Frauen mit Frauen, Geschlechtergrenzen zu überschreiten aber ist in der Regel strikt tabu.

Älteren Respekt erweisen!

Sie werden öfter beobachten, dass jüngere Leute sich bei der Begrüßung vor einer älteren Person hinabbeugen, deren Füße kurz antippen und sie dann erst begrüßen. Das »Füße berühren« ist eine Geste großen Respekts. Sie wird von jüngeren Frauen und Männern gegenüber alten Lehrern, aber auch vor Verwandten der älteren Generation ausgeführt. Selbst alte Eltern oder Großmütter werden so gegrüßt, oft sogar ein Chef, ganz bestimmt aber ein Guru (Lehrmeister). Von westlichen Gästen freilich erwartet man das nicht.

Keine Furcht vor vielen frechen Fragen

What's your name?

Schon auf der Straße fragt jeder Schuljunge den unbekannten Fremden: »What's your name? Where are you from?« Wer es immer wieder – etwa bei einem Volksfest – hundertmal hintereinander gehört hat, ist entnervt.

Gesellschaftliche...

Aber die Fragerei hat – gesellschaftlich – System. Auf dem Parkett persönlicher und geschäftlicher Beziehungen werden noch weit mehr Fragen gestellt; häufig in den ersten fünf Minuten nach der Vorstellung. Freundlich, aber ohne Hemmungen, dringt der indische Gesprächspartner auf den Fremden ein: Wie der Name seines Vaters laute, was der Beruf des Vaters – gewesen – sei, wo der Gesprächspartner aufgewachsen sei, in welcher Schule und Universität ausgebildet, wie es mit der Verwandtschaft sei, bekannte Namen etwa? Oder kenne er prominente Leute?

Traditionelle Grußgestik

Mr. Singh aus Jaisalmer?

Unter Indern wird die Fragerei akzeptiert als ein Mittel zur gesellschaftlichen Standortbestimmung des Gegenübers. Der soziale Hintergrund soll ausgeleuchtet werden, damit ein Gleichgewicht der Beziehungen möglich wird und zugleich die Hierarchie, auf die man in Indien viel Wert legt, erhalten bleibt. Früher genügte der Name, um über Kaste und Religionsgemeinschaft Klarheit zu erfragen. Heute besteht eben die Bestimmung des Status in einem ganzen Fragenkatalog. Man kann sich vorstellen, dass Inder oft ratlos sind, weil ihre Kategorien auf Fremde aus dem Westen nicht passen. Ein gewisses Misstrauen ist, besonders in geschäftlichen Bereichen, das Resultat.

...Standortbestimmung

Verhaltensknigge – Mr. Singh gibt eine Party

...und Sie sind eingeladen. Es ist eine große Dinnerparty angekündigt. Die Gäste sind um halb acht gebeten. Was müssen Sie beachten, um sich nicht als schlecht erzogener Europäer zu outen?

Was ziehe ich an? fragt sich bei der Gelegenheit nicht nur die Dame, die sich das ja sowieso immer fragt. Der Herr kann beruhigt sein: Auch zu einer Abendeinladung ist nicht zwingend schwarzer Anzug verlangt. Aber (dunkle) lange Hose, langärmliges Oberhemd und Krawatte sind obligatorisch, wenn auf Formen wert gelegt wird. Manche Männer nehmen bei 35 Grad Abendtemperatur ein frisches Hemd mit, um es, wenn schon der Weg hocherhitzend war, nach Ankunft wechseln zu können. Es ist auch sicher gesünder, in den oft unterklimatisierten

Dresscode einhalten!

Innenräumen nicht mit feuchten Hemden stundenlang herumzusitzen. Die Klimaanlagen können einen tatsächlich heftig frösteln lassen; es ist also gar nicht verfehlt, eine Jacke mitzunehmen. Indische Herren tragen häufig traditionelle Kleidung aus weißer, oft handgewebter Baumwolle. Was von den Gästen unbedingt vermieden werden sollte: kurze Hosen (Bermudas) und gemusterte Buschhemden.

Besser kein Sari!

Und die Frauen? Sie haben es leichter. Manche orientieren sich am hübschen *salwar kameez* (Hosenanzug) aus indischem Stoff. Doch auch ein europäisches Sommerkleid ist ganz richtig; der Rock sollte kniebedeckend, also nicht zu kurz, und die Schultern nicht unbedeckt sein. Manche Europäerinnen und Amerikanerinnen können der Pracht der Saris nicht widerstehen und wickeln sich schlecht und recht in einen solchen. Aber es will lang erlernt sein, einen Sari würdig zu tragen, keine komische Figur darin abzugeben. Inderinnen sind sich einig und haben es mir im Vertrauen gesagt: Westliche Frauen sehen im Sari meist verheerend aus. Aber auch wenn Sie sich zu gewagt westlich kleiden, zuviel Busen, zuviel Po-Ansatz zeigen, dann liefern Sie bestimmt gewaltig Gesprächsstoff und hinterlassen den entsprechenden Eindruck.

Blumen oder Konfekt

Wird ein Geschenk erwartet? Ein Geschenk muss nicht sein, es ist nicht allgemein üblich. Es ist aber auch nicht falsch, etwa Blumen oder etwas Konfekt mitzubringen. Die Blumen sind in durchsichtige Folie gebunden. Ein verpacktes Geschenk wird nicht vor den Augen des Gastes geöffnet, erst nach der Party.

Freunde mitbringen!

Wie weit geht die Gastfreundschaft? Überraschenderweise haben sie zwei Stunden vor Beginn der Party einen alten Freund getroffen, der sich zufällig am selben Ort wie Sie aufhält. Sie wollen die Gelegenheit, mit ihm zusammenzusein, nicht wegen der Einladung verpassen. In Indien ist die Lösung einfach: Sie nehmen den Freund mit. Das ist eine ganz übliche Gewohnheit, ohne vorher anzufragen, Verwandte oder Freunde mitzubringen. So erscheinen oft Schwiegereltern, Freunde, Besucher der Gäste und Kinder, für die sich ausnahmsweise kein Babysitter fand, auf einer Party. Sich darüber irritiert zu zeigen, wäre eine Schande für die Gastgeber.

Bitte nicht überpünktlich!

Wann geht die Party richtig los? Sie lesen auf Mr. Singhs Einladung 7.30 Uhr. Das bedeutet, dass Sie den Singhs nicht mit dem Glockenschlag ins Haus fallen dürfen. Das wäre unhöflich. Die Singhs rechnen damit, dass sich die Gäste so gegen acht Uhr allmählich einfinden.

Juckreiz in der Nase? Sie haben ein Problem, wenn Sie sich erkältet haben. Denn der Gebrauch eines Taschentuchs, besonders wenn es dabei irgendwelche Geräusche gibt, gilt als unmögliches Benehmen, besonders bei Tisch unakzeptabel. Suchen Sie die Toilette auf, wenn Sie sich schnäuzen müssen.

Wenn der Magen sich meldet? Im Gegensatz dazu sind Rülpsgeräusche voll akzeptiert, sie werden nach Tisch als Zeichen gewertet, dass es geschmeckt hat. Sie müssen das jedoch nicht unbedingt mitmachen!

Was wird getrunken? Leider geht man bei Singhs noch lange nicht zu Tisch. Sie kennen Mr. Singh schon etwas und wissen, dass er ein kühles Glas Bier zu schätzen weiß. Also können Sie auf die Frage »Was möchten Sie trinken?« ohne Zaudern antworten: »Ein Bier!«. Wenn Sie aber nicht wissen, ob Ihr Gastgeber vielleicht streng abstinent lebt (die strikten Vegetarier trinken oft auch keinen Alkohol), ist es besser, Sie halten den Wunsch nach Bier etwas zurück, mit einem Blick auf andere Gäste und deren Getränke haben Sie meist schnell heraus, ob sie nach Alkohol fragen dürfen. Oft gibt der Gastgeber schon die Auswahl vor: »Tee oder Fruchtsaft?« oder »Bier, Saft oder Whisky mit Eis?« Klar, im ersten Falle ist es höflich, nicht auf Alkohol zu bestehen.

Die Dame verzichtet.

Was trinkt die Dame? Viele Inderinnen trinken keinen Alkohol in der Öffentlichkeit – es gehört einfach nicht zum konservativen Bild der anständigen Frau. Wenn Sie bei bisher nicht nahe bekannten Gastgebern einen guten Eindruck machen wollen, verzichten Sie auf alkoholische Getränke oder beschränken Sie Ihre Mengen auf ein Minimum.

Zurückhaltung üben!

Über welche Themen unterhält man sich? Alle Gäste sind inzwischen bei den Singhs eingetroffen, stehen in Gruppen beisammen, sind einander mit freundlichen Worten der Gastgeber vorgestellt worden und nun eifrig in Gespräche vertieft. Als Ausländer werden Sie natürlich über Ihre indischen Eindrücke und Erfahrungen befragt. Achtung! Platzen Sie jetzt und an diesem Abend nicht gleich mit Ihrer radikalen Meinung über kleine Schuhputzer (Kinderarbeit), schlechte Gesundheitsversorgung für Straßenkehrer (Kastenkritik), indische Atomrüstung (Politik) heraus. Es wird in Indien zwar gerne über Politik und Gesellschaft diskutiert, aber man schätzt Fremde mit agitatorisch-nassforschen Ausführungen nicht. Zeigen Sie Ihr Interesse mit Fragen! Sprechen Sie ruhig auch über Ihre Gefühle, die Sie angesichts der einen oder anderen Situation hatten. Aber vermeiden Sie Ratschläge. Argumentieren Sie nicht von oben herab.

Lieber nicht das Wetter bemühen!

Und beim Smalltalk? Meist finden am Anfang der Party die berühmten Smalltalk-Themen Zustimmung. Hier allerdings lauert schon wieder die Gelegenheit, Fehler zu machen. Wenn man in unseren Breiten mit Gesprächen über das Wetter nichts falsch machen kann, so ist dies in Indien nicht so einfach. Regen ist zum Beispiel kein »schlechtes Wetter«, selbst wenn es schon seit Tagen reichlich schüttet. Auch als kühl empfundene Temperaturen sind in der monatelang unter extremer Hitze leidenden Gesellschaft eher etwas sehr Begrüßenswertes. Klagen hierüber werden von den meisten Indern als sonderbar empfunden.

Familiengeschichten? Immer beliebt und interessant sind Familienthemen. Denn die Familie ist überall in Indien die uneingeschränkte Hauptsache. Familien der Gäste wie der Gastgeber sind Anlass zu ausführlichen Erörterungen. Das ist so. Für unhöflich wird gehalten, wer daran gar kein Interesse zeigt.

Ganz zum Schluss!

Wann kommt das Essen? Unterdessen haben die Gäste bei Singhs jeder seinen Platz gefunden, sitzen in Zimmern oder auf der Terrasse, rauchen (Tabakangst kennt man in Indien kaum), genießen Gespräche und Erfrischungen, wechseln von Gruppe zu Gruppe. Es gibt kleines Knabberzeug, *snacks*, zu den Getränken. Es gibt Musik, sogar *live*, von einigen Musikern dargeboten. Alle genießen die entspannte Atmosphäre. Aber wo nur wo bleibt eigentlich das Dinner?

Wer es am Anfang oder auch nur im ersten Drittel der Party erwartet, hat sich verrechnet. Indische Partys enden gewöhnlich mit dem Dinner, fangen nicht mit dem Essen an. Das Dinner ist ein Höhe- und zugleich ein Schlusspunkt. Es soll die ganze Kochkunst des Hauses vorführen. Es wird immer einige völlig vegetarische Gerichte anbieten, da rund ein Fünftel aller Inder strikte Vegetarier sind. Die Speisen sind ein weiteres Gesprächsthema, nicht nur unter Frauen.

Damit Sie die Party ohne Magenknurren erleben, essen Sie einen kleinen Imbiss vorher, nur so viel, dass sie zum Diner wieder Hunger haben. Ohne solche »Unterlage« bekommen Ihnen die alkoholischen Getränke nicht.

Der Abschied nach dem Essen ist kurz und ohne Zeremonie. Wir winken Mr. und Mrs. Singh im Weggehen zu: Die Party war wundervoll!

One Minute, IST-Zeit und Pünktlichkeit

Geduld ist gefragt

»One minute« hören Sie, wenn Sie nach einer Dienstleistung fragen: auf der Bank, wenn Sie einen Scheck einlösen, in der Werkstatt, wenn eine Kleinigkeit in Ordnung gebracht werden soll. Es werden aber viele Minuten. Es dauert viertel- und halbe Stunden. Und dann sind die Leute noch sichtbar freudig-stolz darüber, dass sie so schnell waren.

Morgen oder gestern?

Sie wollen geschäftliche Gespräche führen. Sie möchten sich um neun Uhr vormittags verabreden. Das stellt sich als utopisch heraus. Vor zehn ist niemand im Geschäft. Sie wollen zwei Gespräche hintereinander terminieren. Das ist gewagt, meist gelingt es nicht, irgendein Termin verschiebt sich immer. Sie fragen, wann Ihr Freund von einer kleinen Reise zurück sein wird. »Morgen« ist die Antwort. Nach drei Tagen ist er immer noch nicht da. Sie erfahren, dass »morgen« irgendeine Zeit in ferner Zukunft bedeutet, das heißt, das Wort in Hindi (kal) ist eine Bezeichnung, die Entfernung von »heute« besagt, es kann also auch »gestern« bedeuten.

Verwirrende Zeitbegriffe

Der Zeitbegriff ist ein anderer als bei uns. Die Abkürzung IST – Indian Standard Time – bedeutet, dass es trotz der Größe des Landes in Kolkata und in Mumbai immer zur gleichen Zeit zwölf Uhr ist. Das hat als einzigen Nachteil, dass es um sechs Uhr früh in Gujarat im Westen noch dunkel ist, während in Assam im Osten schon die Sonne scheint. Nun ja, die Landbevölkerung arbeitet sowieso nicht nach der Uhr. Und in den Städten erklärt man IST als »Indian Stretchable Time«, also als die »indische dehnbare Zeit«. Termine lassen sich verschieben. Wer weiß denn, was dazwischen kommen wird, als der Termin vereinbart wurde.

INFO

Falls das Chaos Sie übermannt...

... hilft nur eines: Abwarten und Tee trinken! Keine Aufregung aufkommen lassen! Auch in Indien ist das Leben ein langsamer Fluss...

Mr. Singh aus Jaipur?

Moderne Inder leben mit zweierlei Zeitbegriffen, dem westlichen bei technisch bedingten, dringenden beruflichen Angelegenheiten und dem indischen im täglichen Leben. Manchmal geraten beide Zeitsysteme durcheinander, bei allem guten Willen.

Immer wieder Missverständnisse – Mann und Frau

Voyeurismus?

Direkt hinter dem Dünenkamm sitzen Männer, eine ganze Kleinbusladung voll, in einer Reihe. Fast jeder hat einen Feldstecher vor den Augen. Sie blicken gespannt und kichernd auf das Meer. Oder? Nein, nicht auf die Brandung ist ihr Augenmerk gerichtet. Vier junge Europäerinnen, die sich auf dem Sand in bunten Bikinis sonnen, werden aufs Korn genommen.

Doppelmoral?

Als die jungen Damen ihre Beobachter bemerken, packen sie wütend ihre Badetaschen zusammen und verlassen den Strand. Wieder zuhause erzählen sie dann manch wüste Geschichte über die schamlose Aufdringlichkeit indischer Männer. Und die jungen indischen »Machos« ihrerseits erzählen ihren Freunden in Mumbai von der schamlosen Nacktheit der Westlerinnen am Strand von Goa:

Andere Länder, andere Sitten!

Miss Singh aus Madras?

Bikinis wie in den Illustrierten! Wo doch anständige (indische) Frauen ihren kompletten Sari anbehalten, wenn sie ein Bad im Meer nehmen. Hier stoßen beispielhaft verschiedene Kulturauffassungen zusammen. Das Wunschideal indischer Männer ist die zurückhaltende Frau, die nichts riskiert, keinen Blick, keine offen sichtbare Körperlichkeit. Nackte Körperpartien, selbst wenn es nur die Schultern sind, gelten als »tierisch« und unzivilisiert. Freiheit im Auftreten war in Indien fast bis in unsere Zeit nur ein Merkmal der Prostituierten. Frauen aus Europa kennen seit dem beginnenden 20. Jahrhundert die Natürlich-

INFO

Nützlich zu wissen, ...

... dass der Vorname gilt.

Bei der Anrede wird stets der Vorname mit Mr. oder Mrs. genannt. Die meisten Leute behalten nur den Vornamen im Kopf, darum ist es sehr wichtig, Visitenkarten dabei zu haben, die man überall verteilt.

... was bedeutungsvolles Kopfschütteln heißt.

Ach nein, es ist eher ein Kopfschwingen, das oft von uns Westlern mit der verneinenden Geste verwechselt wird. Der Inder hört zu, was der Gesprächspartner ihm mitteilt. Um anzuzeigen, dass er das Mitgeteilte durchaus für möglich oder ausführbar hält, bewegt er den Kopf wie auf einem Kugelgelenk mit der rechten Seite gegen die rechte Schulter, dann mit der linken Seite gegen die linke Schulter, ohne das Gesicht nach rechts oder links zu drehen.

Aber was bedeutet nun ein echtes »nein«? Es wird nur ganz selten so krass angewendet. Aber wenn, ist es ein kurzes, ruckartiges Hochreißen des vorher leicht geneigten Kopfes (so, als ob man Hörner auf der Stirn hätte, mit denen man sein Gegenüber aufspießen und hochwerfen wollte).

keit, Offenheit der Blicke und Bewegungen, darüber hinaus leichte Kleidung. Sie haben, aus dem Verständnis der europäischen Gesellschaft heraus, ein Recht auf Sport und körperbetonte Erscheinung.

In Indien treffen Sie auf Menschen, die Erotik und Sexualität nicht, das heißt nur tabuisiert erlebt haben. Von indischen Mädchen verlangt die Familie, dass sie bis zur Ehe keine Erfahrungen mit Männern haben. Indische junge Männer sind vor der Ehe sexuell unterversorgt oder kennen Freizügigkeit nur aus dem Rotlicht-Milieu. Sie schließen aus dem Auftreten der fremden Frauen fälschlicherweise, diese seien sehr »leicht zu haben« *(fast*

Wohl sicher keine Mrs. Singh

... dass der Fahrer Informationen will.

Wenn Sie einen Wagen mieten, ist in Indien fast immer ein Fahrer dabei. Er ist eine wichtige Person für Sie, denn er weiß mit dem unberechenbaren Straßenverkehr zurecht zu kommen, und er weiß Wege zu Ihren Zielen. Gute Autovermietungen vermitteln Fahrer, die wenigstens etwas Englisch können. Wenn Sie auf pünktliches morgendliches Erscheinen zur Abfahrt Wert legen, vermitteln Sie das dem Fahrer gleich zum Anfang der Tour. Wichtig ist, dass Sie selber wissen, was Sie wollen. Schreiben Sie Ihre Ziele jeden Tag auf einen Zettel (wenn nötig, in Druckbuchstaben) und lassen Sie den Fahrer entscheiden, welche Reihenfolge verkehrstechnisch die beste ist. Bei längeren Strecken fragen Sie nach der möglichen Dauer der Tour, ob alle Ziele in einem Tag erreichbar sind (Mietwagen fahren aus Sicherheitsgründen nicht gerne nach Anbruch der Dunkelheit). Wenn nötig, machen Sie dem Fahrer begreiflich, dass Sie keinesfalls zwischen den Zielen eine Handvoll Souvenirläden anlaufen wollen...

girls). Dass es nicht so ist, haben viele indische Männer noch nicht mitbekommen. Frechheiten und Übergriffe (Betatschen im Gedränge, Anstarren, wiederholtes Zu-nahe-Kommen) sind die Folge.

Wie verhält »Frau« sich?

Wenn eine Frau sich stark genug fühlt, sich zu behaupten, geht sie von ihren westlichen Gewohnheiten nicht ab, wohl wissend, dass es zu Missverständnissen führen kann, wenn sie zum Beispiel in einem Café mit einem fremden Mann in ein ganz unverfängliches Gespräch kommt. Kameradschaftliche Freundschaften zwischen Männern und Frauen hält man in Indien nicht für möglich.

Andere Frauen gehen Missdeutungen konsequent aus dem Weg, indem sie Minirock und schulterfreies Top daheim lassen, sich im Bus geschickt in eine Ecke drücken (da setzen sich sowieso Frauen nur neben Frauen) und am Strand nur dort baden gehen, wo schon andere Touristen baden und sich sonnen.

Anleitung zum Feilschen im Basar

Das Objekt der Begierde

Das schöne Schachspiel hat es dem Touristen angetan. Das Brett in sorgsam eingelegter Arbeit aus hellem und dunklem Stein, von einer Pietra-dura-Kante aus Ranken und Blüten umgeben, die Spielfiguren jede einzelne ein fein geschnitztes Kunstwerk, die Türme als Elefanten gearbeitet – es ist einfach eine Pracht. Der »Liebhaber« des Kunstwerks kommt schon den zweiten Tag an dem Geschäft vorbei und beäugt sein Objekt de Begierde, wie er meint, unauffällig. Er wendet seinen Blick auch auf andere erlesene Dinge des Ladens, da er gehört hat, man solle sein Interesse nicht zu offenkundig dem Händler zeigen, weil das den Preis in die Höhe treibe. Ja, der Preis. Er ist in Indien selten, fast nie an der Ware angebracht. Also muss man fragen. Es sei denn, es handelt sich bei dem Laden um ein staatliches »Emporium« mit einem Schild *»Fixed Price«* an der Tür.

Der Händler

Am Morgen des zweiten Tages folgt der Tourist einer auffordernden Gebärde des Händlers, der wie immer nahe seiner offenen Tür steht, und betritt den Laden. »Namastee«. Er betrachtet versonnen einige Wasserpfeifen im Hintergrund und eine kleine Figur des Ganesha, aber der Händler hat längst erraten, woran dem Touristen eigentlich gelegen ist. Das Schachspiel also. Bevor der Tourist nach dem Preis fragen kann, hat der Händler ihm eine der Figuren in die Hand gegeben. Er lässt den möglichen Kunden erst fühlen, ihn nicht nur mit den Augen die Schönheit aufnehmen, gibt ihm noch eine zweite Spielfigur in die Hand, benennt mit leiser Stimme Material, Qualität und Machart, fügt hinzu, es sei ein Einzelstück und nicht so leicht woanders zu haben.

Der Tourist

Der Tourist kann nicht anders als ihm in jedem Punkt zustimmen, es ist kein Fehler zu entdecken. Dann... könnte er natürlich gleich nach dem Preis fragen, über dessen schreckliche Höhe erschrecken, sich nach der Tür umsehen und den Rückzug planen.

Aber er sagt zunächst, versonnen auf das Kunstwerk schauend, d a s wäre natürlich viel zu kostbar für ihn, sicher unerschwinglich. Der Händler beeilt sich, ihm mit einem nicht zu hohen Preis das Weiterhandeln schmackhaft zu machen. Der

Mr. Singh aus New Dehli?

Kunde lobt das Schachspiel wieder, gibt aber zu, dass er so viel nicht ausgeben könne. Oder: Der Kunde sagt, er habe ein ähnliches Kunstwerk in einem anderen Laden für geringeren Preis gesehen. Der Händler glaubt ihm kein Wort – er kennt die Waren seiner Kollegen – und nennt den Preis, den er für das Schachspiel, das wie gesagt einzigartig sei, erwarten könne. Egal, auf welchem der zwei Wege die beiden zu diesem Punkt gekommen sind, nun ist es am Kunden, seine Preisvorstellung vorzubringen. Der Händler erwartet das, er will ja weiter verhandeln.

Die Pattsituation

Der Kunde kappt in Gedanken den für ihn viel zu hohen Anfangspreis um, sagen wir, 50 Prozent und nennt die Summe. Der Händler macht, je nach Temperament, ein trauriges oder ein entrüstetes Gesicht. Er lehnt ab, mit Hinweis auf eigene Kosten oder ähnliches. Der Kunde zuckt mit den Schultern, sagt, er müsse sich das ganze noch überlegen, ja, er erkenne an, dass das Objekt schön sei. Er wendet sich zur Tür mit bedauerndem Öffnen der Hände (bedeutet: ich habe nicht viel, ich kann nicht wie ich möchte). Der Händler hat vorhin schon Tee bestellt, ein Junge kommt mit dem Tablett, der Kunde wird aufgefordert, Platz zu nehmen, Bedenkzeit mit Teetrinken. Der Händler senkt den Preis. Der Kunde macht ein bekümmertes Gesicht. Er sieht sich im Laden um und lobt die gute Auswahl, bemerkt eine Alabasterschale, die er sich geben lässt, er wiegt sie in der Hand. Ein Mitbringsel für eine Verwandte?

Bedenkzeit mit Teetrinken

Der Händler hat plötzlich eine muntere Miene aufgesetzt. Er fragt den Kunden, woher er käme, wo er in Indien schon gewesen sei. Seine Stimmung ist umgeschlagen. Er setzt seinen Preis noch einmal merkbar herab, mit der Begründung, es sei das erste Geschäft des Tages *(first business)*.

Das Ergebnis

Der Kunde horcht auf, nennt einen wenig höheren Preis als den vorgeschlagenen, w e n n darin dann außer dem Schachspiel auch die Schale enthalten sei. Mit Handschlag besiegeln beide den Geschäftsabschluss, strahlend zieht der Tourist mit seinem Einkauf ab, strahlend verabschiedet ihn der Händler.

Es ist hinzuzufügen, dass natürlich nicht jeder angegebene Preis einfach um die Hälfte vom Käufer unterboten werden kann, bei kleineren Objekten ist das schon oft unverhältnismäßig. Es soll aber auch nicht der erstgenannte Preis ohne Handeln gezahlt werden, das bringt den Händler um die Freude an seinem Beruf, er will ja etwas leisten und nicht von der Dummheit oder Schüchternheit des Kunden profitieren. Und man soll auch nicht wegen jeder Banane das große Feilschen anfangen, höchstens dann, wenn man aus Kenntnis der üblichen Preise sieht, dass absolut unsinnig überhöhte Summen gefordert werden.

Übrigens müssen natürlich Westler manchmal mehr zahlen. Einer unserer Fahrer nahm mir mal die Einkaufstasche aus der Hand mit der Bemerkung »*Your face is expensive*« (Ihr Gesicht ist teuer) und ging für mich zum Obststand.

Verhandeln auf Indisch will gelernt sein

Das Missverständnis lauert

Immer mehr Reisende haben in Indien beruflich zu tun. Manche machen sehr bald die Erfahrung, dass in Indien auch geschäftlich in einem anderen Stil gearbeitet wird als im Westen, wo es in den einzelnen Ländern auch Unterschiede gibt. Doch in Indien ist so mancher geschickte Manager dann doch überrascht.

Der westliche Ansatz

Zum Beispiel vom ganz anderen Tempo eines Verhandlungsprocedere. (Sie ahnen es, wenn Sie den Abschnitt über Pünktlichkeit noch im Kopf haben.) Inder schätzen Westler als »extrem zeitorientiert« ein. Verhandlungen sollen ohne Aufenthalt möglichst schnell über die Bühne gehen. Man macht gleich zu Anfang seinen Willen zur Beweglichkeit um der Sache willen klar. Vorbereitung über die Interpretation der Voraussetzungen ist selbstverständlich und Bedingung.

Das indische Verständnis

Nicht so in Indien. Durch den Hinweis auf Beweglichkeit bei der Lösung von Problemen gibt man sich da höchstens eine Blöße: Er wird als Zeichen der Unsicherheit ausgelegt. Die Verhandlungspartner setzen sich zusammen, eine Seite legt ihren Standpunkt und ihre Wünsche dar, die andere Seite tut das Gleiche. Jeder ergänzt seine Darlegungen mit zusätzlichen Argumenten und Beispielen.

Im weiteren Verlauf wiederholt sich das Vorgehen, mit denselben unveränderten Darlegungen. Eventuell zieht jede Seite Mitarbeiter hinzu, die ebenfalls dieselben Argumente wiederholen.

Geduld üben!

Der westliche Verhandlungspartner hält jetzt schon (!) die Sache für hoffnungslos festgefahren. Aber nicht die Geduld verlieren! Nicht abrupt, mit Zeichen der

Nervosität oder gar des Ärgers, die Verhandlung abbrechen. Auch nicht verzweifelt, um noch ein Minimum der eigenen Interessen zu retten, Kompromisse anbieten. Das alles wäre nur zum Vorteil der anderen Seite.

Man muss weiterreden, auch wenn es scheint, als ob alles bereits viermal gesagt wäre. Aber man soll sehr genau hinhören. Irgendwann ist zu fühlen, dass die Stimmung umschlagen könnte. Jetzt erst kann man durch einen neuen konstruktiven Vorschlag den Verlauf des Gespräches wenden, das dann bald zum Ende geführt werden wird.

Emotionen zulassen!

Eng verbunden mit dem großzügigen Umgang mit Zeit ist der indische Hang, selbst unter Menschen, die höchst sachlich mit Geschäften befasst sind, Emotionen nicht auszuschließen. Die Verbindung von Mensch zu Mensch ist in Indien nur über Emotionen möglich. Sie schlagen Brücken, wenn Sie sich von hilfsbereiten Menschen helfen lassen, in Kleinigkeiten, mit Auskünften: »Wo finde ich einen guten Mann, der meine Klimaanlage endlich repariert?«. »Wissen Sie jemanden, der mir einen Gärtner vermitteln kann, der seinen Job wirklich versteht?«, »Ich will meiner Mutter ein gutes Rezept von Mango-Chutney schicken, wen könnte ich da fragen?«. Ein ganzes Büro, eine ganze Abteilung wird sich beeilen, die richtige Empfehlung schnell zu liefern. Und immer danach werden Sie eine Art freundschaftlicher Atmosphäre vorfinden, die für alle Arten von Verhandlungen nützlich ist.

Auf Menschen zugehen!

Inder gehen gerne auf andere Menschen zu, und wer in Indien erfolgreich sein will, muss ihnen das gleich tun. Erweitern Sie in Ihrem Umfeld dauernd Ihren Bekanntenkreis. Da wird jeder helfen, weil er damit rechnen kann, dass umgekehrt auch ihm geholfen wird. Verbindungen sind auch bei der Arbeit mit Behörden wichtig. Es ist immer gut, jemanden zu kennen, der jemand anderen kennt, der wiederum jemanden kennt, und – da der Nachname in Indien sehr gängig ist – könnte durchaus ein »Singh« dabei sein.

Henkelmann-Transport in Bombay

Fließende Grenzen – von Körperkunst und Heilkunst

Den Yogis abgeschaut: Meditation im Lotussitz

Körperbeherrschung und Disziplin

Kalarippayattu

In Kerala kann man Zeuge des Kalarippayattu werden, einer sehr alten Kampfkunst, die, wie immer von sehr alten Dingen in Indien behauptet wird, natürlich auf die Veden zurückgeht. Ebenso natürlich spielt das heute keine Rolle mehr. Aber weil es diese Körperkunst wichtig und feierlich macht, wird dieser Sport mit einem ausführlichen, religiösen Rahmen umgeben. Dazu gehören rituelle Szenen der Begrüßung, Götterbilder in der »kalari« genannten Sport- und Übungshalle, unbedingte Ehrerbietung vor dem »gurukkal«, dem Fechtmeister. Immerhin, der Sport zeitigt artistische Geschicklichkeit und erstaunliche Unempfindlichkeit gegen Schrammen und Prellungen bei seinen jungen Ausübenden. Er wurde als Kampftechnik so ernst genommen, dass die britische Kolonialmacht seinerzeit die Ausübung verbot. Seit der Unabhängigkeit konnten alte *gurukkals* den Kampfsport neu beleben.

Geschicklichkeit und Konzentration

In vier Stufen werden die jungen Leute – von Kindesbeinen an – trainiert. Zunächst werden durch Strecken und Bewegungen die Glieder geschmeidig gemacht. Später setzt ein Training mit langen harten Stöcken ein. Es gilt, einen

Angriff mit dem Stock abzuwehren, ohne verletzt zu werden. Außer der körperlichen Kondition werden Konzentration und Balance geschult. Am Ende steht die Beherrschung von Schild und Schwert, das Angreifen und Ausweichen, der Wechsel der Position durch geschickte weite Sprünge.

Kombiniert mit Heilmethodik

Sowohl Jungen als auch Mädchen lernen diese Kampfkunst. Außer dem körperlichen Training gehört auch die Kenntnis von Heilmethoden, die bei der Versorgung von Verletzungen nötig sind, dazu. Kurse in Kalarippayattu werden auch für (wenige) westliche Sportler veranstaltet, außerdem kann man natürlich in einigen *kalaris* bei den gewagten Übungen zusehen.

Yoga

Bekannter ist bei uns im Westen die Körperkunst des Yoga, die als Bewegungsport in Kombination mit Entspannungstechniken sehr populär ist. Yoga soll über die reine Körperübung hinaus einen Weg zur geistigen Vervollkommnung weisen, zur Beherrschung des Körpers und seiner Organe, zur Befreiung vom Leiden *(duhka)*. In der indischen Kulturgeschichte entwickelten sich eine ganze Reihe unterschiedlicher Yoga-Traditionen, die auf den knapp 200 Yoga-Sutras (Merkverse) des Yoga-Meisters Panjali aufbauen. Ein achtfacher Heilsweg mittels Yoga wird darin empfohlen, der Reinheit, Atemregelung, Konzentration und Meditation mit einschließt. So gesehen trifft die Bezeichnung Sport nicht so richtig zu. Die meisten praktizieren Yoga – oft auch in der Gruppe – um sich körperlich und mental fit zu halten mit dem Ziel, gegen die Herausforderungen des Alltags besser gewappnet zu sein.

Bleib gesund! – Gefahren lauern nicht überall

Was die Gesundheit in Indien angeht, so herrschen zwei sehr gegensätzliche Erwartungshaltungen bei westlichen Reisenden vor. Die einen fühlen sich, was ihr leibliches Wohlergehen anbelangt, in Indien sozusagen auf feindlichem Gebiet, sind voller Furcht vor Infektionen, besonders was Magen und Darm anbelangt. Die anderen kommen nach Indien gerade wegen der Hoffnung auf Gesundung oder Stärkung der Widerstandskraft, des indischen Ayurveda wegen.

Vorbeugung ist der beste Schutz

Impfzwang gegen irgendeine gefährliche Krankheit besteht bei Indienreisen nicht, wenn Sie aus der westlichen Welt kommen. Das zeigt schon, dass in Indien nicht hinter jedem Ortsschild Gefahr lauert. Persönliche Vorsorge sollte dennoch sein, besonders, wenn man nicht nur auf den üblichen Touristenpfaden unterwegs ist. Malariaprophylaxe wird heute nicht mehr empfohlen, wegen starker Nebenwirkungen der Medikamente. Aber für sofortige Anwendung bei einer Infektion sollte man ein wirksames, vom Arzt zuhause empfohlenes Mittel dabeihaben. Viele trockene Gebiete Indiens kennen die Malaria außerhalb der Monsunzeiten nicht. Im Übrigen ist es das Beste, gegen Moskitostiche vorzubeugen: durch Kleidung (lange Ärmel und Hosen) und reichliche Verwendung von Mückenabwehr-Sprays oder – Lotionen und dadurch, dass man in der Dämmerung im Haus bleibt. Wenn Sie vom Auftreten des Denguefieber hören (das auch von Stechmücken übertragen wird), verstärken Sie die Vorsichtsmaßnahmen.

... und eine vernünftige Lebensweise!

Freiwillig impfen lassen können Sie sich gegen Hepatitis A (wirkt nur für ein halbes Jahr), Asiatische Hirnhautentzündung, Meningitis, Typhus und Tollwut. All diese Krankheiten sind nicht überall und immer verbreitet. Dass Sie gegen Diphterie, Polio und Tetanus geimpft sind, ist ja selbstverständlich, auch zuhause. Vernünftige Lebensweise, Fragen nach Gefahren (im Hotel und bei anderen Einheimischen), Unterlassen von riskanten Überanstrengungen, strenge Auswahl der Getränke und Speisen und der Orte, an denen gegessen wird, all das sollten Sie vernünftigerweise beachten. Nehmen Sie sich zum Beispiel in Acht vor freilaufenden Hunden und seltsam zahmen Wildtieren: Tollwutgefahr! Auf Wan-

INFO

Hier spricht die Erfahrung

▶ **Fahren Sie nicht mit akuten Beschwerden** wie Zahnweh, Ohren-oder Halsentzündung von zuhause ab. Wenn Sie zuhause regelmäßig Medikamente brauchen, nehmen Sie davon immer einen Vorrat für die Dauer der Reise mit.

▶ **In Ihre Reiseapotheke gehören:** Aspirin oder Paracetamol gegen Schmerzen und Fieber, Heftpflaster und Desinfektionsmittel gegen kleine Verletzungen, Loperamid (Immodium) gegen plötzlich auftretenden Durchfall, eine Salbe gegen Juckreiz (Insektenstiche), bei Anfälligkeit ein Mittel gegen Reisekrankheit (Erbrechen), viel Insektenrepellent, Sonnenöl und Wundsalbe gegen Sonnenbrand, Elektrolyt-Glucose-Mischung gegen Austrocknung bei Durchfällen, Tabletten, mit denen man Wasser entkeimen kann, Spritzen – wenn Sie in abgelegenen Gebieten Injektionen benötigen und keine moderne Ambulanz zu erreichen ist –, Fieberthermometer, Schere und Pinzette, desinfizierende verpackte »Feuchte Tücher« (Sagrotan). All das ist besonders unentbehrlich, wenn Sie mit Kindern oder geschwächten Personen reisen.

▶ **Handtuch und Kissen:** Nehmen Sie ein persönliches sauberes Handtuch und ein kleines Kissen ins Gepäck, damit Sie Ihr Gesicht immer auf eine saubere Unterlage betten können (gilt zum Beispiel bei Unterkunft im *forest lodge* oder *rest house*)!

▶ **Ein dünner Baumwollschlafsack,** wie er bei uns in Jugendherbergen benutzt wird, macht unabhängig vom Sauberkeitsstandard in einfachen Herbergen und schützt empfindliche Haut.

▶ **Mineralwasser ist angesagt!** Kaufen Sie zum Trinken, aber auch zum Zähneputzen (!) Mineralwasser in originalverschlossenen Flaschen.

▶ **Vorsicht vor Klimaanlagen!** Erkältungen sind sehr häufig! Halten Sie stets eine Jacke bereit für Abendkühle oder unterkühlte klimatisierte Räume.

▶ **Kleine Wehwehchen:** Gute Mittel gegen Halsschmerzen und Heiserkeit gibt es in jeder indischen Apotheke.

▶ **Wer ganz sicher gehen will,** schließt eine Auslandskrankenversicherung mit Rücktransportmöglichkeit ab. Überaus Ängstliche bleiben lieber zuhause.

derungen über Land nehmen Sie einen festen Stock zur Abwehr mit (das gilt ja schon für viele Gebiete Europas).

Aber lassen Sie sich nicht in einen beständigen Angstzustand wegen ihrer Gesundheit bringen. Wenn Sie bereits einige Wochen im Land sind, hat Ihr Organismus, was das Essen anbelangt, sich an die meisten lokalen Keime gewöhnt und Sie können vieles riskieren, was Sie am Anfang noch unterlassen sollten, etwa Obst oder frittiertes Gebäck essen.

Aids

Eine sehr ernst zu nehmende Gefahr besteht wegen der Häufigkeit von HIV-Infektionen (Aids) in Indien, ganz besonders in Rotlicht-Bezirken. Wer immer in Betracht kommt, sollte sich konsequent schützen.

Ayurveda, die indische Gesundheitslehre

Es hat sich längst herumgesprochen: Ayurveda-Kuren entspannen und frischen auf. Besonders im Süden Indiens, in Kerala, wo diese Heilkunst ihren Ursprung hat, holen sich viele Gäste aus dem Westen jährlich oder alle zwei Jahre neue gesunderhaltende Kräfte. Manche lassen in indischen Sanatorien sogar bestehende Krankheiten behandeln, gegen die Ärzte zuhause nicht genug ausrichten konnten.

Ayurveda-Kuren

Solchen Heilungssuchenden hört man dann staunend zu, wie sie sich wochenlang in einen strengen Stunden- und Tagesplan pressen ließen, wie sie sich auf eine absolut vegetarische Kost beschränken mussten, die mal fad, mal super-

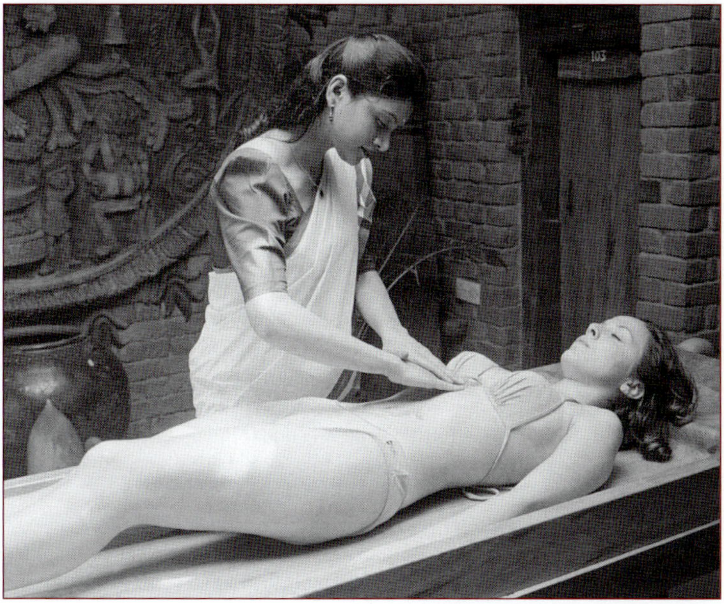

Massagen, mit und ohne Öl, gehören zur Ayurveda-Heilkunst

Wohltuende Ayurveda-Kopfmassage

scharf schmeckte; wie sie im Morgengrauen (schon die Zeitangabe lässt Schlimmstes ahnen) anstrengende Yoga-Übungen täglich vollbrachten, wie sie sich das Öl im Rinnsal auf die Stirne und leider auch in die Augen fließen ließen, wie sie sich zum Schwitzen in eine Art großen geflochtenen Bienenkorb setzen konnten, aus dem nur noch der Kopf herausschaute. In jedem Ayurveda-Zentrum – viele bessere Hotels in Kerala haben ein solches – arbeitet eine Schar von gutaussehenden Helfern und Helferinnen, die freundlich in jedem Satz, den sie sprechen, versichern, wie gut dieses alles der Gesundheit tut.

Massagen, Kräuter und eine spezielle Ernährung

Was ist Ayurveda eigentlich? Es ist ein in den indischen heiligen Schriften, den Veden, überliefertes Wissen vom langen Leben. Zur Therapie benutzt der Ayurveda-Arzt Kräuter und Öle in vielen verschiedenen Zusammensetzungen und Anwendungen. Die Diagnose beruht auf der Bestimmung der »doshas«, von denen jeder Mensch drei besitzt, nämlich *vata*, *pitta* und *kapha*. Körperliche Merkmale und Wesensäußerungen (wie zum Beispiel Unrast, Bequemlichkeit, Ruhe, Ungeduld) werden zur Bestimmung der vorherrschenden *doshas* benutzt. Die *doshas* müssen im Gleichgewicht zueinander vorhanden sein, Gesundheitsstörungen bezeugen Ungleichgewicht, sie können durch Herstellung der Balance kuriert werden. Das geschieht außer durch Vermeidung bzw. Bevorzugung verschiedener Speisen durch Ölmassagen des ganzen Körpers, auch kraftverstärkt mit den Füßen eines Masseurs verabreicht. Die Öle sind durch Kräuterzugaben verstärkt. Die Kräuter wachsen in Südindiens Natur reichlich. Sie werden auch als eine Art Massageschwamm in Form eines erhitzten Beutels benutzt. Innere Behandlung erfolgt durch Kräuteranwendungen als Tee oder Extrakt, es gibt auch Brech- und Abführkuren, die der inneren Reinigung dienen sollen.

Meditation

Was in den Ayurveda-Zentren der Hotels angeboten wird, ist allerdings oft eine sanfte Form dieser Heilmethode. Manche Ayurveda-Ärzte fügen der Behandlung noch die Transzendentale Meditation (TM) hinzu. Dadurch bekommt die Behandlung gewissermaßen einen esoterischen Charakter. Davon halten andere Ayurveda-Ärzte nichts, da diese Praktik bei manchen Patienten zu Depressionen geführt hat. Es sind auch Bedenken aufgekommen, ob die in Indien zubereiteten Kräutermedizinen frei von Schwermetallen sind. Sogar beim Tod des Indischen Präsidenten im Herbst 2005 wurden in Indien diesbezügliche Anschuldigungen laut (der Präsident hatte sich mit Ayurveda-Heilmitteln behandeln lassen).

Ayurveda-Gütezeichen

Ayurveda-Ärzte in Deutschland beziehen ihre Medizinen nur von deutschen Lieferfirmen. Indische Ayurveda-Ärzte halten allerdings die in Indien hergestellten Arzneien für wirksamer. Sie meinen auch, dass eine Behandlung im authentischen südindischen Klima am wirksamsten sei. Deutsche Spezialisten entgegnen, dass ein harscher Klimawechsel, wie ihn westliche Reisende vor der Behandlung mitmachten, zu anstrengend sei und bei der anschließenden Kur zum Beispiel Kreislaufprobleme mit sich bringen könnte. Es scheint auch nicht immer gewährleistet, dass die hygienischen Verhältnisse überall in indischen Ayurveda-Zentren besten Standards entsprechen. Ein Gütezeichen gibt es allerdings inzwischen für indische Ayurveda-Behandlungen: Es ist das »Grüne Blatt«, das sachgemäße Behandlung garantieren soll.

Siddha

Eine noch ältere indische Heilkunst, die bis in die vorvedische Zeit zurück gehen soll, ist »Siddha«, meist im Staat Tamil Nadu vertreten. Siddha wendet noch viel mehr Heilkräuter an als Ayurveda; die Ärzte stellen ihre Arzneimittel selber her. Die Siddha-Methoden sind von Generation zu Generation überliefert worden, festgehalten für die Nachwelt auch in zahlreichen uralten Palmblattmanuskripten, die aber erst noch auf gänzliche Erforschung und Herausgabe warten.

Ganzheitsmedizin

Ayurveda-Ärzte haben meist ihr Wissen geerbt; viele Familien befassen sich traditionell mit dieser Heilkunst. Es gibt in Kerala Fachhochschulen, wo Ayurveda-Ärzte jahrelang ausgebildet und schließlich staatlich geprüft werden. Man trifft durchaus auch Ärzte, die sowohl in westlicher Schulmedizin als auch in dieser indischen

Ayurveda: Warmes Öl auf der Kopfhaut entspannt

Medizin ausgebildet sind und die sich womöglich außerdem noch mit tibetischer oder chinesischer Medizin vertraut gemacht haben.

Unser Tipp Wenn Sie sich einer Ayurveda- oder Siddha-Behandlung unterziehen wollen, bestehen Sie darauf, nicht alle westlichen Medikamente, die Sie bisher einnehmen, abrupt abzusetzen. So eine abrupte Umstellung kann gefährliche Folgen haben. Legen Sie Wert darauf, dass die Ayurveda-Ärzte von bisherigen Diagnosen und Behandlungen durch Schulmediziner Kenntnis haben. Auf Nachfrage bestätigten uns verlässliche Ayurveda-Ärzte, dass sie die Patienten ihre gewohnten Medikamente weiternehmen lassen.

Schulmedizin: Indische Ärzte genießen einen guten Ruf

Nicht jeden zieht es zur indischen Medizin. Wenn ein plötzlicher Krankheitsfall oder ein Unfall es notwendig machen, taucht beim Reisenden die Frage auf: »Wie bekomme ich schnell medizinische Hilfe?«

Westliche Medizin ist in Indien durchaus in gutem Standard vertreten. Viele Ärzte praktizieren, die in Europa oder USA studiert haben. Andererseits werden zahlreiche Studenten auf indischen Universitäten in westlicher Medizin ausgebildet, die dann im Ausland begehrte Ärzte werden. Es heißt, dass über die Hälfte der Krankenhausärzte in den USA indischer Herkunft sind. Jedenfalls sollten Sie sich nicht scheuen, einen indischen Arzt aufzusuchen, wenn Sie über hohes Fieber oder andere böse Beschwerden zu klagen haben.

Nach einer empfehlenswerten Arztadresse fragen Sie am besten in einem Fünf-Sterne-Hotel, auch wenn Sie darin nicht wohnen. Dort kennt man eigentlich immer verlässliche Ärzte. Dasselbe gilt für die Empfehlung von Krankenhäusern, wenn eines benötigt wird. Sie können auch Ihre Botschaft oder ein Konsulat anrufen und um Rat fragen – oder schließlich einen Europäer ansprechen, der seinen Wohnsitz am Ort hat. Er wird Ärzte und Kliniken kennen. Die besseren Hotels rufen auch bei plötzlichen Erkrankungen auf Wunsch einen Doktor, der meist sehr schnell kommt. Das Honorar ist übrigens verglichen mit dem in Deutschland sehr niedrig (meist weniger als die Hälfte).

Krankenhäuser Es gibt in den mittleren bis größeren Städten staatliche und private Krankenhäuser. Unter den privaten sind viele, die von kirchlichen Organisationen geleitet werden. Die Standards der privaten sind meist besser als die der staatlichen, entsprechen aber oft nicht dem, was wir in Europa gewohnt sind. Die meisten Krankenhäuser bauen nach Landessitte darauf, dass ein Kranker von seiner Familie mit sauberer Kleidung und Essen versorgt wird. Manchmal auch mit vom Arzt verschriebenen Medikamenten, die von Angehörigen aus der Apotheke besorgt werden müssen.

Wir haben indische Familien erlebt, die beim Krankenhausaufenthalt eines der Ihren in der nächsten Großstadt in voller Anzahl (Bruder, Schwester, Schwager, Schwägerin, Neffen, erwachsene Kinder) Quartier nahe dem Hospital nahmen, um immer zur Versorgung zur Verfügung zu stehen. Krankenhauskosten können in Indien bei internationalen Häusern mit Luxus-Standard sehr hoch (Fünf Sterne-Niveau) sein.

Der Nächste bitte!

Soweit wir selbst oder Leute, die wir kennen, Erfahrungen mit Diagnose und Behandlung durch indische Ärzte machen konnten, waren sowohl medizinisches Gerät wie ärztliches Wissen sehr gut. Ärztliche Berichte über Diagnose und Therapie wurden nach der Rückkehr in Deutschland von Fachärzten völlig bestätigt und gut geheißen. Nur der Rahmen ist einfacher, bescheidener als in einer deutschen Praxis, etwa die Stühle im Wartezimmer und andere Stilelemente der Inneneinrichtung. Es gibt auch keine Lampe, die mit »«Der Nächste bitte« aufleuchtet, sondern eine der reichlich vorhandenen Helferinnen bittet mit freundlichstem indischen Lächeln ins Ordinationszimmer.

Apotheken

Apotheken in Indien sind meist Läden, die zur Straßenseite offen sind. Sie haben kein so reiches Sortiment wie bei uns, oft muss man in mehreren Apotheken fragen. Am besten, Sie suchen sich aus einem Lexikon die englischen Bezeichnungen der Krankheiten und Beschwerden heraus, dann kann der Apotheker ein geeignetes Medikament für Sie finden. Die Apotheken haben Medikamente der westlichen Pharmazie, die in Indien hergestellt wurden (keine Importe), ayurvedische Präparate und eine große Anzahl von homöopathischen Arzneien. Die in Deutschland entdeckte und entwickelte Homöopathie ist in Indien sehr verbreitet und beliebt, schon weil sie meist keine gefährlichen Nebenwirkungen haben kann.

Ansonsten genießen Sie die schönen Seiten Indiens und Ihrer Reise. Haben Sie keine Angst vor irgendwelchen Krankheiten! Vorübergehendes Unwohlsein, eine heftige Reaktion des Magens auf unbekömmliche Speisen oder auch auf zu erregende psychische Eindrücke, auf Lärm und Hitze, sind nur selten Anzeichen einer wirklichen Krankheit, sondern resultieren oft aus Reizüberflutung und Ermüdung oder Überanstrengung. Gönnen Sie sich Zeit zur Erholung und Entspannung! Lieber eine Sehenswürdigkeit weniger ansehen als sich durch Unrast überfordern! In diesem Sinne: Namastee!

Morgendliche Yoga-Übung in frischer Meerluft

Ein paar Worte Hindi

Einige wichtige Wörter in Hindi, allerdings nur in phonetischer Umschrift - und nur in den Hindi sprechenden Gebieten Nordindiens, sind zur Verständigung geeignet. Ansonsten: Brillieren Sie mit Ihren Englischkenntnissen! Sie kommen damit überall durch!

ja	haan	hungrig	bhuukhaa
nein	nahin	durstig	pyaasaa
bitte	krpaa (merhabaanii)	krank	bimaar
danke	dandschavaad (schukriya)	Ehefrau	patnii/biiwii
		Ehemann	pati/schohar
		Geld	rupyaa/paissaa
Guten Tag	namastee		
Guten Abend	namastee	Ost	puurab
Auf Wiedersehen	namastee	West	pashtschim
		Nord	uttar
langsam	dhire	Süd	dakschin
schnell	tez		
nach rechts	dahiine muro	eins	ek
nach links	baain muro	zwei	do
geradeaus	siidhe	drei	tiin
schnell!	jaldi	vier	chaar
Halt!	rukiye!	fünf	paanch
		sechs	tschhe
morgen/gestern	kal	sieben	saat
heute	aaj	acht	aaht
nachmittags	dopahar	neun	nau
abends	scham	zehn	das
morgens	suba	hundert	saoo
		tausend	hasaar
ich	main	hunderttausend	laakh
wir	ham	zehn Millionen	kror
er/sie/es	wo		
mein	meraa		
unser	hamaaraa		
sein/ihr	uskaa / uski		

Wann fährt der Bus nach Agra?	Agra bus kab jaaegii?
Wie viel kostet es?	Ye kitne paisse he?
Das ist sehr teuer	Bahut mahengaa hai
Machen Sie's etwas billiger?	Thoraa kam kiijiye?
Die Rechnung, bitte	Bill laao
Es ist ein Fehler darin	Isme ek galtii hai
Das ist in Ordnung	Ye thiik hai
Wie ist ihr Name?	Aapkaa schubh naam?
Wo ist ...?	kahan hai?
Es ist heiß/kalt	Aadsch garmii/ sardii hai
Bitte eine Flasche Wasser!	Ek botal paani dijiye
Öffnen Sie die Flasche nicht!	Kholna nahiin!
Haben Sie ein klimatisiertes Zimmer?	Kyaa A/C kamra hai?
Gibt es heißes Wasser?	Garam paani hai?
Sohn	beta
Tochter	beti (= passende Anreden auch gegenüber fremden Kindern)
verehrter Vater	pitaji
verehrte Mutter	mataji (= sehr respektvolle Anrede gegenüber älteren Leuten im familiären Kontakt

Hintergrund: Saline in Tamil Nadu – Frauenkraft statt Förderbänder

Kulturspiel

Im Ohrsessel gemütlich lesen und verstehen ist eine Sache – sich in ungewohnten Situationen vor Ort spontan richtig zu verhalten eine andere. Auf den folgenden Seiten können Sie deshalb Ihr kulturelles Verständnis schon einmal testen.
▶ Versuchen Sie die Situation zu erfassen und entscheiden Sie sich für die Lösung, die Sie intuitiv für richtig halten. Im Kommentar verraten wir Ihnen, welches Verhalten angemessen ist und warum man andere Reaktionen besser vermeidet.

Überraschende Tempelgabe
Wie reagieren Sie?

Lästiger Basarhändler
Wie werden Sie ihn los?

Charmante Begrüßung
Wie verhalten Sie sich?

Köstliche Erfrischung
Wozu dient das Zitronenwasser?

Übertriebene Vorsicht
Aus einer Flasche trinken oder nicht?

Falsche Erwartung
Was nun?

Situation I

Überraschende Tempelgabe

Ihr erster Tempelbesuch in Indien. Sie sind überwältigt. Alles ist feierlich, fremdartig, faszinierend: die Kunstwerke, die Andacht der Betenden, der Priester im gelben Gewand. Beim Verlassen des Tempels tritt dieser plötzlich auf Sie zu, tupft Ihnen einen Fleck aus roter Paste auf die Stirn und drückt Ihnen ein wenig Reis mit Zuckerbröckchen in die Hand. **Wie reagieren Sie?**

a) Sie sind verlegen, weil Sie nichts damit anzufangen wissen und möchten beides schnellstmöglich wieder loswerden. Den Reis mit dem Zucker werfen Sie im Hinausgehen heimlich in eine Ecke, das rote Zeichen wischen Sie sich noch im Tempel mit dem Taschentuch wieder ab.

b) Sie wollen zwar alles anschauen, aber doch nicht etwa »mitmachen«! Erschreckt wehren Sie gleich zu Anfang mit abweisender Handbewegung und Kopfschütteln den roten Fleck ab und nehmen auch die Reis-Zuckergabe nicht an.

c) Sie freuen sich über die Zuwendung des Priesters und verlassen in aller Ruhe Tempel und Tempelbezirk. Die Tempelgabe geben Sie später einem Kind, das da auf der Straße spielt (oder auch einer heiligen Kuh). Den roten Fleck lassen Sie erst einmal da, wo er ist.

Kommentar

Natürlich ist unter c) die einzig angemessene Reaktion aufgeführt. Reis und Zucker symbolisieren ein Gastgeschenk (»prasad«), sind sozusagen ein Willkommensgruß der Götter. Es wäre daher grob und respektlos, beides wie in Lösung a) einfach wegzuwerfen. Auch wer den roten Fleck, der ja Glück bringen soll, sofort wieder wegwischt, beweist Unverständnis und Ignoranz gegenüber der fremden Kultur. Derart demonstrativ zu zeigen wie unter b), dass man den Segen nicht für wertvoll hält, wirkt sogar beleidigend, ist also absolut tabu. Niemals den Priester und andere Gläubige durch Abwehr freundlicher Gesten, wie es Tempelgabe und Glückszeichen sind, beleidigen!

Situation 2

Lästiger Basarhändler

Dieser Kerl lässt sich einfach nicht abschütteln. Seit Sie mit Ihrer Frau den Basar betreten haben, um einen Sari zu erstehen, hängt der junge Mann an Ihren Fersen. Hartnäckig versucht er, Ihnen etwas anzudrehen, was Sie gar nicht wollen: »Buy postcards! Best photographs!« tönt es immer wieder an Ihr Ohr. Sie fühlen, dass Ihnen gleich der Kragen platzt. **Wie werden Sie ihn los?**

a) Nur zu! Lassen Sie Ihrem aufgestauten Ärger ruhig freien Lauf. Verbitten Sie sich energisch, am besten so laut Sie es können, die Dauerbelästigung. Auch wenn er Ihre Schimpfkanonade nicht versteht, muss er doch begreifen, dass Sie keine Postkarten brauchen.

b) Sie gehen in ruhigem Tempo Ihres Weges, wiederholen freundlich, aber bestimmt: »Thank you, no postcards!« und ignorieren ihn ansonsten. Konzentrieren Sie sich auf den Sarikauf und demonstrieren Sie, dass Sie nur daran Interesse haben.

c) Sie geben entnervt auf, kaufen eine Postkarte und verlassen fluchtartig den Basar. Der Lärm und das Gewühle waren Ihnen sowieso nicht ganz geheuer. Ihre Frau ist zwar furchtbar enttäuscht, weil sie nun keinen Sari hat, aber Sie haben endlich wieder Ihre Ruhe.

Kommentar

Lösung a) würde Sie als typischen »Westler« entlarven, der sich mit Schimpfen und Fluchen durchzusetzen versucht. Auch wenn Ihr Ärger verständlich ist, bewahren Sie Haltung! Von Lösung c) ist ebenfalls abzuraten. Wenn Sie flüchten, bringen Sie sich und Ihre Frau um das orientalische Basarerlebnis. Vielleicht schleicht sich auch das ungute Gefühl einer Niederlage ein, wenn Sie etwas gekauft haben, was Sie gar nicht wollten. Wenn Sie sich für Lösung b) entschieden haben, prima. Der lästige Händler wird sich trollen.

Situation 3

Charmante Begrüßung?

Ihre Firma hat Sie zu einer Tagung nach Bombay geschickt. Die meisten Teilnehmer sind Europäer. Bevor die Konferenz beginnt, werden Sie einer indischen Kollegin vorgestellt, die Sie künftig unterstützen soll. Die junge Dame steht Ihnen freundlich lächelnd, aber doch sehr zurückhaltend gegenüber. Sie sind unsicher, wie Sie sie begrüßen sollen. **Wie verhalten Sie sich?**

a) Sie kommen sich zwar ein wenig komisch dabei vor, legen aber die Fingerspitzen Ihrer gestreckten Hände vor der Brust zusammen und verbeugen sich leicht in Richtung der Dame – so haben Sie es bei Ihrer Yogalehrerin gesehen.
b) Sie denken nicht lange nach, schließlich sind Sie nicht schüchtern, und strecken der Dame in Ihrer frisch-fröhlichen Art die rechte Hand entgegen.
c) Sie vertrauen auf Ihren gewinnenden Charme, auch ohne sofortigen Handschlag, und warten lächelnd ein paar Sekunden ab. Vielleicht ist die Inderin ja gar nicht abgeneigt, Ihnen nach westlicher Sitte die Hand zu schütteln und übernimmt dazu die Initiative.

Kommentar

Viele Inderinnen vermeiden Händeschütteln, das ja ein Import aus dem westlichen Kulturkreis ist, und bei feuchter Schwüle außerdem unangenehm sein kann. Sie nötigen die Dame also besser nicht mit Ihrer ausgestreckten Hand wie in Lösung b). Es ist immer richtig (sogar bei uns im Westen) einen Moment zu warten, ob die Dame Händeschütteln will oder nicht. Mit Lösung c) liegen Sie also in keinem Fall falsch. Wenn Sie sich wie in a) verhalten, zeigen Sie allerdings, dass Sie schon etwas von den Landesgebräuchen mitbekommen haben. Die indische Kollegin wird Ihre Geste erfreut zur Kenntnis nehmen.

Situation 4

Köstliche Erfrischung

Sie sind während Ihrer Dienstreise zu einem privaten Essen eingeladen worden und haben erste Bekanntschaft mit indischen Gastgebern gemacht. Das Mahl war üppig, schmackhaft und scheint Ihnen auch gut bekommen zu sein. Geschirr und Speisenreste sind abgeräumt, da wird eine kleine runde Schale mit Wasser und einer Zitronenscheibe vor Sie hingestellt. Irritiert fragen Sie sich: **Was tun mit dem Zitronenwasser?**

a) Sie vermuten, dass Ihnen in diesem oft alkoholarmen Land eine Art Digestif in anmutigem Design serviert worden ist. Sie sind froh, nach den fulminanten Gewürzen des Essens noch einen erfrischenden Schluck zu tun.

b) Sie haben bereits reichlich Wasser während des Essens getrunken, haben also keinen Bedarf nach mehr. Daher lassen Sie die Schale höflich dankend zurückgehen.

c) Sie schalten schnell: Da Sie zum Essen die Finger gebraucht haben, ist das Wasserschälchen offenbar zum Säubern der Fingerspitzen gereicht worden.

Kommentar

Ganz genau. Sie haben sich intuitiv richtig verhalten, wenn Sie sich für Lösung c) entschieden haben. Da nach Landessitte in Indien durchaus auch mit den Fingern gegessen wird, ist eine Reinigung nach dem Essen auf diese Weise üblich. Hätten Sie von dem Wasser getrunken, wäre dies zumindest von der ganz jungen Generation am Tisch mit Gekicher kommentiert worden. Mit Lösung b) wären Sie ebenfalls in ein Fettnäpfchen getreten. Ihre Gastgeber hätten dieses Verhalten nicht verstanden. Ganz einfach kann man solche Situationen vermeiden, indem man schaut, wie sich die anderen verhalten, und es ihnen nachtut.

Situation 5

Übertriebene Vorsicht

Sie haben sich mit indischen Freunden zu einem Ausflug ins Grüne verabredet. Nachdem Sie zusammen mit der Kamera auf Jagd nach Naturmotiven waren, wird nun ein kleines Picknick improvisiert. Nach einem kräftigen Schluck direkt aus Ihrer Wasserflasche – Becher haben Sie leider nicht dabei – zögern Sie jedoch, die Flasche einfach weiter zu reichen. **Aus einer Flasche trinken oder nicht?**

a) Kein Problem, Sie machen den Anfang. Man sollte es mit der Hygiene nun wirklich nicht übertreiben. Die Flasche, was auch immer drin ist, geht in die Runde.

b) Sie behalten Ihre Flasche verwundert, als ihr Nachbar es ablehnt, sie zu übernehmen um daraus zu trinken. Hat er etwas gegen Sie?

c) Sie beobachten, dass zwei Ihrer anderen indischen Bekannten es anders lösen. Sie haben auch nur eine Flasche, trinken jedoch nicht direkt aus derselben, sondern halten den Flaschenhals auf Armlänge entfernt und lassen die Flüssigkeit in hohem Bogen in den Mund fließen.

Kommentar

Andere Länder, andere Sitten. Was bei uns vielleicht noch als Zeichen von Vertrautheit bewertet würde, ein Verhalten wie in Lösung a), werden Sie in Indien kaum erleben. Trinkgefäße, die von anderen Lippen als den eigenen berührt wurden, gelten Indern als unrein. Es ist also keine Frage der persönlichen Ablehnung, wenn sich Ihr indischer Bekannter wie in Situation b) verhält, sondern der anderen Kultur. Wahrscheinlicher erleben Sie schon eher die Trinkgewohnheit unter Muster c) in »freier Wildbahn« etwa, am Bau oder auch beim Sport. Es erfordert jedoch hohe Geschicklichkeit und ist eine flotte Umgehung der Reinheitsregel. Als Reisegast sind Sie am besten beraten, wenn Sie nur die eigene Flasche benutzen oder aus dem eigenen Becher trinken.

Situation 6

Falsche Erwartung

Sie sind zu einer abendlichen Dinnerparty in einer indischen Großstadt eingeladen. Sie treffen pünktlich um 20.30 Uhr ein. Viele Gäste sitzen mit den Hausherrn bereits entspannt beieinander. Man unterhält sich. Man hört Musik. Die Zeit vergeht. Sie waren auf ein kräftiges Abendessen eingestellt, aber nun deutet nichts auf den Beginn des Dinners hin. Ihr Magen knurrt. **Was nun?**

a) Sie nehmen an, dass Sie die Verabredung, was das Dinner anbelangt, missverstanden haben und verabschieden sich unter einem Vorwand.

b) Sie fassen sich in Geduld, ertragen die Hungergefühle heldenhaft, und schieben den Verlauf der Party auf den anderen Zeitbegriff, den man in Indien hat.

c) Ihnen ist vor lauter Hunger ganz flau. Sie bitten den Gastgeber nach einiger Zeit höflich darum, doch allmählich das Essen servieren zu lassen.

Kommentar

Indische Partys folgen anderen Regeln als bei uns. Das gemeinsame Dinner findet nicht im ersten Drittel der Party statt, sondern erst gegen Ende des Abends, sozusagen als Höhepunkt der Festlichkeit. Danach verabschieden sich die Gäste bald; es ist nicht üblich, nach dem Dinner noch länger zusammen zu sein. Lösung b) ist also hier die richtige Verhaltensweise. Sie sind außerdem gut beraten, nicht ausgehungert auf dem Fest zu erscheinen. Am besten Sie versorgen sich zuvor mit einer Kleinigkeit. Vorzeitiges Verabschieden wie in Antwort a) oder Drängen auf baldige »Abfütterung« wie in Lösung c) könnten als grobe Unhöflichkeit aufgefasst werden. Und Sie wollen Ihre Gastgeber ja nicht vor den Kopf stoßen.

Literaturtipps

Belletristik

Anand, Mulk Raj, *Der Unberührbare.* Zürich 2003
(Beinahe ein Klassiker.
Das müh- und duldsame Leben eines Kulis und Diskriminierten)
Collins/Lapierre, *Um Mitternacht die Freiheit.* München 1976.
(Emotionell bewegte Riesenreportage über die Monate, als Indien 1947 unabhängig wurde)
Gosh, Amitav, *Der Glaspalast.* München 2001
-, Hunger der Gezeiten. München 2004
Mistry, Rohinto, *So eine lange Reise.* Frankfurt o.J.
-, Das Gleichgewicht der Welt. Frankfurt 2001
-, Das Kaleidoskop des Lebens. Frankfurt 2002

Roy, Arundhati, *Der Gott der kleinen Dinge.* München 1997.
(Emanzipation der Gesellschaft und einer Familie im Kerala des 20. Jahrhunderts. Spannend und atmosphärisch dicht)

Rushdie, Salman, *Mitternachtskinder.* München 1983. (Farbenreicher Roman Indiens nach der Unabhängigkeit um Mitternacht am 15. 8. 1947).
-, *Des Mauren letzter Seufzer.* München 1996. (Dramatisches Lebensmärchen auf einem Bilderbogen von Kerala und Bombay bis Andalusien)

-, *Shalimar der Narr.* Reinbek 2006.
(Liebe, Dorf- und Theaterleben, Verrat und Fanatismus im kriegszerrissenen Kashmir der vergangenen Jahrzehnte)
Seth, Vikram, *Zwei Leben.* Porträt einer Liebe. Frankfurt 2006.
(Das Schicksal eines Mannes zwischen Indien, Deutschland und England aus Seths Familiengeschichte)

Singh, Kushwant, *Paradies und andere Geschichten.* Zürich 2006.
(Der provokant-witzige Satiriker erzählt Episoden aus dem indischen Leben)

Museumswächter, City-Palast, Jaipur

In einem buddhistischen Tempel

Geschichte

Ihlau, Olaf, *Weltmacht Indien.* München 2006

Kulke Hermann/ Rothermund Dietmar, *Geschichte Indiens.* Stuttgart 1982

Rothermund, Dietmar, *Indische Geschichte in Grundzügen.* 2. Aufl. Darmstadt 1986

Taroor, Shashi, *Die Erfindung Indiens. Das Leben des Pandit Nehru.* Frankfurt 2006
-, *Indien zwischen Mythos und Moderne.* Frankfurt 2004
-, *Eine kleine Geschichte Indiens.* Frankfurt 2005

Witzel, Michael, *Das alte Indien.* München 2003

Religion

Glasenapp, Helmut von, *Die Religionen Indiens.* Stuttgart 1955

Keilhauer, Anneliese und Peter, *Die Bildsprache des Hinduismus.* Köln 1990

Schimmel, Annemarie. *Der Islam im indischen Subkontinent.* Darmstadt 1983

Schumann, Hans Wolfgang, *Die großen Götter Indiens.* München 2004

Zimmer, Heinrich, *Philosophie und Religion Indiens.* Frankfurt 2001

Wirtschaft

Global Marshall Plan Initiative, *Impulse für eine Welt in Balance,* Hamburg 2005. (enthält Artikel von Frau Dr. Vandava Shiva)

Hofmann, Alexander, *Beschaffen und Investieren in Indien,* PCoffices 2005

Klinger-Paul, Cosima, *Business-Guide Indien.* München 2006. (Nützlicher kurzer Leitfaden für Geschäftsleute)

Kulturverständnis

Börger, Renate. *Auroville. Eine Vision blüht.* Niedertaufkirchen 2002. (Ein internationales philosophisches Stadtprojekt im indischen Süden)

Indischer Lifestyle

Krüger, Olaf und Neumann-Adrian, Edda und Michael, *Zeit für Indien. 30 Traumziele.* München 2004

Schaewen, Deidi von / Sethi, Sunil, *Indien Interieurs.* Köln 2004

Küche

Dusy, Tanja / Schenkel, Ronald. *Indien. Küche und Kultur.* München 2005. (150 Rezepte und Darstellung der Esskultur aus allen Teilen Indiens)

Kumar, Bikash und Marcela, *Indisch kochen.* München 2003. (Rezepte und Warenkunde).

Indische Tageszeitungen in englischer Sprache

The Asian Age. (Modern, asiatisch international)

The Hindu. (Interessante Mischung aus modernem Journalismus und braver Hauspostille)

Indian Express. (Schwerpunkt Innenpolitik)

The Times of India. (Überregional, interessante Informationsquelle. Wie alle anderen Tagesblätter auch, wenig oder keine Nachrichten aus dem alten Europa.)

Wochenmagazine

India Today. (Wie das amerikanische »Newsweek«. Das Neueste aus Politik, Wirtschaft, Kultur)

Outlook. (Hoher Standard, man erfährt viel aus dem indischen Alltag)

The Week. (Viele südindische Themen. Im Erscheinungsbild schlichter als Outlook)

Am Strand von Goa

Register

L

M

R

S

T

Das Buch-&-Welt-Team dankt
Dagmar von Tschurtschenthaler
für ihre Unterstützung.

IWANOWSKI'S REISEBUCHVERLAG

FÜR INDIVIDUELLE ENTDECKER

REISEHANDBÜCHER

Europa
Barcelona
Dänemark*
Finnland*
Irland*
Island*
Litauen mit Kurischer Nehrung*
Liparische Inseln, Insel- und Wanderführer *
Lissabon
Madeira*
Madrid
Mallorca, Wanderführer*
Malta mit Gozo*
Moskau & Goldener Ring
Nordspanien & der Jakobsweg*
Norwegen*
Paris
Peloponnes*
Piemont & Aostatal*
Polens Ostseeküste & Masuren*
Provence mit Camargue*
Rom mit Latium
Schottland*
Schweden*
Slowakei*
Slowenien mit Istrien und Triest*
Tal der Loire mit Chartres*
Toskana*
Tschechien*

Asien
Bali*
Hong Kong
Peking
Rajasthan mit Delhi und Agra*
Shanghai
Singapur
Sri Lanka/Malediven*
Thailand mit Phuket*
Tokio mit Kyoto
Vereinigte Arabische Emirate mit Dubai & Abu Dhabi *
Vietnam*

Afrika
Botswana*
Kapstadt & Garden Route*
Kenia/Nordtanzania*
Mauritius/Réunion*
Namibia*
Nambia/ Naturschutzgebiete*
Südafrikas Norden & Ostküste*
Südafrika*
Uganda/Ruanda*

Amerika
Bahamas
Chile mit Osterinsel*
Florida*
Hawaii*
Kalifornien
Kanada/Osten*
Kanada/Westen*
Karibik/Kleine Antillen*
New York
USA/Große Seen*
USA/Nordosten*
USA/Nordwesten*
USA/Ostküste*
USA/Süden*
USA/Südwesten*
USA/Westen*

Pazifik
Australien mit Outback*
Neuseeland*

101 Geheimtipps...
101 Berlin – Geheimtipps und Top-Ziele für Entdecker
101 Inseln – Geheimtipps für Entdecker
101 Namibia – Die schönsten Reiseziele, Lodges & Gästefarmen
101 Safaris – Traumziele in Afrika
101 Skandinavien – Geheimtipps für Entdecker
101 USA – Geheimtipps für Entdecker

REISEGAST IN...

Ägypten
China
England
Indien
Japan
Korea
Polen
Russland
Südafrika
Thailand

*** mit herausnehmbarer Reisekarte**

Iwanowski's Reisebuchverlag GmbH • Salm-Reifferscheidt-Allee 37 • D- 41540 Dormagen
TEL: 02133/260311 • FAX: 02133/260333 • E-MAIL: INFO@IWANOWSKI.DE
www.iwanowski.de